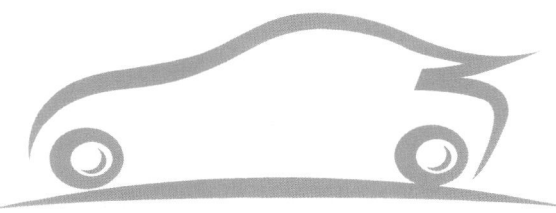

# 湖北省新能源汽车产业政策绩效评价及完善研究

肖俊涛　黄爱琴　著

### 图书在版编目(CIP)数据

湖北省新能源汽车产业政策绩效评价及完善研究/肖俊涛,黄爱琴著.—武汉:武汉大学出版社,2018.1
ISBN 978-7-307-19972-9

Ⅰ.湖… Ⅱ.①肖… ②黄… Ⅲ.新能源—汽车工业—产业政策—研究—湖北 Ⅳ.F426.471

中国版本图书馆 CIP 数据核字(2017)第 329643 号

责任编辑:林 莉 辛 凯　　责任校对:李孟潇　　版式设计:马 佳

出版发行:武汉大学出版社　(430072　武昌　珞珈山)
　　　　　(电子邮件:cbs22@whu.edu.cn 网址:www.wdp.com.cn)
印刷:虎彩印艺股份有限公司
开本:720×1000　1/16　印张:18　字数:252 千字　插页:1
版次:2018 年 1 月第 1 版　　2018 年 1 月第 1 次印刷
ISBN 978-7-307-19972-9　　定价:48.00 元

版权所有,不得翻印;凡购买我社的图书,如有质量问题,请与当地图书销售部门联系调换。

# 前　言

2015年，我国新能源汽车的产量及销量分别达到34万辆和33万辆，2016年，我国新能源汽车累计产销分别达51.7万辆和50.7万辆。2016年，我国新能源汽车产业竞争力指数综合排名居世界第四位，产业竞争力综合指数为92.5，是美国的92.5%，日本的93.0%，德国的95.0%，韩国的101.8%，但同时存在基础竞争力较弱、成本偏高、基础设施相对不够完善、关键技术水平有待提高等方面的问题，从而造成产业、企业和产品竞争力都较低。2017年1—8月，我国新能源汽车产销34.6万和32万辆，同比增长33.5%和30.2%。《新能源汽车蓝皮书：中国新能源汽车产业发展报告（2017）》指出：新能源汽车行业投资继续高涨，国内外资源加速整合，企业创新势力迅速布局、市场需求不断升级，市场特征也逐步明晰：一是投资热情不断高涨，地方和企业投资不断加大；二是国内外资源加速整合，新势力企业加快布局，如江淮与大众合作等引起行业热议；三是市场需求不断升级，市场可选择产品逐步丰富，消费热情迅速提升；四是私人和单位用车领域市场占比快速提升，2016年市场占比达到68%；五是动力电池产业发展持续高涨，电池、电机等关键零部件技术水平不断提高；六是国家进一步完善财政补贴政策，规范行业管理，新能源汽车产业亟须加快调整和适应；七是新能源汽车标准化工作正围绕着国家的战略需求，逐步建立了既适应当前需求又能引领发展的新能源汽车标准体系。

2016年，湖北省新能源汽车累计产量2.4万辆，同比增长66.6%。2017年1—8月，湖北省新能源汽车产量19705辆，同比增长96.5%，远高于全国水平。尽管如此，湖北新能源汽车产量的比例尚不到全国的5.7%，这与湖北省"建成支点、走在前列"的发展战略定位和汽车大省的地位是不相称的。因此，湖北有必要着重发展新能源汽车产业，而当前新能源汽车产业的发展主要受益于相关政策的完善落实和新能源产品技术性能的不断成熟。

本书除前言外，共有八个章节和一个结束语。第一章是绪论，阐述了新能源汽车产业政策及绩效评价研究的背景、研究的方法、研究的理论和现实意义，对国内这方面的研究现状进行了评析。第二章对我国新能源汽车产业发展现状、我国新能源汽车产业政策现状、我国新能源汽车产业化政策进行了研究，对我国新能源汽车产业政策的绩效进行了较为全面系统的评价，并提出了完善我国新能源汽车产业政策的建议。第三章基于国家发展战略的角度对我国新能源汽车产业政策的绩效进行了较为全面的定性与定量相结合的评价，同时借鉴国外新能源汽车产业发展战略，提出了对我国的若干启示。第四章对湖北省新能源汽车产业发展现状和政策现状进行了总的分析，就湖北省新能源汽车产业政策的绩效情况进行了评价，提出了相应的完善建议。第五章对武汉市新能源汽车产业发展现状和政策现状进行了总的分析，就武汉市新能源汽车产业政策的绩效情况进行了评价，提出了相应的完善建议。第六章对襄阳市新能源汽车产业发展现状和政策现状进行了总的分析，就襄阳市新能源汽车产业政策的绩效情况进行了评价，提出了相应的完善建议。第七章对十堰市新能源汽车产业发展现状和政策现状进行了总的分析，就十堰市新能源汽车产业政策的绩效情况进行了评价，提出了十堰市新能源汽车产业发展规划建议和其他方面的完善建议。第八章提出了湖北省"十三五"新能源汽车产业发展规划建议。本书研究思路清晰，结构严谨，逻辑性强，以对我国和湖北省新能源汽车产业发展现状和政策现状研究为基础，以对我国、湖北省以及武汉市、襄阳市、十堰市新能源汽车产业政策绩效评价为主线，从国内研究与国外研究两个方面，定性分析与定量分析两个角度，全面研究与重点研究两个侧面，提出了完善我国、湖北省以及武汉市、襄阳市、十堰市等城市新能源汽车产业政策的建议，特别是提出了湖北省新能源汽车产业"十三五"发展规划的建议。本书的前四章由湖北汽车工业学院的肖俊涛执笔完成，后四章由湖北汽车工业学院科技学院的黄爱琴执笔完成，全书由肖俊涛统稿。

本书是湖北省社科基金项目：湖北新能源汽车产业政策绩效评价及完善研究（立项号：2016007）的成果。该成果主要内容如下：（1）系统地研究了我国和湖北省新能源汽车产业发展现状（取得的成绩和存在的问题），提出了我国和湖北省新能源汽车产业科学发展的对策；（2）系统地研究了我国和湖北省新能源汽车产业政策的现状及存在的主要问题；（3）基于国家发展战略的角度对我国新能源汽车产业政策的绩效进行了评价研究；（4）对我国、湖北省、武汉市、襄阳市、十堰市等新能源汽车产业政策的实施效果进行了评价，从政策实施的效果角度，采用定性分析与定量分析相结合的方法加以研究，使研究成果具有更强的严谨性和说服力；（5）针对湖北省（包括武汉市、襄阳市、十堰市等城市）新能源汽车产业政策存在的主要问题及实施效果，并结合实际，提出了进一步完善湖北省（包括武汉市、襄阳市、十堰市等城市）新能源汽车产业政策的建议；（6）提出了湖北省"十三五"新能源汽车产业发展规划的建议。

本书的主要观点如下：（1）新能源汽车产业的发展离不开政策的扶持、指引和规范，特别是在新能源汽车发展初期，政策更是起到了主导性作用。当前对我国新能源汽车产业政策进行效果评价的主要集中在一些具体的政策上，如十城千辆节能与新能源汽车示范推广应用的政策、推广补贴政策、财政和税收政策等。尚缺乏对当前我国新能源汽车政策的系统性全面评价，即总体评价；（2）专门研究湖北省及其湖北省一些城市新能源汽车发展的成果不多,关于研究湖北省及其湖北省一些城市新能源汽车产业政策的成果更是少之又少,几乎没有系统地加以研究过,目前尚没有对湖北省新能源汽车产业政策效果评价的研究成果;(3)近几年湖北省新能源汽车产业发展较快,其主要得益于新能源汽车产业政策功能和作用的发挥,但如何较为全面地评价湖北省新能源汽车产业政策实施的效果,并主要针对实施的情况进一步完善湖北省新能源汽车产业政策,是十分必要的;(4)对湖北省新能源汽车产业政策绩效评价进行研究的主要目的是为进一步完善湖北的新能源汽车产业政策提供决策参考和依据;(5)政策与市场对湖北省新能源汽车产业的发展同等重要。政策的研究一定是为经济和社会发展服务的,已出台的政策或许并不完善,但其作用却不容低估,且政策的灵活性与调整变动的及时性使得政策这一工具具有其他政府调控手段所无法比拟的优势。新能源汽车产业的科学快速发展需要政策扶持与引导,而政策又可以促进新能源汽车产业的发展;(6)湖北省新能源汽车产业政策的实施效果要优于全国的总体水平,武汉和襄阳新能源汽车产业政策实施的效果要优于湖北省的总体水平;(7)湖北省应当制订专门的新能源汽车产业发展规划,其不仅可以理清湖北新能源汽车产业发展总的思路,而且还有助于相关政府部门后续的决策和相关配套政策的出台;(8)武汉作为"中国车都",应当在新能源汽车产业化方面走在全国的前列。武汉率先实现了新能源汽车的产业化,也为其整个汽车产业的转型升级和发展创造了条件。武汉新能源汽车产业政策实施效果较好的方面是在推广数量、技术路线上、税收优惠与平台建设上,实施效果相对不明显的是基础设施建设、财政补贴、推广应用等方面,这些方面是今后应当重点加强的;(9)襄阳是湖北省汽车工业长廊的重要环节,其良好的汽车产业基础和优越的地理位置,为其发展新能源汽车产业创造了无可比拟的优越条件。襄阳市提出打造"新能源汽车之都"的目标有其科学性,但也存在较大难度。襄阳能源汽车产业政策实施效果较好的方面是在发展目标、技术路线上、税收优惠、财政补贴与平台建设上，实施效果相对不明显的是基础设施建设、推广应用等方面，这些方面是今后应当重点加强的；（10）十堰有着发展新能源商用车的天然优势，应当从整个城市的定位和发展战略的高度规划新能源汽车产业的发展，在新能源汽车生产制造、研发及推广使用上走在全国的前列；（11）就湖北新能源汽车产业政策本身而言，武汉与襄阳的政策相对较完善。因此，就武汉与襄阳的新能源汽车政策应当进一步形成体系化与系统化，向产业化方向发展，其他城市应当考虑择机出台鼓励新能源汽车发展的本地区的政策，如十堰、随州、宜昌等地也具备了发展新能源汽车产业的一些条件，对于这些城市首要的是谋划好本地区新能源汽车的起步并出台相应的政策。

本书是作者在查阅了大量的资料和进行了实地调研的基础上，历时一年多完成，主要创新点有以下几个方面：

一是内容的创新：（1）首次基于国家发展战略的角度对我国新能源汽车产业政策的绩效进行了系统的定性定量的评价，同时借鉴了国外一些国家新能源汽车产业的发展战略，提出了对我国的启示；（2）首次对我国和湖北省新能源汽车产业政策的绩效进行了较为系统的评价，首次对武汉市、襄阳市、十堰市新能源汽车产业的发展现状、政策现状进行了较为系统全面的分析，对这些城市的新能源汽车政策绩效进行了系统的定性定量的评价；（3）提出了发展我国、湖北省、武汉市、襄阳市、十堰市新能源汽车产业的建议；（4）提出了湖北省"十三五"新能源汽车产业发展规划建议。

二是方法的创新。突破了以往学者们主要从新能源汽车产业政策文本本身研究政策的局限性，从政策实施的效果即绩效评价的角度，采用定性分析与定量分析相结合的方法加以研究，使研究成果具有更强的严谨性和说服力。

三是观点的创新。详见以上"本书的主要观点"部分。

本书在写作的过程中得到了湖北汽车工业学院领导、湖北汽车工业学院科研处领导、湖北汽车工业学院经济管理学院领导及家庭成员、同事和朋友的大力支持,在此深表感谢!由于本人学识所限,书中不成熟,甚至谬误之处在所难免,恳请广大读者批评指正!

**笔 者**

2017 年 10 月于湖北汽车工业学院定稿

# 目 录

第一章 绪论 …………………………………………………………… 1
 第一节 研究的背景及方法 ……………………………………… 1
 第二节 研究的理论和现实意义 ………………………………… 6
 第三节 国内当前的研究现状及评析 …………………………… 8

第二章 我国新能源汽车产业政策绩效评价及完善研究 ………… 21
 第一节 我国新能源汽车产业发展现状 ………………………… 21
 第二节 我国新能源汽车产业政策现状 ………………………… 37
 第三节 我国新能源汽车产业化政策研究 ……………………… 58
 第四节 我国新能源汽车产业政策的绩效评价 ………………… 69

第三章 基于发展战略的新能源汽车产业政策绩效评价研究 …… 112
 第一节 基于国家战略的新能源汽车产业政策
    绩效评价研究 …………………………………………… 112
 第二节 国外新能源汽车产业发展战略及对我国的启示 ……… 123

第四章 湖北省新能源汽车产业政策绩效评价及完善研究 ……… 135
 第一节 湖北省新能源汽车产业发展现状 ……………………… 135
 第二节 湖北省新能源汽车产业政策绩效评价及
    完善研究 ………………………………………………… 143

## 第五章　武汉市新能源汽车产业政策绩效评价及完善研究……… 167
### 第一节　武汉市新能源汽车产业发展现状……………… 167
### 第二节　武汉市新能源汽车产业政策的绩效评价与
　　　　　完善研究……………………………………… 176

## 第六章　襄阳市新能源汽车产业政策绩效评价及完善研究……… 195
### 第一节　襄阳市新能源汽车产业发展现状……………… 195
### 第二节　襄阳市新能源汽车产业政策绩效评价及完善研究… 206

## 第七章　十堰市新能源汽车产业政策绩效评价及完善研究……… 225
### 第一节　十堰市新能源汽车产业发展现状……………… 225
### 第二节　十堰市新能源汽车产业政策绩效评价及完善研究… 233
### 第三节　十堰市新能源汽车产业发展规划建议………… 247

## 第八章　湖北省"十三五"新能源汽车产业发展规划建议……… 254

## 结束语……………………………………………………… 268

## 参考文献…………………………………………………… 269

# 第一章 绪　　论

## 第一节　研究的背景及方法

对湖北省新能源汽车产业政策进行绩效评价和完善研究应当置于以下几个背景之下：一是我国经济和社会发展的背景；二是我国汽车产业发展背景；三是湖北经济和社会发展背景；四是湖北汽车产业发展背景。

### 一、课题研究的背景

1. 我国经济和社会发展的背景

当前，我国经济和社会发展进入了新常态。所谓常态，就是正常状态；新常态，就是经过一段不正常状态后重新恢复正常状态。人类社会就是从常态到非常态再到新常态的否定之否定中发展，人对社会的认识就是从常态到非常态再到新常态的否定之否定中上升。2014年5月，习近平在河南考察时首次提及"新常态"，他说，中国发展仍处于重要战略机遇期，要增强信心，从当前中国经济发展的阶段性特征出发，适应新常态，保持战略上的平常心态。2014年11月，习近平总书记在亚太经合组织（APEC）工商领导人峰会上阐述了什么是经济新常态、新常态的新机遇、怎么适应新常态等问题。2014年12月5日召开的中央政治局会议上提出要主动适应经济发展新常态，这是中央首次在政治局会议层面提出新常态。2014年12月9日召开的中央经济会议上全面、系统、深刻地阐述经济新常态。经济新常态的主要特征是从高速增长转为中高速增长，经济结构优化升级，从要素驱动、投资驱动转向创新驱动。正如吴敬琏所说，新常态归结起来就是两点：第一是从高速增长转入中高速增长；第二是从规模速度型的粗放增长转向质量效益型的集约增长。事实上，除经济外，中国的政治、文化及社会治理也同时进入了"新常态"。"认识新常态、适应新常态、引领新常态"已成为适应和顺应当前我国发展趋势的新要求。

自2015年开始，我国经济运行下行压力较大。2015年12月，中央经济工作会议提出：推进供给侧结构性改革，是适应和引领经济发展新常态的重大创新，是适应国际金融危机发生后综合国力竞争新形势的主动选择，是适应我国经济发展新常态的必然要求。2016年主要是抓好去产能、去库存、去杠杆、降成本、补短板五大任务。提出了相互配合的五大政策支柱：（1）宏观政策要稳；（2）产业政策要准；（3）微观政策要活；（4）改革政策要实；（5）社会政策要托底。新能源汽车产业政策作为产业政策的一种，也应当在"准"上下工夫，充分发挥政策对新能源汽车产业发展的"改革指引"、"创新驱动"、"绿色发展"、"结构调整"的功能。

2. 我国汽车产业发展的背景

近几年，我国汽车产业发展较快。2015年，我国汽车产销量超过了2450万辆，创全球历史新高，连续7年全球第一。据公安部交管局统计，截至2015年底，全国机动车保有量达2.79亿辆，其中，汽车1.72亿辆，机动车驾驶人3.27亿人，其中汽车驾驶人超过2.8亿人。2016年上半年，国内汽车产销量分别为1289.2万辆和1283万辆，比上年同期分别增长6.5%和8.1%。新能源汽车更是保持了较快的增长势头。2015 年，我国新能源汽车产销量分别为 340471 辆和 331092 辆，同比分别增长 3.3 倍和 3.4 倍。据中国汽车工业协会发布数据显示，2016 年上半年，我国新能源汽车生产 17.7 万辆，销售 17 万辆，同比分别增长 125% 和 126.9%。其中，纯电动汽车产销分别完成 13.4 万辆和 12.6 万辆，同比分别增长 160.8% 和 161.6%；插电式混合动力汽车产销分别完成 4.3 万辆和 4.4 万辆，同比分别增长 57.1% 和 64.2%。我国新能源汽车之所以发展速度较快，其原因是多方面的，其中的一个主要原因（甚至是主导原因）是新能源汽车产业政策的扶持与引导。

随着经济发展进入新常态，我国汽车产业的发展也进入了新常态。世界汽车组织 OICA 的主席 Yong-Geun Kim 认为，在全球环保和排放有越来越严格的要求下，正在推动传统的汽车行业走向一个新的常态。董杨（2015）认为，汽车产业的新常态包括市场增长的新常态，创新驱动新常态，法治管理新常态，产业发展新常态，企业发展新常态，营销消费新常态，走出去新常态，互联网+新常态，汽车社会建设新常态，行业组织新常态[1]。李永钧（2015）认为，汽车产业发展凸显七大新常态：微增长、反垄断、供需矛盾、跨界融合、价值延伸、马太效应、个性化和多样化[2]。孔垂颖（2015）认为，汽车产业新常态的主要标志是增速放缓，转型升级[3]；肖俊涛（2015）认为汽车产业新常态的主要体现是：（1）汽车产销量的增幅放缓，整车利润降低，零部件和汽车服务业利润所占比重增加；（2）行业间的渗透和企业间的竞争加剧，互联网和移动互联网将对汽车产业的发展将产生巨大的影响；（3）智能化、车联网、大数据、自动驾驶等技术，在深刻改变汽车产品形态的同

---

[1] 于永初，董杨. 新常态下中国汽车产业挑战与策略 [J]. 汽车工艺师，2015（5）：15-17.

[2] 李永钧. 如何应对当前汽车产业新常态 [J]. 轻型汽车技术，2015（7）：55-58.

[3] 孔垂颖，王今，门峰. 新常态下我国新能源汽车产业发展趋势与政策展望 [J]. 汽车工业研究，2015（9）：10-13.

时,也将丰富汽车发展的商业模式,从研发、生产、物流、营销到汽车后市场的各个环节都将发生重大变革,这些变革将导致汽车产品价值新的增长点和汽车产业结构的重大调整,汽车产业进入结构调整期;(4)节能、环保、低碳意识增强,节能和新能源汽车将得到空前发展,而节能和新能源汽车的发展离不开政策的扶持、引导和规范①。之所以要深刻认识到汽车产业进入到新常态,并把握其主要特征,是因为新能源汽车产业是新常态下汽车产业发展的重中之重,评价新能源汽车产业政策的绩效,制定、修订与完善新能源汽车产业政策都应当遵循这一新常态。

3. 湖北经济和社会发展背景

"十二五"时期湖北紧紧围绕"建成支点、走在前列"总目标,坚定科学发展、跨越式发展不动摇,坚持竞进提质、效速兼取不松劲,遵循"绿色决定生死、市场决定取舍、民生决定目的"三维纲要,深入实施一元多层次战略体系,全面推进富强、创新、法治、文明、幸福湖北建设,圆满完成"十二五"规划确定的主要目标和任务。"十二五"末全省生产总值达到2.96万亿元,由"十一五"末的全国第11位上升到第8位。人均生产总值突破8000美元。产业结构不断优化,先进制造业、高新技术产业、现代服务业发展提速提质。"两圈两带"、"一主两副"等战略稳步推进。新型城镇化建设取得明显成绩,全省常住人口城镇化率达到56.9%。交通基础设施建设突飞猛进,全省综合交通固定资产投资(不含管道、邮政、城市交通)五年累计达到5138亿元,是"十一五"时期的1.6倍。人民生福祉日益增进,生态文明加速发展,美丽湖北建设大力推进。

"十三五"时期,湖北省将处于发展的黄金机遇期、积蓄能量释放期、综合优势转化期、四化同步发展加速推进期,也面临矛盾叠加、风险隐患增多的严峻挑战,但机遇大于挑战。提出"十三五"期间经济

---

① 肖俊涛. 新常态下工业4.0对我国汽车产业转型升级的启示[J]. 湖北汽车工业学院学报,2015(2):64-69.

增速继续保持高于全国、中部领先，在结构优化、转型提质的基础上，全省生产总值和城乡居民人均可支配收入比2010年提前翻一番。产业迈向中高端水平，实体经济核心竞争力显著提升，新产业新业态加快成长，培育2个以上收入过万亿元的产业和5个以上收入过5000亿元的产业，基本建成"四基地一枢纽"。工业化和信息化、服务业与制造业深度融合，农业现代化取得明显进展，三次产业结构进一步优化。新型城镇化水平明显提升，县域经济实力显著增强，区域发展更趋协调，开放型经济发展水平进一步提高。

4. 湖北省汽车产业发展背景

2015年，湖北省累计生产汽车196.8万辆，同比增长12.8%，高于全国平均增幅9.6个百分点，占全国汽车生产总量的比重由2014年的7.4%提高到8%，居全国第6位，较2014年上升一位。全省规模以上汽车工业增加值增长11%，高于全省工业2.4个百分点，占工业的比重为12.3%。实现主营业务收入、利润、税金分别为5370.8亿元、445.3亿元、259.0亿元，分别是"十一五"末的1.8倍、1.3倍、2.0倍，同比增长8.6%、8.2%、18.1%，增幅分别高于全省规模以上工业4.1、6.1、11.3个百分点。行业销售利润率达8.3%，高于全省工业3个百分点。东风汽车（集团）公司全年累计销售汽车387.25万辆，同比增长1.84%；实现主营业务收入和税金4877.91亿元、2045.7亿元，整体市场份额保持行业第二。其中，在湖北销售汽车190.5万辆、同比增长5.67%。在湖北全年累计完成投资90.1亿元。三环集团公司全年实现主营业务收入172亿元，同比增长4.2%。东风扬子江汽车公司全年生产汽车2582辆，同比增长170%；实现主营业务收入12.1亿元，同比增长85.4%；实现利润782万元，同比增长112.1%。湖北齐星集团全年实现主营业务收入36.7亿元，同比增长7.2%；实现利税3.0亿元，同比增长5.0%。

"十三五"时期提出推进汽车品牌化发展，破解汽车发动机、变速箱和其他关键零部件的技术瓶颈制约，提高零部件自给率，增强整车设计开发能力,加大对新能源汽车、车联网技术创新和市场应用的支持力度,培育世界级汽车制造产业集群。实施战略性新兴产业培育壮大工程,深度对接国家战略性新兴产业规划、政策和重大科技专项,加强政策集成和资源整合,推进一批战略性新兴产业发展成为支柱产业。在新能源汽车方面要推动插电式混合动力汽车和纯电动汽车产业化,重点支持驱动电机及控制系统、储能系统、整车控制和信息系统、快速充电等关键技术研发。到2020年,新能源汽车和专用汽车产值达到1000亿元。

**二、课题研究的主要方法**

本课题的研究主要采用了以下研究方法:(1)文献研究法:通过查阅文献进一步理清了思路,深化了认识,形成了创新点与突破点。特别是对我国新能源汽车发展现状、政策情况及政策实施的效果评价采用了这一研究方法;(2)实地调研法:本课题对湖北省政府部门、行业协会、整车企业、零部件企业、汽车服务企业和消费者进行了调研。通过调研,对湖北省新能源汽车发展现状、湖北省新能源汽车产业政策的情况和实施效果有了一个较为全面的把握和体验;(3)归纳分析法。通过对湖北省、武汉市、襄阳市新能源汽车产业政策实施效果的定量定性分析,初步形成了科学系统的对某一地区新能源汽车产业政策的绩效评价机制。同时,通过对湖北省新能源汽车产业政策的系统研究和,提出了进一步完善湖北省新能源汽车产业政策的具体措施和湖北省新能源汽车产业"十三五"发展规划建议。

## 第二节 研究的理论和现实意义

对湖北省新能源汽车产业政策的研究具有以下几个方面的理论和现实意义。

## 一、对湖北省新能源汽车产业科学发展具有极强的理论和现实意义

首先，本课题系统分析了我国新能源汽车产业的发展现状、存在的问题，提出了科学发展我国新能源汽车产业政策的建议。其次，对湖北省新能源汽车产业的发展现状、存在的问题进行了研究，提出了科学发展湖北省新能源汽车产业政策的建议。之所以在研究湖北省新能源汽车发展之前研究我国新能源汽车的发展现状，主要是因为湖北的新能源汽车产业是我国新能源汽车产业的构成部分，湖北新能源汽车产业的发展离不开国家新能源汽车产业发展这一大环境，我国新能源汽车产业发展中存在的问题，大量地在湖北省新能源汽车产业中有所体现。通过对湖北省和我国新能源汽车产业发展现状的研究，可以准确地把握湖北省在全国新能源汽车产业发展中的地位。通过湖北省新能源汽车产业的发展，进一步带动全国新能源汽车产业的发展。

## 二、对湖北省新能源汽车产业政策本身完善具有极强的理论和现实意义

本课题系统地研究了湖北省新能源汽车产业政策的现状、存在的主要问题，并对其实施的效果进行了绩效评价，提出了进一步完善湖北省新能源汽车产业政策的建议。为进一步深入研究湖北省不同城市新能源汽车产业政策的情况，本课题还专门系统地研究了武汉市和襄阳市两城市新能源汽车产业发展现状、存在的主要问题，提出了今后科学发展的对策。专门系统研究了武汉市和襄阳市两城市新能源汽车产业政策现状、存在的主要问题，对政策的实施效果进行了分析，提出了进一步完善武汉市和襄阳市新能源汽车产业政策的建议。不仅提出了进一步完善湖北省新能源汽车产业政策的建议，而且还提出了湖北省"十三五"新能源汽车产业发展规划的建议。以上研究对湖北省新能源汽车产业政策本身完善具有极强的理论和现实意义。

### 三、对湖北省汽车产业及相关产业的发展具有极强的理论和现实意义

新能源汽车产业是汽车产业的构成部分，新能源汽车产业的发展涉及能源、环保、交通等多个产业或行业，因此，在研究新能源汽车产业政策时，应当全面考虑这些因素。一项政策的变化，可能影响到多个产业或行业。实际上，对新能源汽车产业政策的研究要受到哲学的指导，其至少应体现科学的发展观、辩证观、系统观、生态观和价值观。由于产业或行业的发展变化时常受到一些不可预见因素的影响，政策也具有较快的变动性。这就需要适时调整政策，废止旧的政策，出台新的政策。湖北省新能源汽车产业政策的变动需充分考虑该产业对汽车产业及相关产业的影响。换言之，新能源汽车产业的政策受到汽车产业及相关产业发展及这些产业政策的影响。因此，对湖北省汽车产业及相关产业的发展具有极强的理论和现实意义。

对湖北省新能源汽车产业政策进行系统的研究是有重大意义的，在这些表现出来的意义背后有一个核心的观点：产业政策是为产业发展服务的，其主要目标是增强产业竞争力。因此，对新能源汽车产业政策研究的理论和现实意义不仅体现在产业发展上，而且还体现在一个省份或地区的竞争力上。

## 第三节　国内当前的研究现状及评析

新能源汽车产业是我国战略新兴支柱产业之一，也是我国汽车产业转型升级的必由之路。2015年5月，国务院发布了《中国制造2025》，提出"绿色发展"；2015年10月，党的十八届五中全会提出了"创新、协调、绿色、开放、共享"五大发展理念，把"绿色发

展"作为"十三五"经济快速发展的一个基本理念；2016年"两会"期间发布的"十三五"规划纲要提出"实施绿色制造工程"，"打造绿色品牌"。近几年，新能源汽车已经成为世界各国共同关注并大力发展的产业之一。就新能源汽车销量而言，国际能源署（IEA）的调查显示：从纯电动汽车和插电式混合动力车的累计销量来看，2016年中国达到65万辆，超过美国的56万辆，跃居世界第一。就竞争力而言，据德国咨询机构罗兰贝格和汽车调查研究机构FKA共同实施的各国电动汽车（不仅是纯电动汽车，而且还包含插电式混合动力车）竞争力调查结果显示，截至2017年第二季度，中国第一位，美国第二位，德国第三位。排名根据技术、产业和市场等三个因素进行判断，日本在技术和产业方面居第三位，中国在产业方面居第一位，在市场方面居第二位。

国内当前对新能源汽车产业的研究主要是从以下几个方面进行的：一是对当前我国新能源汽车产业发展状况进行研究；二是对我国新能源汽车产业政策进行研究；三是对我国新能源汽车产业政策的绩效进行评价研究；四是对地方的新能源汽车产业及政策进行研究，本书主要论述对湖北省新能源汽车产业及政策的研究情况。

**一、对我国新能源汽车产业发展状况研究的现状及评析**

近几年，国内关于新能源汽车产业现状的研究，主要是从以下几个方面开展的：一是从宏观的角度直接研究我国新能源汽车产业发展的现状，如董本云（2015）对当前我国新能源汽车产业发展的现状、问题进行了研究，并提出了相应的对策，他认为，当前我国新能源汽车产业发展具有产业发展以政策驱动为主，市场规模迅速扩大，公共技术平台及产业联盟初步形成的特点，针对存在的问题，其提出的对策是统一技术标准体系、明确技术路线发展时间表、掌握核心技术、实现由政策驱动向市场驱动的转变、加大补贴力度等对策①。陈瑞青、白辰（2015）从市场现状、政策环境、商业模式等方面分析了当前我国新能源汽车产业的发展现状，提出了坚持市场导向，加大对核心技术的研发投入，推动基础设施建设，倡导多元化投资，完善新能源汽车国家标准，创新商业模式等对策②。侯福深（2015）认为，我国已成为全球最大的新能源汽车市场，国内主流汽车企业都拥有新能源汽车产品，在新能源汽车推广应用、私人购买、基础设施建设等方面都取得了明显的进展③。

二是从微观的角度研究我国新能源汽车产业发展现状。如张海波（2012）将中国一汽集团、东风集团、北汽集团、上汽集团、长安集团在新能源汽车的战略规划、技术路线、对外合作及产品四个方面进行比较分析，得出的结论是，技术瓶颈并非制约新能源汽车产业发展的主要制约因素，其主要制约因素是自主品牌的弱势、技术产品化、市场化转化效率低，市场敏感性差等④。刘颖琦、王萌、王静宇（2016）通过构建中国新能源汽车销量 Bass 预测模型，对 2015—2020 年中国新能源汽车市场总量和销量进行了预测，结果显示，中国在 2019 年便可实现《规划》目标，在 2020 年仅能实现 100 万辆的保有量，与规划目标存在一定差距。为了实现对电动汽车设定的销量目标，国家应加大政策导向的力度，加强电池技术的国际引进，提高自主研发能力，落实各项补贴鼓励政策，加快相关基础设施和配套服务建设⑤。

三是从区域的角度研究新能源汽车产业的发展现状。如路琼晨

---

① 董本云. 我国新能源汽车产业发展现状、问题及对策［J］. 企业经济，2015（3）：145-148.

② 陈瑞青，白辰. 中国新能源汽车产业发展现状、问题及对策［J］. 汽车工业研究，2015（1）：10-13.

③ 侯福深. 我国新能源汽车产业发展现状与新趋势［J］. 专用汽车，2015（9）：45-48.

④ 张海波. 我国新能源汽车产业技术路线图研究［D］. 武汉理工大学，2012.

⑤ 刘颖琦，王萌，王静宇. 中国新能源汽车市场预测研究［J］. 经济与管理研究，2016（3）：86-91.

(2015)指出,上海的新能源汽车产业坚持新产品研发和市场推广应用并重,在产业化和市场推广应用方面进展较快,关键零部件的配套能力建设得到加强①。朱蓉文、劳铖强(2015)总结了深圳新能源汽车产业发展的成功经验、面临的问题和困境,从推广配套政策、充电设施建设、商业模式创新、产业发展扶持等方面提出了促进深圳新能源汽车产业持续发展的对策②。董建伟(2014)分析了北京市新能源汽车产业发展现状,认为北京在新能源汽车产业方面已经形成了较为合理的行业创新体系,关键零部件核心技术水平有所提升,实现了整车生产和示范推广运行的良性循环,并从技术因素、市场因素和产业发展因素等三个方面分析了北京新能源汽车产业面临的制约因素,提出了有针对性的建议和对策③。武玉英、龙海云、蒋国瑞(2015)通过对京津冀新能源汽车产业发展现状的分析,指出其在资源互补、产业优势、环境治理等方面存在着新能源汽车产业协同发展的可行性④。

四是从发展模式上进行研究。如王洪生、张玉明(2015)以比亚迪新能源汽车为例,从资金云、生产制造云、技术创新云、商业合作云方面对新能源汽车产业的发展模式进行了研究⑤。陈蛇、曾鹦(2015)指出,新能源汽车的发展不仅需要先进的技术,而且更需要创新营销模式,变单一的汽车产品销售为系统集成新能源汽车、基础设施建设、维

---

① 路琼晨. 上海市新能源汽车产业发展现状与"十三五"规划 [J]. 交通与港航, 2015 (2): 15-17.
② 朱蓉文, 劳铖强. 深圳新能源汽车产业发展现状与对策 [J]. 特区实践与理论, 2015 (2): 97-100.
③ 董建伟. 北京新能源汽车产业发展的制约因素与对策 [J]. 财经问题研究, 2014 (11): 20-23.
④ 武玉英, 龙海云, 蒋国瑞. 京津冀新能源汽车产业协同发展对策研究 [J]. 科技管理研究, 2015 (6): 71-75.
⑤ 王洪生, 张玉明. 云创新: 新能源汽车产业发展新模式——以比亚迪新能源汽车为例 [J]. 科技管理研究, 2015 (12): 195-199.

修服务和环境治理等关联市场的系统集成服务①。

五是借鉴国外新能源汽车发展经验,对我国新能源汽车发展的启示。如贡苏明(2012)在实证研究的基础上分析了近三年美国混合动力汽车产业的发展现状与产业格局,提出我国政府应强制性引入自主品牌 HEV 产业发展规划,重视对国内车企的扶持与保护,我国汽车企业应大力实施 HEV 自主品牌战略,积极开展与国外汽车企业合资合作以提升产业竞争力等建议②。张天舒(2014)从政策、技术和市场三个角度,深入剖析了新能源汽车在日本被成功推广的主要因素,得到的启示是,建立健全法律法规,合理制定和明确发展战略和目标,关注核心技术和成本,打造自主品牌,合理利用政策杠杆,使用价格和税收工具等③。

可见,对我国新能源汽车发展现状的研究是多维度的,无论从怎样的维度进行研究,其目标是对我国新能源汽车产业的发展现状分析后提出一些建议,以促进我国新能源汽车产业的科学快速发展。

## 二、我国新能源汽车产业政策研究现状及评析

就视角而言,当前对我国新能源汽车产业政策的研究大致有以下几类:

一是从历史的角度梳理我国的新能源汽车产业政策,如陈柳钦(2012)把我国新能源汽车产业政策发展归纳为三个阶段:起步阶段(2001—2008 年)、密集出台阶段(2009 年)、稳步发展阶段(2010

---

① 陈蛇,曾鹦. 新能源汽车产业发展模式探索 [J]. 宏观经济管理,2015(8):78-82.

② 贡苏明. 当前美国混合动力汽车产业现状及我国的对策 [J]. 华东经济管理,2012(2):69-73.

③ 张天舒. 日本新能源汽车发展及对我国的启示 [J]. 可再生能源,2014(2):246-252.

年至今）①。刘兰剑、宋发苗（2013）以我国"十五"、"十一五"、"十二五"为期间对新能源汽车技术创新政策进行了梳理和研究②。

二是从政策文本的角度进行研究，如肖俊涛（2011）指出，新能源汽车产业政策存在鼓励新能源汽车发展的同时对传统能源汽车的限制性规定不足，政策中相对忽略了市场作用的发挥等问题③。路春城，黄志刚（2011）对我国现行有关新能源汽车消费的税收政策存在的问题进行了分析，并提出了相应的改革建议④。安海彦（2012）指出产业政策在维护企业发展环境、推动技术进步等方面存在缺位⑤。丁芸、张天华（2014）认为国家对新能源汽车技术研发补贴力度不足，税收激励措施不够，应从新能源汽车产业发展全局建立财税体系⑥。

三是从国内外政策比较的角度研究，有代表性的是贾莉洁，吕仁志（2014）对美国、欧盟、日本和我国新能源汽车政策措施进行了比较分析⑦；卢超、尤建新（2014），从产业创新链、政策工具两个维度以及政策文本的主要内容对典型发达国家（美国、日本、德国、法国、英国）和"金砖国家"（巴西、俄罗斯、印度、中国、南非）的新能源汽车产业的政策进行了比较。基于此，又延伸出对国外新能源汽车产业政

---

① 陈柳钦．中国新能源汽车政策盘点［J］．汽车工业研究，2012（3）：14-21．

② 刘兰剑，宋发苗．国内外新能源汽车技术创新政策梳理与评价［J］．科学管理研究，2013（2）：66-70．

③ 肖俊涛．论我国新能源汽车发展政策的完善［J］．湖北社会科学，2011（3）：94-97．

④ 路春城，黄志刚．关于新能源汽车消费的税收政策分析［J］．税务研究，2011（5）：29-32．

⑤ 安海彦．我国新能源汽车产业政策解读及对策建议［J］．科技管理研究，2012（10）：29-32．

⑥ 丁芸，张天华．促进新能源汽车产业发展的财税政策效应研究［J］．税务研究，2014（9）：16-20．

⑦ 贾莉洁，吕仁志．新能源汽车呈跨越式增长［J］．汽车与配件，2014（4）：32-35．

策的借鉴及启示①。陈翌、孔德洋（2014），对德国新能源汽车产业政策的要点进行了全面系统分析，得出政府主导政策制定，带动产业投资，引导建立市场，搭建高层合作平台等启示②。邓立治、刘建锋（2014）对美日新能源汽车产业扶持政策模式进行了比较，并指出根据扶持对象、驱动因素和阶段的不同，可以将新能源汽车产业扶持政策模式大致分为市场带动型、技术领先型、创新主导型，根据扶持效果不同，可以把新能源汽车产业政策区分为激励政策、保障政策和限制政策三类③。刘卓然等人（2015）从经济扶持、政策优惠、法规强制等方面对国内外电动汽车的发展现状进行了研究，指出，电动汽车已经远超出了传统汽车的专业范畴，涉及跨行业、跨部门的协同，生产消费的转型及能源结构的调整，技术设施的布局和建设等。目前我国在核心技术、产品质量方面与国外有着较大差距，制约电动汽车产业发展的制约因素是政策统筹较难，产业链较分散，基础设施不健全，市场认可度较低等④。

四是从政策工具方面进行研究，Rothwell & Zegveld（1985）将政策工具分成供给型、需求型和环境型三大类⑤。王保林（2007）认为，发展中国家汽车产业政策工具能否提高本国汽车企业竞争力应成为评价政策工具的着重点⑥。陈军、张韵君（2013）指出新能源汽车产业政策中

---

① 卢超，尤建新．新能源汽车产业政策的国际比较研究［J］．科研管理，2014（12）：26-31．

② 陈翌，孔德洋．德国新能源汽车产业政策及其启示［J］．德国研究，2014（3）：71-81．

③ 邓立治，刘建锋．美日新能源汽车产业扶持政策比较及启示［J］．技术经济与管理研究，2014（6）：77-82．

④ 刘卓然，陈健，林凯，赵英杰，许海平．国内外电动汽车发展现状与趋势［J］．电力建设，2015（7）：25-31．

⑤ Roy Rothwell, Walter Zegveld. Reindusdalization and Technology [M]. Logman Group Limited. 1985：83-104．

⑥ 王保林．提升我国汽车产业竞争力的政策体系研究［J］．中国软科学，2007，（11）：39-47．

环境型政策工具占了 76.19%，应用过溢；需求型政策工具仅占 1.59%，严重不足与缺失；供给型政策工具占 22.22%，行之有效的政策工具未被采用①；魏淑艳、郭随磊（2014）按照政策工具作用对象不同可分为作用于政府自身的内部政策工具（如组建相应的管理机构）及作用于政府之外的外部政策工具（如消费试点补贴）②；黄栋、祁宁（2014）从支持新能源汽车产业创新的基本政策工具视角分析了破坏性创新的必要性以及如何进行破坏性创新③。在政策工具属性方面，张大蒙和李美桂从强制性维度和产业活动维度对汽车产业政策工具进行评价④。在政策工具执行方面，瞿宛文认为，需要从政府是否有较强纠错能力促进政策工具执行方面来对汽车产业政策工具进行评价⑤；陈玲和林泽梁等把能否设计出良好的激励机制促进新能源汽车产业政策工具执行作为政策工具评价的重要方面⑥。在政策工具维度方面，郭随磊（2015）从强制性维度和产业活动维度两个维度将我国的一些新能源汽车产业政策文本、日本、德国和美国的一些新能源汽车产业政策的文本进行了分析，得出的结论是：我国新能源汽车产业政策工具在指向产业发展瓶颈问题、实现发展目标以及在工具属性与政策任务匹配性上具有合理性，但政策工具执行问题较大，通过提高政府能力解决政策工具执

---

① 陈军，张韵君. 基于政策工具视角的新能源汽车发展政策研究[J]. 经济与管理，2013（8）：77-83.

② 魏淑艳，郭随磊. 中国新能源汽车产业发展政策工具选择[J]. 科技进步与对策，2014（10）：99-103.

③ 黄栋，祁宁. 我国新能源汽车产业破坏性创新的政策支持研究[J]. 当代经济管理，2014（7）：79-86.

④ 张大蒙，李美桂. 政策工具视角：中国汽车产业政策的主要问题与对策研究[J]. 工业技术经济，2015（1）：3-11.

⑤ 瞿宛文. 赶超共识监督下中国产业政策模式——以汽车产业为例[J]. 经济学，2009（1）：501-532.

⑥ 陈玲，林泽梁. 双重激励下地方政府发展新兴产业的动机与策略研究[J]. 经济理论与经济管理，2010（9）：50-56.

行中的问题，应该成为完善新能源汽车产业政策工具的着力点①。从强制性维度对政策工具分类研究中，加拿大学者霍莱特和拉梅什的研究最具代表性，按照政府介入程度的高低，他们把政策工具分为强制性工具（包括直接提供、公共事业、管制）、混合性工具（包括税收和使用费、产权拍卖、补贴、信息和劝诫）和自愿性工具（包括私人市场、自愿性组织、家庭和社区）②。政府推动汽车产业发展所采用的政策工具主要有以下六个：公共事业、管制、补贴、信息和劝诫、私人市场、自愿性组织。如果说政策工具强制维度关注的是政府介入程度的话，产业活动维度（包括研发、生产、销售和使用四个环节）则关注的是政府所介入的具体产业活动。

五是从对我国新能源汽车产业政策完善方面进行研究，可归纳为以下两个角度：（1）基于当前我国新能源汽车产业政策存在的问题，提出相应的完善建议。如汪沁（2013），则提出在政策上应提高技术资源需求方面的政策投入，在税收优惠上加大扶持力度，重视需求型和环境型政策对新能源汽车产业发展的促进作用③。汪张林、李国富等人（2014）提出财政投入的研发基金要集中投向新能源汽车的三大核心领域，尽快形成三大核心领域的核心专利，应当合理设置政府补贴企业的知识产权门槛④。（2）基于借鉴国外新能源汽车产业政策，提出相应的建议。如李维臻、鲜晓花（2014）提出，通过借鉴美国、日本、欧盟等国家和地区的新能源汽车产业政策，应当以财政和税收为调节杠杆，建立新能源汽车的激励机制，以市场为导向，加大对新能源汽车消

---

① 郭随磊.中国新能源汽车产业政策工具评价［J］.工业技术经济，2015（12）：114-119.

② 迈克尔·豪利特，M.拉米什.公共政策研究：政策循环与政策子系统［M］.庞诗，等，译.北京：生活·读书·新知三联书店，2006：144.

③ 汪沁，张露嘉.我国新能源汽车产业政策分析与评价［J］.经营与管理，2013（11）：57-61.

④ 汪张林，李国富.知识产权视角下中国新能源汽车产业政策的完善［J］.大连海事大学学报，2014（8）：18-20.

费的激励①。张钟允、李春利（2015）通过借鉴日本新能源汽车的相关政策，提出我国应首先将新能源汽车战略作为国家整体战略的重要组成部分，结合整体的能源环境制定针对新能源汽车的综合战略规划，在该战略的指导下，分别制定新能源汽车销售、基础设施普及及市场环境的形成等一系列具体相关政策，构建起主线与支线并存的交叉性综合政策体系，同时应当立足于能源现状和市场导向进行路径选择②。

综上，关于新能源汽车产业政策的研究是多视角的，以上研究成果的共同目标之一是不断完善我国新能源汽车产业的政策，促进我国新能源汽车产业的发展。然而，以上研究也存在以下不足：（1）研究多是从某一个角度进行的，缺乏系统全面的研究；（2）大多数研究是从已有的政策文本到改进的政策文本这一思路进行的，对政策实施的实际情况和效果，政策对新能源汽车产业发展的作用研究得不够；（3）大多数在对完善新能源汽车产业政策的建议上，仅提出了思路和方向，相对缺乏具有操作性的具体措施，缺少对未来若干年我国新能源汽车产业发展及政策配套的系统性思考。

## 三、当前国内对新能源汽车产业政策进行绩效评价的研究现状

吴胜男（2015）对"十城千辆节能与新能源汽车示范推广应用工程"、"新能源汽车产业技术创新工程"、"混合动力城市公交客车非试点城市全国范围示范推广工程"的实施效果进行了评价，并提出了促进我国新能源汽车产业化政策措施建议：（1）优化以法规制度为主的环境型政策，引导产业健康有序发展；（2）完善以企业为主体、以市场为导向的供给型政策，催生企业形成自主创新内生动力；（3）加强

---

① 李维臻，鲜晓花. 发达国家新能源汽车产业政策对我国的启示 [J]. 兰州交通大学学报，2014（4）：62-65.

② 张钟允，李春利. 日本新能源汽车的相关政策与未来发展路径选择 [J]. 2015（5）：71-86.

多元环境型政策的引导，以补贴为主的需求型政策合理退坡①。邢敏（2015）从2010—2013年中国新能源汽车产销量、新能源汽车占整体汽车的比例等方面分析了我国新能源汽车政策的效果，并指出了制约新能源汽车产业运营的政策因素，提出了相应的建议②。苏卉、葛鹏、赵冬昶（2014）通过符合补助条件的新能源车型细分的市场情况，研究了新能源汽车推广补贴政策的效果，指出这一政策的实施起到了显著的效果③。王显志、郭宏伟、王武宏（2015）构建了新能源汽车政策指标评价体系和新能源汽车产业政策评价模型，通过层次分析法对不同层次和不同类型的新能源汽车政策进行了分析，得出的结论是新能源汽车的应用推广是中国新能源汽车发展的重中之重，新能源汽车的技术研发是新能源汽车产业的核心问题，电池技术和充换电站桩技术是新能源汽车的核心技术之一，基础设施仍然是我国新能源汽车产业的薄弱环节，激起消费者需求（含政府采购）是推广新能源汽车的有效方式④。高倩、范明、杜建国（2014）利用演化博弈方法分析了政府补贴对新能源汽车企业行为选择的影响，认为我国现阶段新能源产业的扶持政策，并非加大对新能源汽车的补贴力度就是最好的做法，政府对新能源汽车的补贴应该保持在一个适当的范围，突破新能源汽车产业发展过程中的关键技术障碍，有效降低生产成本，同时提高新能源汽车企业自主盈利能力才是发展壮大新能源汽车产业的关键⑤。丁芸、张天华（2014）认为，

---

① 吴胜男，曾海鹏，童一帆，抄佩佩．我国节能与新能源汽车产业政策研究[J]．汽车工程学报，2015（5）：157-164.

② 邢敏．中国实施的新能源汽车政策及效果分析[J]．经济研究导刊，2015（6）：52-54.

③ 苏卉，葛鹏，赵冬昶．新能源汽车推广补贴政策效果分析[J]．北京汽车，2014（5）：1-3.

④ 王显志，郭宏伟，王武宏．基于层次分析法的新能源汽车产业政策评价[J]．道路交通与安全，2015（2）：41-46.

⑤ 高倩，范明，杜建国．政府补贴对新能源汽车企业影响的演化研究[J]．科技管理研究，2014（11）：75-79.

国家对新能源车的补贴政策作用没有充分发挥，主要体现在对新能源汽车技术研发补贴力度不足、对私人购买新能源汽车的财政补贴力度不足、充换电站等配套基础设施财政投入力度不足、补贴过程中出现地方保护主义等方面。促进新能源汽车发展的税收激励措施存在不足，主要体现在税收优惠政策形式比较单一、税制设计未充分体现产业导向、现行新能源汽车各环节税负结构不尽合理等方面①。陈建华（2013）对我国电动汽车的政策和法规进行了梳理，指出这些政策和法规推动了电动汽车标准的制定，对电动汽车产品研发、生产和销售产生了积极影响②。王静宇、刘颖琦（2012）认为，政策对于新能源公交车研发方面的支持是较为有成效的，但是由于方向不明确以及商业模式的模糊，导致了推广缓慢，成果不佳；新能源公交是否能够得到有效推广与地方政府的政策是密切相关的。得到的结论是，政府政策越明晰，对推动新能源公交车发展的作用越明显。政府政策不仅要涵盖到新能源公交车发展的各个领域，而且要包含整个新能源公交车产业从生产、购置到配套设施建设、维护等的各个环节，使这些环节上的企业在决策时做到有据可依③。

  由上可见，当前对我国新能源汽车产业政策进行效果评价的主要集中在一些具体的政策上，如十城千辆节能与新能源汽车示范推广应用的政策、推广补贴政策、财政和税收政策等。尚缺乏对当前我国新能源汽车政策的系统性全面评价，即总体评价。

## 四、当前对湖北省新能源汽车产业政策的研究现状级评析

  一些专家学者对湖北新能源汽车的现状进行了研究，如李建忠

---

① 丁芸，张天华. 促进新能源汽车产业发展的财税政策效应研究 [J]. 税务研究，2014（9）：16-20.

② 陈建华. 中国电动汽车政策法规及实施效果浅析 [J]. 现代零部件，2013（5）：27-29.

③ 王静宇，刘颖琦. "十城千辆"示范工程政策与效果比较研究 [J]. 科学决策，2012（12）：1-14.

（2011）对湖北新能源新能源汽车产业竞争力提升的路径进行了研究①。左继宏（2011）对襄阳新能源汽车产业发展进行了SWOT分析②。王利军（2013）指出，襄阳新能源汽车产业的主要劣势是关键技术不足，技术创新能力薄弱，基础设施配套不足，市内产业资源集成能力差等，并提出了相应的对策③。王秀丽（2015）对湖北电动汽车产业发展提出了对策④。吴强（2016）对武汉新能源汽车产业关键技术及路线选择进行了研究⑤。南琼（2016）通过基于关键技术视角对武汉新能源汽车的技术路线进行了研究，并提出了一些建议⑥。任征宇（2016）对襄阳市新能源汽车产业发展现状、存在的问题进行了分析，并提出了一些对策⑦。

综上所述，专门研究湖北省及其湖北省一些城市新能源汽车发展的成果不多，关于研究湖北省及其湖北省一些城市新能源汽车产业政策的成果更是少之又少，几乎没有系统地加以研究过。该研究成果恰好弥补了这一空白，对湖北省新能源汽车产业的发展，乃至湖北省整个汽车产业和经济社会的发展有着极为重要的指导意义和参考价值。

---

① 李建忠．湖北新能源汽车产业竞争力提升的路径研究［C］. Management Science and Engineering（MSE 2011 V6），2011-10-01.
② 左继宏，陈良显．襄阳新能源汽车产业发展的SWOT分析［J］．科技管理研究，2011（21）：119-123.
③ 王利军，胡树华，牟仁艳．基于期望效用理论的SWOT方法改进［J］．武汉理工大学学报（信息与管理工程版），2013（4）：591-594.
④ 王秀丽．湖北电动汽车产业发展对策研究［J］．中外企业家，2015（21）：31.
⑤ 吴强，应保胜，南琼，金杭，许小伟．武汉新能源汽车产业关键技术及路线选择［J］．交通企业管理，2016（3）：42-45.
⑥ 南琼，应保胜，吴强，金杭，许小伟．基于关键技术视角下的地方新能源汽车发展研究［J］．汽车科技，2016（4）：71-77.
⑦ 任征宇．浅析襄阳市新能源汽车产业发展现状、存在的问题与对策［J］．经营管理者，2016（7）：150.

# 第二章 我国新能源汽车产业政策绩效评价及完善研究

近几年，特别是 2015 年以来，我国的新能源汽车产业发展较快，其得益于我国新能源汽车产业政策功能和作用的发挥，但是如何较为全面地评价我国新能源汽车产业政策实施的效果，并主要针对实施的情况进一步完善我国新能源汽车产业政策，是十分必要的。

## 第一节 我国新能源汽车产业发展现状

工业是指采集原料，并把它们在工厂中生产成产品的工作和过程。汽车工业是指制造汽车零部件及装配汽车的工业，也可包括其卫星工业及其销售。产业是指生产物质产品的集合体，包括农业、工业、交通运输业等部门，一般不包括商业。汽车产业不仅包括汽车的制造及销售，而且还包括汽车服务行业，如汽车维修、汽车美容、汽车保险、汽车金融、汽车文化、汽车租赁、汽车电影、汽车餐厅等。就汽车的生产制造和服务过程而言，包括汽车设计、汽车生产、汽车销售、汽车服务、二手车流通、汽车报废等环节，这些环节形成了汽车产业链条，详见图 2.1。

当今汽车产业的发展已不再仅仅是产业链条的发展，已经构成了产业网络。链条的每一个环节都在向外辐射，特别是通过互联网和移动互

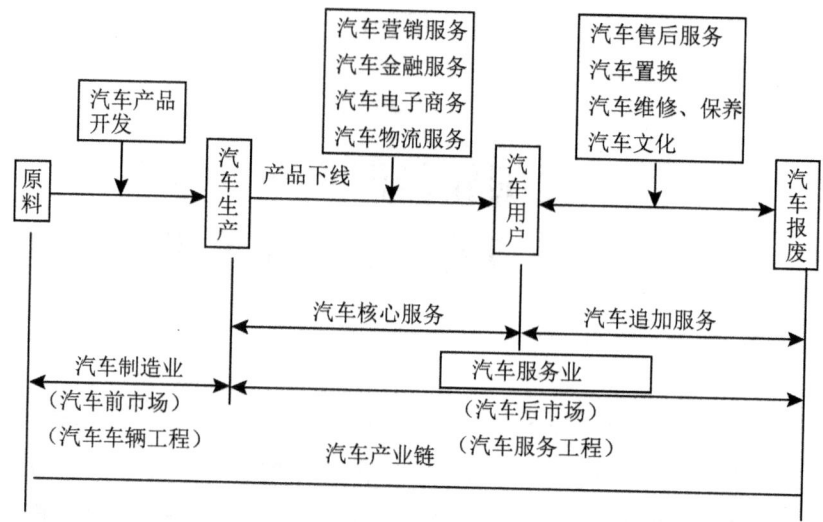

图 2.1 汽车产业链的框架图

联网这一载体，辐射的范围已超过汽车产业本身，辐射的速度超乎想象。在汽车产业链和汽车产业网中，新能源汽车的发展也已经形成了新能源汽车产业。

## 一、何谓新能源汽车产业

百度百科中指出，新能源汽车产业从经济学角度来描述，是从事新能源汽车生产与应用的行业。新能源汽车产业具有战略性、创新性、系统性、市场性和多元性等五个特性。笔者认为，就内涵而言，新能源汽车产业包括新能源汽车的设计、制造、零部件供应、服务、二手新能源汽车流通、报废回收等环节。新能源汽车产业的发展受制于新能源汽车的发展，唯有新能源汽车达到一定的数量才能形成新能源汽车产业，而新能源汽车产业的发展又会影响到新能源汽车的发展。新能源汽车及新能源汽车产业的发展又离不开政府和市场两个抓手。政府通过制定政策影响市场和新能源汽车企业，市场引导企业，市场的变化可引起政策的调整。

新能源汽车产业与新能源汽车产业化是不相同的。所谓新能源汽车产业化，是指新能源汽车产业在市场经济条件下，以政策为引导，以需求为导向，以效益为目标，依靠专业服务和质量管理，达到一定的规模程度，形成系列化和品牌化的经营方式和组织形式。笔者认为，衡量新能源汽车产业化具有以下四个因素：（1）规模化：即新能源汽车生产进入规模化；（2）普及化：即新能源汽车被客户普遍接受，其每年产销量和保有量达到一定数量和比例；（3）链条化：即新能源汽车形成产业链条，链条的每个环节都创造价值；（4）商业化（市场化）：即市场机制在新能源汽车的营销和服务中起主导作用。当然，新能源汽车产业化需要资金、技术、产品、服务的支撑，这些支撑离不开政策的扶持与规制。我国早在2001年863计划中就已涉及了对混合动力、纯电动和燃料电池车的研究，并将这三类电动汽车称为"三纵"，多能源动力总成控制、驱动电机、动力蓄电池称为"三横"。2009年，随着"十城千辆"节能与新能源汽车示范工程实施，我国新能源汽车发展进入示范推广阶段。然而，时至今日，我国新能源汽车尚未实现产业化，正处于研发和导入阶段①。

## 二、我国新能源汽车产业发展现状

### （一）我国新能源汽车产业发展取得的成绩

自2008年全球金融危机爆发以来，世界主要的发达国家都把新能源汽车作为汽车工业未来发展的主要方向，就世界发达国家而言，新能

---

① 邓立治，刘建峰. 美日新能源汽车产业扶持政策比较及启示 [J]. 技术经济与管理研究，2014（6）：77-82.

源汽车发展进入了一个产业化、市场化的阶段。我国的新能源汽车产业也取得了令人瞩目的成就,具体如下:

1. 新能源汽车产销量增长较快

据中国汽车工业协会统计显示,中国已成为全球最大的新能源汽车市场。2015 年我国新能源汽车的产量及销量分别达到 34 万辆和 33 万辆,2016 年,新能源汽车销量为 25.7 万辆,同比增长 121%,2016 年我国新能源汽车累计产销分别达 51.7 万辆和 50.7 万辆。2017 年 1—8 月我国新能源汽车产销 34.6 万和 32 万辆,同比增长 33.5% 和 30.2%。专家预测,到 2020 年新能源汽车年产销量可能达到 200 万辆以上(详见表 2.1)。

表 2.1 **2014 年至 2016 年新能源汽车产量及 2017 年至 2020 年产量预测(万辆)**

| 车辆类型 | 细分车型 | 2014 年 | 2015 年 | 2016 年 | 2017 年 | 2018 年 | 2019 年 | 2020 年 |
| --- | --- | --- | --- | --- | --- | --- | --- | --- |
| 乘用车 | 纯电动乘用车 | 3.8 | 15.1 | 25.6 | 34.5 | 55.3 | 74.6 | 119.4 |
| | 插电式乘用车 | 1.7 | 6.4 | 10.8 | 14.6 | 23.4 | 31.6 | 50.6 |
| 客车 | 纯电动客车 | 1.3 | 8.8 | 9.7 | 10.2 | 11.7 | 12.3 | 14.2 |
| | 插电式客车 | 1.4 | 2.4 | 2.9 | 3.2 | 3.7 | 4.0 | 4.6 |
| 专用车 | 纯电动专用车 | 0.4 | 4.8 | 7.6 | 9.6 | 14.3 | 17.9 | 26.9 |
| 总量 | | 8.6 | 37.4 | 56.7 | 72.1 | 108.4 | 140.5 | 215.6 |
| 增速 | | | 314.8% | 50.5% | 27.1% | 50.1% | 29.6% | 53.5% |

2. 新能源汽车技术的研发成绩显著

早在 1981 年我国就已经开始对新能源汽车的技术进行了研发[1]。自 1990 年以来,国家支持的涉及电动汽车关键技术、电池技术的研究

---

[1] 胡神松. 我国新能源汽车产业专利分析与建议 [J]. 武汉理工大学学报(信息与管理工程版),2013(10):758-762.

课题达数十项，从"八五"实施的国家电动汽车关键技术攻关项目，到"九五"启动的国家清洁汽车行动项目，再到"十五"的 863 计划电动汽车重大专项，已累计投入 20 亿元资金进行研发和扶持。这一时期研发的重点是混动车、电动车和燃料电池车等项目。"十五"期间，国家启动了电动汽车重大科技专项，并确立了"三纵三横"（燃料电池汽车、混合动力汽车、纯电动汽车三种整车技术为"三纵"，多能源动力总成系统、驱动电机、动力电池三种关键技术为"三横"）的研发布局，并在整车技术开发、关键零部件研发和共性研发技术平台建设方面取得了丰硕的成果①。"十一五"期间，电动汽车与清洁燃料汽车合并列入 863 计划，我国基本形成了完整的新能源汽车研发和示范布局。"十二五"期间我国新能源汽车的研发能力由弱变强，实现了电动汽车自主创新和技术集成，形成了比较完整的产业布局。同时，汽车燃料电池发动机、驱动电机、动力蓄电池等关键零部件技术也取得了重大进展，形成了配套产业链。总之，在国家政策和资金的大力扶持下，我国基本掌握了节能与新能源汽车核心技术，基本建立了具有自主知识产权的节能与新能源汽车技术平台，基本形成了比较完整的关键零部件体系，开发了一批节能与新能源汽车，实现了批量整车生产能力。通过在北京、天津、上海、武汉、株洲等城市开展的新能源汽车示范应用，为节能与新能源汽车进一步推广技术、产品和运行经验的保障。目前，我国新能源汽车技术的发展正处于千载难逢的战略机遇期。首先是技术路线跨越可能性的预期加大。近 10 年的攻关大大缩短了我国节能与新能源汽车技术与国际先进水平的差距；其次是我国在锂离子动力电池、永磁驱动电机、燃料电池等关键产品方面具有无可比拟的资源优势和产业化市场的优势。再次是日趋完善的标准体系、检测体系、基础设施，为新能源汽车技术的发展提供了保障。

---

① 肖俊涛. 中国汽车产业自主品牌与自主创新研究［M］. 中国地质大学出版社，2009.

最后是形成了混合动力技术战略联盟、纯电动技术战略联盟、氢燃料电池技术战略联盟等，详见图2.2。

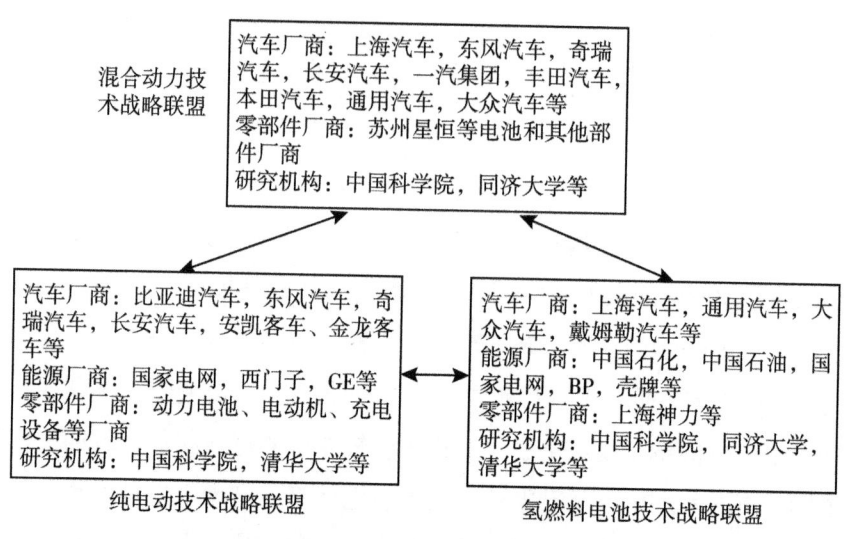

图2.2　新能源汽车技术战略联盟图

3. 新能源汽车商业模式获得认可

当前我国新能源汽车的主要商业模式有直接销售模式、定向购买模式、融资租赁模式、分时租赁模式和电商销售模式等。直接销售模式是指依托传统能源汽车已形成的销售网络，直接转移新能源汽车的所有权，向购买者销售新能源汽车的模式。这一销售模式较为普通，其受制于国家政策的补贴和基础设施的建设。定向购买模式是指面向特定的消费者的购买模式，即定向销售的模式，如江淮汽车就曾经采用这一商业模式，向企业的上游零部件企业、与其合作的伙伴以及相关科研单位进行定向销售。融资租赁模式是指由专门的机构负责购车，将车出租使用的模式，这一模式主要适用于新能源汽车的租赁上。如比亚迪公司曾采用这一模式取得了好的效果。比亚迪公司负责生产新能源汽车，南方电网公司负责充电设施的建设，金融机构负责购车，出租车公司负责租用新能源汽车。这一模式在公交公司中也得到了运用，不少公交公司也租用新能源客车作为公交车进行营运。分时租赁模式是指消费者分时段租赁新能源汽车使用的模式。这一模式使用得较为广泛，消费者无须考虑新能源汽车的维修保养及长期充电问题。电商销售模式是指通过互联网、移动互联网构建电商平台，在电商平台上销售新能源汽车的模式。特斯拉采用的就是这一商业模式，"特斯拉"的实体店主要是体验店，其选车、购车、付款、交付的流程均在网上完成。这一商业模式较好地融合了线上与线下两个平台，使线上与线下紧密结合，提高了销售的精确度和效率。无论哪一种商业模式都较好地促进了我国新能源汽车产业的发展。

4. 新能源汽车产业政策体系较为完善

纵观世界各国，新能源汽车产业的发展离不开政策的扶持，甚至将政策称为新能源汽车产业发展的"第一推动力"①。当前，我国的新能源汽车产业政策体系较为完善，涉及战略规划、技术路线、财政补贴、税收优惠、研发鼓励、私人购买、公务用车、基础设施等各个方面。关于政策体系的具体问题将在后续章节中阐述，在此不再赘述。

5. 新能源汽车产业链初步形成

随着新能源汽车产销量的增加，新能源汽车的产业链条业内逐步完善。在新能源汽车设计方面，已经开始尝试使用 3D 打印、云技术、大数据等技术。在新能源汽车的生产上已经形成了规模化，不少汽车公司，如比亚迪、杭州长江汽车有限公司都已经具备 10 万辆产能的实力。在新能源汽车的营销上可以选择多种商业模式，且每种商业模式正趋于完善。在新能源汽车售后服务上，依托已经形成的传统汽车售后服务体系，可以及时地对新能源汽车进行维修、保养。当前，我国新能源汽车产业链如图 2.3 所示。

---

① 陈柳钦. 我国新能源汽车产业发展及其困境摆脱 [J]. 郑州航空工业管理学院学报，2011 (6)：18-25.

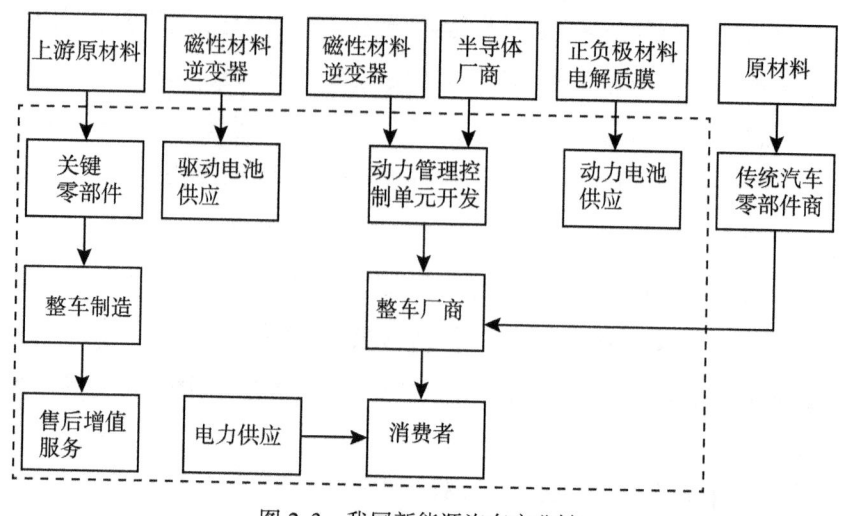

图 2.3　我国新能源汽车产业链

6. 新能源汽车的基础设施建设已初具规模

新能源汽车的基础设施建设主要体现在充换电站和充电桩的建设上。截至 2015 年底，我国已建成充换电站 3600 座，公共充电桩 4.9 万个。在深圳、北京、上海、合肥等地已经建设了较为完善的充电服务网络体系。更为重要的是，国家对充电设施的建设也已经开始给予相应的财政补贴。2016 年 4 月，国家能源局发布《2016 年能源工作指导意见》，意见指出 2016 年计划建设充换电站 2000 多座、分散式公共充电桩 10 万个，私人专用充电桩 86 万个，各类充电设施总投资 300 亿元。此外，国家能源局制定的《电动汽车充电基础设施建设规划》提出，到 2020 年国内充换电站数量达到 1.2 万个，充电桩达到 450 万个。以充电桩均价 2 万元/个，充换电站 300 万元/座计算，未来六年国内新能源汽车充电桩（站）的直接市场规模有望达到 1240 亿元。截至 2017 年 5 月，我国公共充电桩建设运营数量超过 16.1 万个，充电基础设施建设稳步增长。

## (二) 我国新能源汽车产业发展存在的主要问题

虽然，我国新能源汽车产业的发展取得了较大的成绩，但也存在一些问题，归纳起来主要如下：

1. 新能源汽车产业仍处在发展初期，尚未进入产业化阶段

前已述及，新能源汽车产业化有四个标准：规模化、普及化、链条化和商业化（市场化）。当前，我国新能源汽车上没有实现普及化和市场化。新能源汽车占当年全部汽车销量的比例过于偏低。以 2015 年为例，新能源汽车的产量仅占全年汽车总产量的 1.39%，新能源汽车的销量仅占全年新能源汽车销量的 1.34%。之前的比例更低。2010 年新能源乘用车产量仅占当年乘用车产量的 0.04%，2012 年和 2013 年分别为 0.1%和 0.2%，2014 年为 0.4%。而早在 2009 年发布的《汽车产业调整和振兴规划》（2009—2011）中就已经提出，2011 年新能源汽车销量占乘用车销售总量的 5%左右。这一目标预计将在 2020 年左右完成。此外，新能源汽车的销售过分依赖补贴，市场调节的作用几乎没有发挥。以 6~8 米纯电动客车为例，其制造成本一般在 45 万~50 万元，而国家财政补贴加上地方 1∶1 的配套补贴，其补贴达到了 60 万元。事实上，大量的新能源汽车生产企业主要依赖政府的财政补贴得以盈利，市场机制作用的发挥微乎其微。

2. 新能源汽车保有量低，其产业链的价值没有形成

据统计，当前我国新能源汽车的保有量约为 50 万辆。如此低的保有量使得新能源汽车的维修、保养等服务产业难以形成规模。就新能源汽车产业链而言，其价值的创造主要集中在销售上，其销售主要借助于汽车金融和财政补贴，故新能源汽车没有形成产业的价值链条。

3. 新能源汽车零部件产业发展相对滞后

新能源车的主要零部件由电力驱动系统、电源系统和辅助系统等三个部分组成。电力驱动系统包括电子控制器、功率转换器、电动机、机械传动装置和车轮。电源系统包括电源、能量管理系统和充电机。辅助

系统包括辅助动力源、动力转向系统、导航系统、空调器、照明及除霜装置、刮水器和收音机等。新能源汽车的发展的一个主要制约因素是零部件产业发展相对滞后，主要体现在以下几个方面：（1）目前国内大多数企业没有掌握动力电池、电动机和能量转换控制系统的核心技术，主要通过购买国外先进零部件技能型组装，成本较高，知识新能源汽车的价格也较高。就产品成本而言，无论是混合动力汽车、纯电动汽车，还是插电式混合动力汽车，电力驱动系统的价值均占整车成本的一半以上，而电池在电力驱动系统中的成本比例则达到了 50%~70%，我国近 1000 家电池企业大多没有掌握电池的核心技术[1]；（2）电池的续航里程较短。当前，新能源汽车电池的续航里程一般在 200 千米以内，这远远满足不了使用的要求，实际上电池标明的续航里程是一个理论值，受天气、导论、空调等多种因素的影响，很难达到标注的续航里程。如此短的续航里程使得新能源汽车更加受制于充电桩的建设，如果目的地没有充电设施，那么其实际最多可行驶的里程只有续航里程的一半；（3）新能源汽车零部件企业数量较多，但龙头企业缺乏，企业的研发实力和先进技术的储备不足；（4）新能源汽车关键零部件系统化、模块化程度以及技术指标与国外相比差距较大，这体现在不仅单体的一致性、可靠性需结合汽车行业大批量生产的要求进一步提高，而且更重要的是关键零部件系统和模块的设计、制造、控制、检测及应用技术能力的提升[2]。

4. 基础设施的建设明显滞后

新能源汽车的基础设施建设明显滞后主要体现在以下几个方面：一是制定新能源汽车基础设施建设规划的城市不多，大多数试点城市和省份没有出台基础设施建设规划，更没有将充电设施建设纳入整个城市规

---

[1] 编者. 现状、困境、前景——2013 年中国新能源汽车产业分析与预测 [J]. 电源世界，2014（1）：1-3.

[2] 王昌文. 我国新能源汽车零部件发展必须解决七大问题 [J]. 汽车工程师，2010（5）：24-26.

划。二是现有的基础设施建设滞后。以北京为例，截至 2012 年只建成了 12 座充换电站，274 个充电桩，浙江省建设充换电站 123 座，交流充电桩 500 个。截至 2014 年 7 月，武汉仅有 4 座大中型充换电站，167 个交流充电桩，根本无法满足车辆日常充电所需。三是在居民小区建充电桩难度大，制约因素多、严重影响了私人对电动汽车的购买和使用。

5. 新能源汽车产业的政策缺乏系统性和完整性

虽然我国新能源汽车产业政策较多，但却政出多门，政策之间缺乏系统性、完整性和延续性，有些政策出台得不够及时，有些政策不够科学，关于政策性的有关问题将在下一节详细论述，在此不再赘述。

6. 新能源汽车安全性有待进一步提升

近几年，时有发生新能源汽车自燃事件，经过比较发现，新能源汽车自燃的现象要多于传统能源汽车。据统计，2016 年前 6 个月，国内共发生新能源汽车起火事故 11 例，即月均发生 1.83 例。新能源汽车的数量本身较少，然而自燃率却如此之高，确实令人感到忧虑，这说明新能源汽车不能保障 100% 的安全性。新能源汽车之所以自燃的主要原因之一是电池的技术和性能没有完全过关。一些企业为提升新能源汽车的续驶里程，主要采用增加电池数量和增加电池能量密度的办法，这同时也增加了安全的风险。科技部 863 计划电动汽车重大科技专项专家王秉刚认为："安全性问题将成为影响电动汽车健康发展与成败的重要问题，发展新能源汽车要坚持安全第一的思想，如果做不到安全，那么宁可把速度放慢一点。"

7. 新能源汽车产业的人才极为缺乏

新能源汽车产业的发展离不开人才的培养，其对人才的需求是全方位的，包括技术人才、管理人才、营销人才和服务人才等。然而，当前暂且不提新能源汽车产业的人才，就是整个汽车产业的人才状况就不容乐观。据 2014 年中国汽车维修行业协会对 831 户的 40834 名从业人员的文化水平调查显示，从事汽车维修的技术工人达到了 63.4%，从事技术及管理工作的人员比例为 26.2%；在从事汽车维修的技术工人中，初中及以下文化程度的占38.5%，具有高中文化程度的约为40%，而经过专业学习的大专及以上学历的仅占10%。因此，汽车产业人才培养成为当务之急，新能源汽车产业的人才更是匮乏。

除以上所阐述的七个方面的问题外，还有一些问题也是值得注意的，如关于新能源汽车的宣传推广缺乏创新的问题、居民绿色环保的意识还不够强的问题、政府、企业、高校、研究院所协同不够等问题。限于篇幅和研究视角的不同，没有面面俱到，在此不详述。

### 三、科学发展我国新能源汽车产业的对策

新能源汽车产业发展的重要性已毋庸置疑，其不仅仅是我国汽车产业转型升级的重要措施和把我国建设成为汽车强国的重要战略，而且更是整个汽车产业发展的必然趋势和要求。甚至其是否能够科学发展，将影响到我们每个人的生活和"中国梦"的实现。为此，提出一些粗浅的对策如下：

1. 出台新的新能源汽车产业发展规划，形成完善的新能源汽车产业政策体系

2012年国务院已经出台了《节能与新能源汽车产业发展规划（2012—2020年）》，然而这一规划至少存在如下问题：（1）规划对我国新能源汽车的发展状况研究不够，大多数目标几乎难以实现；（2）规划虽然提出了未来几年我国新能源汽车发展的指导思想和基本原则、技术路线和主要目标、主要任务和保障措施，但却没有明确提出新能源汽车产业化；（3）规划没有与《中国制造2025》相衔接。故有必要重新出台我国新能源汽车产业发展规划（2015—2025），在这一规划中，按照《中国制造2025》要求，系统提出我国新能源汽车产业发展的目标、步骤、方法、措施，这一发展规划是其他关于新能源汽车政策的"纲"，也使得新能源汽车产业化更加具有系统化和可操作性。只有将新能源汽车产业的政策系统考虑，才可以避免出现政策的"木桶效

应"，不因政策某一方面的短板，制约新能源汽车产业化整体的进程。

2. 加快我国新能源汽车产业化的进程

加快我国新能源汽车产业化的进程即要加快我国新能源汽车产业的规模化、普及化、链条化和商业化（市场化）的建设。这就需要：（1）尽可能提高新能源汽车的产销量和保有量，唯有达到一定的数量才可具备规模化的条件和基础。（2）充分发挥政府"有形的手"和市场"无形的手"的双重机制的作用，由政策驱动转为市场与政策的双驱动。正如清华大学汽车产业与技术战略研究院院长赵福全所指出的，汽车产业发展中政府起着至关重要的作用，在产品导入期政策起到了主导的作用，但汽车产业进入调整期后，应该事先政策与市场的融合①。（3）大力发展新能源汽车产业链条化，并促使其创造价值。新能源汽车产业的发展，归根到底是新能源汽车产业链的发展，即新能源汽车从设计、制造、销售、零部件、售后服务到报废这些链条都应当同步发展并创造价值。事实上，可将新能源汽车的产业链条分成上游、中游和下游，上游包括正极材料、电解液、隔膜、稀土、硅钢等产业；中游包括电机电控系统、电池等产业；下游包括配套实施、售后服务等产业。上游产业的重点应当是政策的扶持，中游产业的重点应当是有关标准的建立，下游产业的重点则是基础设施的普及和售后服务体系的建立。（4）积极推进新能源汽车商业化（市场化）建设。新能源汽车商业化主要体现在其商业模式、营销模式和市场机制作用的发挥上。就商业模式而言，要协调好能源企业与新能源汽车生产企业之间的关系，协调好新能源整车企业与零部件企业的关系，协调好新能源汽车企业与新能源汽车经销商之间的关系。就营销模式而言，则需解决新能源汽车营销模式的创新问题，实现多种营销模式，做到既与传统能源汽车营销模式的整合，又与其有所区别，充分发挥"互联网+"在新能源汽车营销中的应用。就

---

① 孙焕玉，邬启斌. 政府、政策在产业发展中如何定位［N］. 中国汽车报，2016-02-01（9）.

市场机制作用的发挥而言，则需重点解决好市场机制的完善和市场作用的发挥。

3. 重点扶持新能源汽车零部件企业的发展

新能源汽车产业发展的核心是对新能源汽车核心技术的掌握以及新能源汽车自主知名品牌的创建。为此可从以下几个方面入手：（1）出台专门的对新能源汽车零部件生产企业扶持的政策。（2）加大对新能源汽车零部件研发的投入，重点是对动力电池、电动机和能量转换控制系统核心技术的研发，要有中国自己的技术，不能过度依赖进口。（3）提高新能源汽车关键零部件系统化、模块化程度，借鉴国外技术指标出台和完善相关标准并付诸实施。（4）提高电池的续驶里程，降低电池的价格，唯有如此方能增加新能源汽车的竞争力。就新能源汽车而言，其至少面临着两类竞争对手：一类是传统能源汽车的竞争，另一类是其他新能源汽车企业和品牌的竞争。（5）实施新能源汽车零部件自主名牌创建战略。众所周知，我国是汽车大国，但远非汽车强国，要改变这一状况，积极创建自主新能源汽车名牌已是全球的发展战略。而自主新能源汽车名牌不仅只是品牌是自主的，而且零部件和技术也是进口的，其更加需要具有自主知识产权的新能源汽车的零部件，为此，必须实施新能源汽车零部件自主名牌创建战略。

4. 形成新能源汽车产业联盟，构建新能源汽车的技术创新平台

新能源汽车产业的发展的关键与核心是新能源汽车技术等知识产权保护体系的把握和构建。而新能源汽车技术的研发已不再是政府或企业的单打独斗，而是需要形成产业联盟，通过各方构建新能源汽车的技术研发和创新平台，开展共同攻关，达到技术共享的效果。自 2009 年 3 月北京新能源汽车产业联盟成立以来，目前为止，全国已有几十家新能源汽车产业联盟，其中具有代表性的是由 20 多家央企组成的电动车产业联盟和地方政府组成的省内新能源汽车产业联盟，这些联盟虽然成立时有着目标和任务，但实际运行情况却不乐观，因此，如何发挥联盟的作用就成为当前的一个重要课题。宋紫峰（2015）认为，新能源汽车

产业联盟应当借鉴美国、日本、欧盟等国家和地区的经验，政府的支持不可或缺，联盟成员应覆盖全产业链，联盟应当有自己的目标，联盟成员的权利义务应当明确，且动态调整①。笔者认为，结合我国的实际情况，新能源汽车产业联盟的重点任务之一应当是进行联合技术研发，构建新能源汽车的技术研发和创新平台，以解决制约当前我国新能源汽车产业发展的瓶颈因素，提升新能源汽车产业的国际竞争力。

**5. 加快普及新能源汽车基础设施建设**

新能源汽车基础设施建设是否普及是决定新能源汽车销售量和保有量的决定因素之一。在我国一些地区，低速电动汽车和电动摩托车非常普及，其一个重要的原因是充电便利且成本低。电动汽车及其他新能源汽车即使质量高、价格低也难以在短时间内普及，主要受制于基础设施数量没有跟上。为解决这一问题，可从以下几个方面考虑：（1）在建设以及办理相关手续等方面支持新能源汽车充换电站、充电桩、换电站、加气站以及相关配套设施的建设，甚至各地方政府可以依据财力情况给予相应的财政补贴。（2）完善站点总体布局，将充换电站、充电桩的建设纳入城市规划和住宅小区建设标准的内容之一，力争几年后充换电站、充电桩的数量与新能源汽车保有量相匹配，与新能源汽车的使用相匹配，与新能源汽车的增长相匹配。（3）重点解决在已建成的住宅小区居民充电桩安装问题，这涉及安装位置、电缆铺设、费用承担等众多实际问题。笔者建议，充电桩在小区内的安装应由新能源汽车经销商负责，不应当由购车者承担费用。当然，经销商承担的费用可享受政府一定的补贴。（4）切实执行好国家关于新能源汽车基础设施建设的意见和规定。如2015年10月，国务院办公厅下发了《关于加快电动汽车充电基础设施建设的指导意见》（以下简称《意见》），对加快推进电动汽车充电基础设施建设工作进行了部署。《意见》指出，建设电动

---

① 宋紫峰. 新能源汽车产业联盟发展的国际经验及启示［J］. 中国发展观察，2015（5）：54-56.

汽车充电基础设施，是发展新能源汽车产业的重要保障。要加快配建充电桩、城市充换电站、城际快充站等设施建设。加大财税、金融、用地、价格等政策扶持，通过企业债券、专项基金等方式支持充电设施建设，并制定相关收费办法，允许充电服务企业向用户收费。此外，放宽准入，鼓励民间资本以独资、PPP 等方式参与。完善相关标准规范，支持移动充电等推广应用，通过互联网盘活资源，为群众提供良好公共服务。2015 年 12 月，国家发展改革委、国家能源局、工业和信息化部与住房城乡建设部四部委联合下发了《电动汽车充电基础设施发展指南（2015—2020 年）》，为促进新能源汽车基础设施的建设提供了依据和参考。这些意见和规定只有得到切实的实施才具有意义。

6. 加快对新能源汽车产业人才的培养

重点培养新能源汽车技术人才、管理人才、营销人才和服务人才。培养的主要方式是政府、企业、高校、研究和培训机构的共同努力，走政、产、学、研结合之路。当然，以上四者的地位和作用有所区别：政府主要是从政策和资金上给予支持，引导企业、高校和研究培训机构培养转型升级人才；高校主要承担的是学历教育，高校的学历教育应当与汽车产业转型升级的需求接轨，高校的人才优势也为汽车产业转型升级提供了智力储备；企业是培养转型升级人才的主体，人才只有在企业的不断实践中才能够得到提升，企业应当联合高校和研究和培训机构共同培养人才；研究和培训机构在人才的培养中仅起到辅助的作用，某种意义而言，它是连接企业和高校的纽带，高校培养出的人才经过研究和培训机构的训练会更加适应企业需求，企业也需要通过研究和培训机构吸纳能够直接上手的人才，以降低人才培养的成本。此外，需要注意的是新能源汽车产业的人才需尽早培养形成人才储备，正所谓"得人才者得新能源车天下"。

我国新能源汽车的发展尚处于起步阶段，新能源汽车产业尚未真正形成。新能源汽车产业化是我国新能源汽车产业发展的必经阶段，也是当前我国新能源汽车发展的主要目标和主要内容，在新能源汽车产业化进程中，政府和市场将起到同等重要的作用，形成怎样的政策体系和怎样发挥市场机制的作用显得尤为重要。在政策体系与市场机制的关系上，政策体系是建立和运行市场机制的前提和条件，市场机制的运行需政策体系加以指引和保障，即运行机制的构建设计政策体系的重要内容。运行机制的实施又对进一步完善政策体系提出了要求。

## 第二节　我国新能源汽车产业政策现状

新能源汽车产业的发展离不开政策的扶持、指引和规范，特别是在新能源汽车发展初期，政策更是起到了主导性作用。我国新能源汽车经过十余年的发展，有必要对相关政策进行梳理和研究，本章从整体上采用系统分析的方法重点研究我国新能源汽车产业政策的现状、分类、存在的主要不足，提出相应的完善建议。

### 一、我国新能源汽车产业政策发展概况

我国早在2001年863计划中就已涉及了对混合动力、纯电动和燃料电池车的研究，并将这三类电动汽车称为"三纵"，多能源动力总成控制、驱动电机、动力蓄电池称为"三横"。2006年后，国家出台了一系列鼓励新能源汽车发展的政策，概括起来，主要有以下几种（详见表2.2）：

表2.2　　　　2007—2017年主要新能源汽车政策一览表

| 发布日期 | 政策名称 | 政策主要内容 |
| --- | --- | --- |
| 2007年10月 | 新能源汽车生产准入管理规则 | 首次对新能源汽车进行了界定，对企业从事新能源汽车项目设置了准入规则 |

续表

| 发布日期 | 政策名称 | 政策主要内容 |
|---|---|---|
| 2007年12月 | 产业结构调整指导目录(2007年本) | 将新能源汽车正式纳入发改委鼓励产业目录 |
| 2009年1月 | 汽车产业振兴规划 | 首次提出新能源汽车战略。安排100亿元支持新能源汽车和关键零部件产业化 |
| 2009年1月 | 关于节能和新能源汽车示范推广试点工作的通知 | 确定了北京、上海等13座城市作为新能源汽车示范试点城市 |
| 2009年13月 | 节能和新能源汽车示范推广财政补助资金管理暂行办法 | 对在公共服务领域购置混合动力汽车、纯电动汽车、燃料电池汽车给予财政补贴 |
| 2009年1月 | 十城千辆节能与新能源汽车示范推广应用工程 | 通过财政补贴,三年内每年发展10个城市,每个城市在公交、出租、公务、市政、邮政等领域推出1000辆新能源汽车开展示范运行,力争使全国新能源汽车的运营规模到2012年占到汽车市场份额的10% |
| 2009年3月 | 汽车产业调整振兴规划 | 实施新能源汽车战略,提出了指导思想、基本原则、目标、主要任务、政策措施 |
| 2009年6月 | 新能源汽车生产企业及产品准入管理规则 | 提出了新能源汽车企业分类及管理方式、新能源汽车企业及产品准入条件 |
| 2010年5月 | 关于扩大公共服务领域节能与新能源汽车示范推广有关工作的通知 | 在原有13个试点城市的基础上增加7个试点城市,第三批又增加5个城市,使试点城市达到了25个 |

续表

| 发布日期 | 政策名称 | 政策主要内容 |
|---|---|---|
| 2010年5月 | 关于开展私人购买新能源汽车补贴试点的通知，附件：私人购买新能源汽车试点财政补助资金管理暂行办法 | 在上海、长春、深圳、杭州、合肥五个城市对私人购买新能源汽车给予不同程度的补贴，同时规定了补助范围、对象和方式、支持条件、补助标准与规模、资金申报与下达、监管等内容 |
| 2010年10月 | 关于加快培育和发展战略性新兴产业的决定 | 将新能源汽车列入战略新兴产业之一 |
| 2011年3月 | 国民经济和社会发展第十二个五年规划纲要 | 重点发展插电式混合动力汽车、纯电动汽车和燃料电池汽车技术，促进其商业化和产业化 |
| 2011年7月 | 国家"十二五"科学和技术发展规划 | 全面实施"纯电驱动"技术转型战略，实施新能源汽车科技产业化工程 |
| 2011年8月 | 关于加强节能与新能源汽车示范推广安全管理工作的函 | 要求各试点城市充分认识节能与新能源汽车示范推广安全管理的重要意义，加强节能与新能源汽车示范运行安全管理的具体措施 |

续表

| 发布日期 | 政策名称 | 政策主要内容 |
| --- | --- | --- |
| 2011年9月 | 关于促进战略新兴产业国际化发展的指导意见 | 新能源汽车产业是国际化推进的七大重点之一。新能源汽车发展要建立以企业为主体的创新体系，加大自主创新能力的建设，通过科技进步和创新带动品牌的建立；突破和掌握关键核心技术是新能源汽车发展的前提和基础，应当优先发展和重点扶持；推动传统汽车制造企业向新能源汽车领域发展，鼓励新能源汽车零部件企业在海外投资建厂 |
| 2011年11月 | 关于进一步做好节能与新能源汽车示范推广试点工作的通知 | 对汽车企业提出更明确的销售底线，为新能源汽车创造消费环境，加快提升产品品质，全方位促进新能源汽车消费 |
| 2011年11月 | "十二五"产业技术创新规划 | 高效内燃机、先进变速器、普通混合动力专用发动机和机电耦合装置设计制造技术，先进汽车电子控制技术，低阻零部件、轻量化材料与激光拼焊成型技术，高比能先进动力电池新材料、新体系的前瞻性研究和新结构、新工艺等应用技术，驱动电机系统与核心材料技术，燃料电池电堆、燃料电池发动机及其关键核心技术等都被列为重点开发项目 |
| 2011年11月 | 车船税法实施条例 | 对新能源汽车在车船税上给予减免优惠 |
| 2011年12月 | 外商投资产业指导目录（2011年修订） | 在鼓励类增加了新能源汽车关键零部件、基于IPv6的下一代互联网系统设备等条目，取消了新能源发电设备条目股比要求 |

续表

| 发布日期 | 政策名称 | 政策主要内容 |
|---|---|---|
| 2012年6月 | 节能与新能源汽车发展规划（2012—2020年） | 对节能和新能源汽车发展规划的指导思想、基本原则、技术路线、主要目标、主要任务、保障措施、规划实施进行了规定 |
| 2013年9月 | 关于继续开展新能源汽车推广应用工作的通知 | 对示范城市或区域提出了条件，就补助范围、补助对象、资金拨付、补助标准作出了规定，对示范城市充电设施建设给予财政奖励 |
| 2014年7月 | 政府机关及公共机构购买新能源汽车实施方案 | 对2014年至2016年政府及公共机构购买新能源汽车提出了比例要求 |
| 2014年7月 | 关于加快新能源汽车推广应用的指导意见 | 以纯电驱动为新能源汽车发展的主要战略取向，重点发展纯电动汽车、插电式（含增程式）混合动力汽车和燃料电池汽车，以市场主导和政府扶持相结合，建立长期稳定的新能源汽车发展政策体系。2014年9月1日至2017年12月31日，对以上新能源汽车免征车辆购置税 |
| 2015年4月 | 关于2016—2020年新能源汽车推广应用财政支持政策的通知 | 补助标准主要依据节能减排效果，并综合考虑生产成本、规模效应、技术进步等因素，逐步退坡。2017—2020年除燃料电池汽车外，其他车型补助标准适当退坡，其中2017—2018年补助标准在2016年基础上下降20%，2019—2020年补助标准在2016年基础上下降40%。2016年主要是依据续驶里程对纯电动乘用车、纯电动客车、燃料电池车乘用车、燃料电池轻型客货车、燃料电池大中型客车、中重型货车给予补贴 |

续表

| 发布日期 | 政策名称 | 政策主要内容 |
| --- | --- | --- |
| 2015年6月 | 新建纯电动乘用车企业管理规定 | 新建企业的投资主体应具备以下基本条件：（1）在中国境内注册，具备与项目投资相适应的自有资金规模和融资能力；（2）具有纯电动乘用车产品从概念设计、系统和结构设计到样车研制、试验、定型的完整研发经历。具有专业研发团队和整车正向研发能力，掌握整车控制系统、动力蓄电池系统、整车集成和整车轻量化方面的核心技术以及相应的试验验证能力，拥有纯电动乘用车自主知识产权和已授权的相关发明专利；（3）具有整车试制能力，具备完整的纯电动乘用车样车试制条件，包括车身及底盘制造、动力蓄电池系统集成、整车装配等主要试制工艺和装备；（4）自行试制同一型号的纯电动乘用车样车数量不少于15辆。提供的样车经过国家认定的检测机构检验，在符合汽车行业标准和电动汽车相关标准的前提下，在安全性、可靠性、动力性、整车轻量化、经济性等方面达到规定的技术要求 |
| 2015年10月 | 加快电动汽车充电基础设施建设的指导意见 | 大力推进充电基础设施建设，有利于解决电动汽车充电难题，是发展新能源汽车产业的重要保障；我国将以纯电驱动为新能源汽车发展的主要战略取向，力争到2020年基本建成适度超前、车桩相随、智能高效的充电基础设施体系，满足超过500万辆电动汽车的充电需求；各地要将充电基础设施专项规划有关内容纳入城乡规划，原则上，新建住宅配建停车位、大型公共建筑物配建停车场、社会公共停车场建设或预留建设充电设施安装条件的车位比例分别为100%、10%、10%，每2000辆电动汽车至少配建一座公共充换电站；要完善充电设施标准规范、建设充电智能服务平台、建立互联互通促进机制、做好配套电网接入服务、创新充电服务商业模式，加快制定、修订或完善有关标准规范，大力推进"互联网+充电基础设施"建设；强化充电基础设施建设的支撑保障，简化规划建设审批，加大补贴力度，拓宽多元融资渠道，加大用地支持力度，加大业主委员会协调力度，支持关键技术研发，明确安全管理要求，完善有关制度和标准；各地方政府将于2016年3月底前发布充电基础设施专项规划，制定出台充电基础设施建设运营管理办法 |

续表

| 发布日期 | 政策名称 | 政策主要内容 |
| --- | --- | --- |
| 2015年11月 | 电动汽车充电基础设施发展指南（2015—2020年） | 从发展基础、问题挑战、需求预测、指导思想与原则、发展目标、重点任务、保障措施等方面进行了指引，其发展的总体目标是：到2020年，新增集中式充换电站超过1.2万座，分散式充电桩超过480万个，以满足全国500万辆电动汽车充电需求。优先建设公交、出租及环卫与物流等公共服务领域充电基础设施，新增超过3850座公交车充换电站、2500座出租车充换电站、2450座环卫物流等专用车充换电站。新增超过430万个用户专用充电桩。合理布局社会停车场所公共充电基础设施，新增超过2400座城市公共充换电站与50万个分散式公共充电桩。结合骨干高速公路网，建设"四纵四横"的城际快充网络，新增超过800座城际快充站，以满足城际出行需要 |
| 2016年1月 | 关于"十三五"新能源汽车充电基础设施奖励政策及加强新能源汽车推广应用的通知 | 2016—2020年中央财政将继续安排资金对充电基础设施建设、运营给予奖补。设定新能源充电设施奖励标准，对于大气污染治理重点省市奖励最高，2016年大气污染治理重点省市推广量3万辆，奖补标准9000万元，超出门槛部分奖补最高封顶1.2亿元。2020年大气污染治理重点省市奖励门槛7万辆，奖补标准1.26亿元 |
| 2016年2月 | 新能源汽车废旧动力蓄电池综合利用行业规范条件 新能源汽车废旧动力蓄电池综合利用行业规范公告管理暂行办法 | 《新能源汽车废旧动力蓄电池综合利用行业规范条件》对企业布局与项目建设条件、规模、装备和工艺、资源综合利用及能耗、环境保护等方面提出了要求。《新能源汽车废旧动力蓄电池综合利用行业规范公告管理暂行办法》对申请符合《规范条件》公告的废旧动力蓄电池综合利用企业的条件和核实的程序进行了规定，明确了监管的内容，加强了监管的力度 |

续表

| 发布日期 | 政策名称 | 政策主要内容 |
| --- | --- | --- |
| 2016年4月 | 关于汽车业的反垄断指南（征求意见稿） | 意见稿要求具有支配地位的汽车制造商不得限制经销商和维修商购买同质配件或从其他渠道购买原厂配件（包括平行进口配件），亦禁止限制配件供应商、经销商和维修商外销售后配件。此外规定汽车制造商无正当理由也不应限制维修技术信息、测试仪器和维修工具的可获得性，汽车后市场"非授权性质"的独立售后服务商受益程度最大。对于固定转售价、限定最低转售价、地域限制、客户限制、对经销商实施"搭售"、强制不合理的汽车或售后配件销售目标等一系列具有纵向垄断性质的协议进行了制约。意见稿明确行政机关和法律、法规授权具有管理汽车流通事务职能的组织不应制定具有排除、限制市场竞争的规定，如限制汽车市场准入和汽车自由流通、二手车限迁（要求二手车必须在车辆注册登记所在地交易）、二手车交易必须由二手车交易市场开具发票等内容。认定新能源汽车研发与生产过程中的横向合作协议可以使竞争者分担投资风险、提高效率、促进社会公共利益。纵向垄断协议个案豁免中亦提及在新能源汽车推广期实施短期固定转售价和限定最低转售价的行为对于激励经销商、推广新能源产品、扩大市场需求是必要的。征求意见稿中明确指出，经销商可以出售未经供应商授权销售的汽车，或者未经境外汽车生产企业授权销售的进口汽车，不过，应当以书面形式向消费者作出特别明示和提醒，并明确告知消费者责任主体 |
| 2016年4月 | 关于2016—2020年新能源汽车推广应用财政支持政策的通知 | 进一步明确了补助对象、产品和标准。补助对象是消费者。新能源汽车生产企业在销售新能源汽车产品时按照扣减补助后的价格与消费者进行结算，中央财政按程序将企业垫付的补助资金再拨付给生产企业。中央财政补助的产品是纳入"新能源汽车推广应用工程推荐车型目录"（以下简称"推荐车型目录"）的纯电动汽车、插电式混合动力汽车和燃料电池汽车。补助标准主要依据节能减排效果，并综合考虑生产成本、规模效应、技术进步等因素逐步退坡。2017—2020年除燃料电池汽车外其他车型补助标准适当退坡，其中：2017—2018年补助标准在2016年基础上下降20%，2019—2020年补助标准在2016年基础上下降40% |

续表

| 发布日期 | 政策名称 | 政策主要内容 |
| --- | --- | --- |
| 2016年4月 | 电动汽车充电基础设施建设规划 | 2016年建设规划目标是建设充换电站2000多座、分散式公共充电桩10万个，私人专用充电桩86万个，到2020年的目标是：建成集中充换电站1.2万座，分散充电桩480万个 |
| 2016年5月 | 氢能与燃料电池技术战略方向规划目标 | 2020年目标：建立健全氢能及燃料电池规模化应用的设计、工艺、检测平台。基本掌握高效氢气制备、纯化、储运和加氢站等关键技术，以及低成本长寿命电催化剂技术、聚合物电解质膜技术、低铂载量多孔电极与膜电极技术、高一致性电堆及系统集成技术，突破关键材料、核心部件、系统集成、过程控制等关键技术，实现氢能及燃料电池技术在动力电源、增程电源、移动电源、分布式电站、加氢站等领域的示范运行或规模化推广应用。其中，PEMFC电源系统额定输出功率50~100kW、系统比功率≥300Wh/kg、电堆比功率3000W/L以上、使用寿命5000hr以上；MFC电源系统实现额定输出功率5~10kW、系统比能量≥345Wh/kg、使用寿命3000hr以上；开发出接近质子膜燃料电池操作温度、储氢容量高于5wt%的储氢材料或技术，及长距离、大规模氢的储存及运输技术<br>2030年目标：实现大规模氢的制取、存储、运输、应用一体化，实现加氢站现场储氢、制氢模式的标准化和推广应用；完全掌握燃料电池核心关键技术，建立完备的燃料电池材料、部件、系统的制备与生产产业链，实现燃料电池和氢能的大规模推广应用。其中，PEMFC分布式发电系统使用寿命达到10000hr以上、SOFC分布式发电系统使用寿命达到40000hr以上、MeAFC分布式发电系统使用寿命达到10000hr以上<br>2050年展望：实现氢能和燃料电池的普及应用，实现氢能制取利用新探索的突破性进展 |

续表

| 发布日期 | 政策名称 | 政策主要内容 |
| --- | --- | --- |
| 2016年8月 | 新能源汽车碳配管理办法 | 发改委对"燃油汽车规模企业"设定新能源汽车与燃油汽车的年度产销量比例，并折算为企业应缴的新能源汽车碳配额数量。"燃油汽车规模企业"和"新能源汽车规模企业"每年要提交上一年度的新能源汽车碳配额报告。"燃油汽车规模企业"每年要向发改委提交其不少于上年度应缴的新能源汽车碳配额，否则就要承担法律责任。如果燃油汽车规模企业未按时履行碳配额清缴义务，由发改委责令其履行，逾期仍不履行的，由发改委会同相关部门按照清缴截止日前一年配额市场均价处以3~5倍罚款，同时在其下一年度生产或者获取的配额中扣除。逾期不缴纳罚款的，每日按罚款数额的3%加处罚款。新能源汽车碳配额管理办法于2017年试行，2018年正式实施 |
| 2016年9月 | 企业平均燃料消耗量与新能源汽车积分并行管理暂行办法（征求意见稿） | 其主要内容是：取得道路机动车辆生产企业及产品准入的境内乘用车生产企业、取得法人资格的进口乘用车供应企业，都应当作为乘用车企业平均燃料消耗量的核算主体，单独实施核算。乘用车企业平均燃料消耗量积分，为该企业平均燃料消耗量的达标值和实际值之间的差额，与该企业乘用车生产或者进口量的乘积，实际值低于达标值产生的积分为正积分，高于达标值产生的积分为负积分。乘用车企业应当于每年12月20日前，向工业和信息化部提交下一年度乘用车企业平均燃料消耗量与新能源汽车积分预报告。乘用车企业平均燃料消耗量正积分可以结转或者在关联企业间转让。新能源汽车正积分可以自由交易，但不得结转。乘用车企业平均燃料消耗量负积分和新能源汽车负积分，应当在企业平均燃料消耗量与新能源汽车积分核算情况报告发布的年度内抵偿归零 |

续表

| 发布日期 | 政策名称 | 政策主要内容 |
| --- | --- | --- |
| 2016年10月 | 节能与新能源汽车技术路线图 | 其主要内容是"1+7"，即总体技术路线图、节能汽车技术路线图、纯电动和插电式混合动力汽车技术路线图、氢燃料电池汽车技术路线图、智能网联汽车技术路线图、汽车制造技术路线图、汽车动力电池技术路线图、汽车轻量化技术路线图。到2020年，乘用车新车平均油耗5.0L/100km，商用车新车油耗接近国际先进水平，新能源汽车销量占汽车总体销量的比例达到7%以上，驾驶辅助/部分自动驾驶车辆市场占有率达到50%。至2025年，乘用车新车平均油耗4.0L/100km，商用车新车油耗达到国际先进水平，新能源汽车销量占汽车总体销量的比例达到20%以上，高度自动驾驶车辆市场占有率达到约15%。至2030年，乘用车新车油耗3.2L/100km，商用车油耗同步国际先进水平，新能源汽车销量占汽车总体销量的比例达到40%以上，完全自动驾驶车辆市场占有率接近10% |
| 2016年12月 | 关于调整新能源汽车推广应用财政补贴政策的通知 | 其主要内容是调整完善推广应用补贴政策：提高推荐车型目录门槛并动态调整。一是增加整车能耗要求。纯电动乘用车按整车整备质量不同，增加相应工况条件下百公里耗电量要求；纯电动专用车按照车型类别增加单位载重量能量消耗量（Ekg）、吨百公里耗电等要求；进一步提升纯电动客车单位载重量能量消耗量（Ekg）要求。二是提高整车续驶里程门槛要求。提高纯电动客车、燃料电池汽车续驶里程要求，适时将新能源客车续驶里程测试方法由40km/h等速法调整为工况法；逐步提高纯电动乘用车续驶里程门槛。三是引入动力电池新国标。四是提高安全要求。五是建立市场抽检机制，强化验车环节管理。六是建立动态管理制度。新能源汽车产品纳入《目录》后销售推广方可申请补贴。一年内仍没有实际销售的车型，取消《目录》资 |

续表

| 发布日期 | 政策名称 | 政策主要内容 |
| --- | --- | --- |
| 2016年12月 | 关于调整新能源汽车推广应用财政补贴政策的通知 | 格。七是督促推广的新能源汽车应用。非个人用户购买的新能源汽车申请补贴，累计行驶里程须达到30000km（作业类专用车除外），补贴标准和技术要求按照车辆获得行驶证年度执行<br>对新能源客车，以动力电池为补贴核心，以电池的生产成本和技术进步水平为核算依据，设定能耗水平、车辆续驶里程、电池/整车重量比重、电池性能水平等补贴准入门槛，并综合考虑电池容量大小、能量密度水平、充电倍率、节油率等因素确定车辆补贴标准。进一步完善新能源货车和专用车补贴标准，按提供驱动动力的电池电量分档累退方式核定。同时，分别设置中央和地方补贴上限，其中地方财政补贴（地方各级财政补贴总和）不得超过中央财政单车补贴额的50%。除燃料电池汽车外，各类车型2019—2020年中央及地方补贴标准和上限，在现行标准基础上退坡20%。同时，有关部委将根据新能源汽车技术进步、产业发展、推广应用规模等因素，不断调整完善 |
| 2017年1月 | 新能源汽车生产企业及产品准入管理规定 | 申请新能源汽车生产企业准入的，应当符合以下条件：（1）符合国家有关法律、行政法规、规章和汽车产业发展政策及宏观调控政策的要求；（2）申请人是已取得道路机动车辆生产企业准入的汽车生产企业，或者是已按照国家有关投资管理规定完成投资项目手续的新建汽车生产企业；（3）汽车生产企业跨产品类别生产新能源汽车的，也应当按照国家有关投资管理规定完成投资项目手续；（4）具备生产新能源汽车产品所必需的设计开发能力、生产能力、产品生产一致性保证能力、售后服务及产品安全保障能力，符合《新能源汽车生产企业准入审查要求》；（5）符合相同类别的常规汽车生产企业准入管理规则 |

续表

| 发布日期 | 政策名称 | 政策主要内容 |
|---|---|---|
| 2017年1月 | 新能源汽车生产企业及产品准入管理规定 | 申请准入的新能源汽车产品,应当符合以下条件:(1)符合国家有关法律、行政法规、规章;(2)符合《新能源汽车产品专项检验项目及依据标准》,以及相同类别的常规汽车产品相关标准;(3)经国家认定的检测机构检测合格;(4)符合工业和信息化部规定的安全技术条件 |
| 2017年6月 | 乘用车企业平均燃料消耗量与新能源汽车积分并行管理办法(征求意见稿) | 办法显示,积分政策将从2018年开始实行,油耗积分按CAFC法规核算,新能源汽车积分比例则要求2018—2020年车企分别要达到8%、10%、12%。其中,油耗积分可以结转,新能源汽车积分可以交易。结转或交易后积分仍未负的企业将面临暂停受理不达标新车的申报、暂停生产高油耗车型等处罚 |

据中国汽车工业协会统计,截至2016年6月,国家共出台新能源汽车相关政策30项,其中推广政策7项,行业规范政策8项,充电基础设施政策4项,企业目录相关政策5项,行业管理相关政策6项[①]。中国能源经济研究院陈柳钦认为,中国新能源汽车政策历经了起步阶段(2001—2008年)、密集出台阶段(2009年)、稳步发展阶段(2010年至今)。刘兰剑、宋发苗认为,"十五"时期是新能源汽车发展起步时期,国家颁布的政策数量有限;"十一五"时期,我国新能源汽车开始全面发展,政策数量开始大增;"十二五"时期,新能源汽车产业规划不断推出,对发展新能源汽车的重视程度不断提高,并且开始重视新能源汽车的安全管理和提升新能源汽车的整体技术水平,中国新能源汽车迎来有史以来最大规模的政策支持。笔者认为,自2006年以来,我国出台了近30项与新能源汽车相关的政策,特别是2009年和2011年出

---

① 参见 http://evshijie.baijia.baidu.com/article/497720.

台得比较密集，这主要是因为，2009年为应对经济危机国务院出台了《汽车产业振兴规划》，首次提出实施新能源汽车战略，故一些配套措施相继出台。2011年为"十一五"最后一年，这一年主要谋划"十二五"规划，将新能源汽车作为战略新兴产业，故与之相关的政策随之出台。2012年出台了新能源汽车发展里程碑式的政策——《节能与新能源汽车发展规划（2012—2020年）》，这一年新能源汽车补贴政策到期，直至2013年9月出台了《关于继续开展新能源汽车推广应用工作的通知》，2014年，国务院办公厅出台了《关于加快新能源汽车推广应用的指导意见》，使得新能源汽车政策在经历实践检验后回归理性，具有了针对性、现实性和可操作性。由此可见，我国新能源汽车政策在不断丰富和完善中，目前正处在起步阶段，这一阶段与新能源汽车本身发展处于起步阶段相适应，正因如此，政策的重点是规划和如何扶持新能源汽车的发展。

**二、我国新能源汽车产业政策的特点**

无论采用怎样的标准分类，经过分析，我国新能源汽车产业政策具有如下几个特点：（1）新能源汽车产业政策数量多，涉及面广。数量多是显而易见的，政策之内容涉及发展规划、基础设施、财政补贴、公务采购、个人购买、公共交通、企业准入等诸多方面。（2）颁布新能源汽车产业政策的部门多。颁布新能源汽车产业政策的部门至少有工信部、公安部、环保部、财政部、税务局、科技局等，呈现"九龙治水"的局面。据不完全统计，就新能源汽车发布政策的政府部门超过10个，有的是联合发布政策，有的是单独发布政策，不同政策间有矛盾之处。（3）政策作用和效果明显。我国新能源汽车及新能源汽车产业的发展主要依靠政策的实施，政策已经成为我国新能源汽车发展的指挥棒。（4）政策的更新较快。纵观我国新能源汽车产业政策的变迁，其更新和变化是较快的，如2010年推出对私人购买新能源汽车得补贴政策，

2013年9月18日出台的《关于继续开展新能源汽车推广应用工作的通知》中，对纯电动乘用车、插电式混合动力乘用车补贴的标准为续驶里程，改变了以往按照动力电池组能量确定补贴的做法。

**三、我国新能源汽车产业政策存在的主要问题**

对当前我国新能源汽车产业存在的主要问题，笔者将从宏观与微观两个方面进行分析。

**（一）宏观方面存在的主要问题**

对我国新能源汽车产业政策宏观上存在的主要问题，是从政策整体角度，采用系统分析方法而言的。宏观上我国新能源汽车政策主要存在以下几个方面的问题。

1. 政策缺乏科学性

这主要体现在以下几个方面：一是对新能源汽车发展的现状把握不够，目标定得过高，过于不切实际，以致难以达到目标；二是缺乏相应配套措施的跟进，政策没有形成体系，也无法推进；三是政策的实施缺乏保障，是否实施，怎样实施，缺乏责任主体，也没有考核机制，对于是否能够完成政策目标对政府没有什么影响，政策更多的是一种倡导；四是政策使企业缺乏积极性，研发和生产资金严重缺乏，产品质量和性能达不到要求；五是国家的政策也导致了严重的地方保护，使新能源汽车产业化障碍重重。

2. 政策缺乏系统性

这主要体现在以下几个方面：一是缺乏国家宏观指导意见，虽然，2014年7月14日，国务院办公厅发布了关于加快新能源汽车推广应用的指导意见，但这一意见仍然不是新能源汽车发展的指导意见。国家层面宏观指导意见的缺乏，使得部门在出台意见时既缺乏依据，又有可能出现相互矛盾的情形；二是政策间缺乏支撑，2012年6月28日，国务院发布了《节能与新能源汽车发展规划（2012—2020）》，围绕着这一规划，没有出台相应的实施细则和保障措施加以支撑；三是政策具有较大的变动性，如 2013 年 9 月 18 日出台的《关于继续开展新能源汽车推广应用工作的通知》中，对纯电动乘用车、插电式混合动力乘用车补贴的标准为续驶里程，改变了以往按照动力电池组能量确定补贴的做法。

3. 政策缺乏延续性

这主要体现在以下两个方面：一是政策的时间不延续。如 2013 年 9 月 18 日出台的《关于继续开展新能源汽车推广应用工作的通知》，是在有关新能源汽车产业政策间隔 9 个月后出台才出台的，这一时间的间隔，给不少新能源汽车生产企业造成了损失；二是政策的内容不延续。在新能源汽车的技术路线上，对混合动力汽车是否给予政策扶持曾经存在着较大争议，一开始给予一定的财政补贴，不久又取消了这一补贴。

（二）微观方面存在的主要问题

对我国新能源汽车产业政策微观上存在的主要问题，是从政策的具体某一方面进行分析的。某一方面在多个政策中体现，具体方面如下。

1. 新能源汽车产业政策中确定的目标不够科学

2005 年，财政部、科技部、发改委、工信部发布的《优化汽车产业结构》中提出，2010 年电动汽车保有量占汽车保有量的 5%~10%，2030 年 50% 以上。2009 年《汽车产业调整和振兴规划（2009—2011）》中指出，电动汽车产销形成规模。改造现有生产能力，形成 50 万辆纯电动、充电式混合动力和普通型混合动力等新能源汽车产能，新能源汽车销量占乘用车销售总量的 5% 左右。《国家"十二五"科学和技术发展规划》指出，到 2015 年，电动汽车保有量达 100 万辆，产值预期超过 1000 亿元。《节能与新能源汽车发展规划（2012—2020 年）》指出：到 2015 年，纯电动汽车和插电式混合动力汽车累计产销量力争达到 50 万辆；到 2020 年，纯电动汽车和插电式混合动力汽车生产能力达 200 万辆、累计产销量超过 500 万辆，燃料电池汽车、车用氢能源产业与国际同步发展。实际情况是 2013 年中国新能源汽车产量为 1.75 万辆，其中纯电动 14243 辆，插电式混合动力 3290 辆；新能源汽车销量为 1.76 万辆，其中纯电动销售 14604 辆，插电式混合动力销售 3038 辆。新能源汽车的销量占全年乘用车销售总量的约 0.1%（2013 年乘用车销量为 1792.89 万辆）。据中国汽车工业协会统计，截至 2013 年 3 月底，国内电动汽车保有量仅 3.98 万辆，其占汽车保有量的比例约为 0.03%（按 2012 年末全国民用汽车保有量达到 12089 万辆计算），到 2015 年无论如何也达不到 50 万辆。

2009 年出台的《十城千辆节能与新能源汽车示范推广应用工程》提出，计划用 3 年左右的时间，每年发展 10 个城市，每个城市推出 1000 辆新能源汽车开展示范运行，涉及这些大中城市的公交、出租、公务、市政、邮政等领域，力争使全国新能源汽车的运营规模到 2012 年占到汽车市场份额的 10%。2013 年 9 月 18 日出台的《关于继续开展新能源汽车推广应用工作的通知》中提出，2013—2015 年，特大型城市或重点区域新能源汽车累计推广量不低于 10000 辆，其他城市或区域累计推广量不低于 5000 辆。2013 年 11 月 26 日，财政部、科技部、工信部和发改委确定将北京、天津、上海等 23 个城市与河北、浙江、福建、江西、广东 5 个省确定为新能源汽车示范城市（群），使示范城市的数量总计达到 61 座，示范车辆总数达到 30 万辆（截至 2015 年底）。实际情况是，截至 2012 年底，北京、上海、深圳等 25 个试点城市示范推广各类节能与新能源汽车合计 2.74 万辆，其中公共服务领域 2.3 万辆，私人领域 0.44 万辆，按车辆种类统计，混合动力客车 12156 辆，混合动力乘用车 3703 辆，纯电动客车（含插电式）2526 辆，纯电动乘用车（含插电式）6853 辆，其他车辆 2194 辆。节能与新能源车合计的市场份额约为 0.15%。要达到以上目标几乎不可能。

## 2. 新能源汽车财政补贴政策没有起到应有的效果

2009年1月，财政部联合科技部发布了《关于开展节能与新能源汽车示范推广工作试点工作的通知》，决定在北京、上海、重庆、长春、大连、杭州、济南、武汉、深圳、合肥、长沙、昆明、南昌等13个城市公共服务领域购买新能源汽车给予定额补助，HEV最高补贴5万~45万元。2009年12月，新能源汽车示范推广试点城市范围由13个扩大到20个。2010年5月31日，财政部、科技部、工信部、发改委发布《关于开展私人购买新能源汽车补贴试点的通知》，对试点的5个城市按照《私人购买新能源汽车试点财政补助资金管理暂行办法》进行补助。2013年9月18日，财政部、科技部、工信部、发改委等四部委发布了《关于继续开展新能源汽车推广应用工作的通知》，对补助的范围、补助的对象、资金拨付、补助标准进行了新的规定。我国新能源汽车补贴政策具有以下几个特点：一是政策本身在进行调整，补贴的新能源汽车的范围由插电式混合动力乘用车和纯电动乘用车扩展到燃料电池汽车；二是对新能源汽车的补贴依赖于城市，即仅有试点城市享有这一补贴，未纳入试点城市和省份的则不享有；三是新能源汽车补贴的对象发生了变化，由补企业转变成补消费者，虽然补消费者最终也是由企业申请，但是这一补贴对象的变化使得补贴的环节由生产环节转变到了消费环节；四是补贴建立了退坡机制。

对新能源汽车给予补贴的主要目的是降低价格，促进销售。然而，补贴政策经过几年实践并未达到理想的效果，主要表现在三个方面：一是新能源汽车销量并不理想；二是补贴政策执行不畅，不少试点城市没有出台地方的补贴政策；三是企业和购车者对补贴过于依赖，没有补贴或补贴不到位则新能源汽车销售几乎处于停滞状态，2013年我国仅销售新能源汽车17642辆，而美国则为9.7万余量，我国新能源汽车的销量低的主要原因之一是2013年1月至8月经历了政策补贴的空档期。

纵观我国新能源汽车补贴政策的发展变化，笔者认为具有以下几点不足：一是对补贴新能源汽车的范围不够广泛，不应仅局限于纯电动汽车、插电式混合动力汽车和燃料电池汽车，应当覆盖到所有类型的新能源汽车，《节能与新能源汽车产业发展规划（2012—2020）》指出，要积极开展车用替代燃料制造技术的研发和应用，鼓励天然气（包括液化天然气）、生物燃料等资源丰富的地区发展替代燃料汽车。探索其他替代燃料汽车技术应用途径，促进车用能源多元化发展；二是补贴不应限于新能源汽车的销售，对企业进行的新能源汽车研发也应当进行投入，销售补贴仅是缓解了新能源汽车价格高的问题，并未从根本上解决新能源汽车的技术和质量问题；三是补贴的流程过于繁杂，补贴资金不能及时交付企业，采用按季预拨，年度清算的方式；四是补贴的政策不具有延续性，以退坡机制为例，《私人购买新能源汽车试点财政补助资金管理暂行办法》规定，达到 5 万辆的规模后，适用退坡机制，而《关于继续开展新能源汽车推广应用工作的通知》中则直接规定 2014 年、2015 年就适用退坡机制，不再考虑生产规模；五是退坡机制适用尚早，不利于新能源汽车市场化推进。

3. 在新能源汽车的基础设施建设方面，政策作用的发挥不够

基础设施包括，充电基础设施、氢燃料补给基础设施、天然气补给基础设施等。当前重点建设的是充电基础设施。2010 年 5 月发布的《关于扩大公共服务领域节能与新能源汽车示范推广有关工作的通知》中提出，充换电站等基础设施建设要与正在制定的国家相关标准相衔接。2011 年 11 月发布的《关于进一步做好节能与新能源汽车示范推广试点工作的通知》中提出，大力推进基础设施建设；制定充电基础设施建设规划，为个人新能源汽车用户在其住宅小区停车位或工作场所停车位配套建设充电桩，该类充电桩与新能源车辆的配比不得低于 1∶1；对购买新能源汽车的用户提供充电设施建设的服务；此外，在政府机关和商场、医院等公共设施及社会公共停车场，适当设置专用停车位并配套充电桩；同时，城市要调配资源建设少而精且覆盖示范运行区域的快速充电网络。2012 年 6 月公布的《节能与新能源汽车产业发展规划

（2012—2020）》提出，要积极推进充电设施建设为此应做好以下三个方面的工作：（1）制订总体发展规划；（2）开展充电设施关键技术研究；（3）探索商业运营模式。2013 年 9 月 18 日公布的《关于继续开展新能源汽车推广应用工作的通知》中提出，中央财政将安排资金对示范城市给予综合奖励，奖励资金将主要用于充电设施建设等方面，具体奖励办法及标准另行制定。

然而，目前基础设施建设情况如下：一是少数城市已经制订了规划，如广州市出台了 2010—2015 年电动汽车充电设施规划，大多数试点城市和省份没有出台基础设施建设规划，更没有将充电设施建设纳入到整个城市规划；二是现有的基础设施建设滞后。以北京为例，截至 2012 年只建成了 12 座充换电站，274 个充电桩，浙江省建设重换电站 123 座，交流充电桩 500 个。截至 2014 年 7 月，武汉仅有 4 座大中型充换电站，167 只交流充电桩，根本无法满足车辆日常充电所需；三是在居民小区建充电桩难度大，制约因素多、严重影响了私人对电动汽车的购买和使用。

4. 新能源汽车技术路线选择饱受争议

《汽车产业调整和振兴规划（2009—2011）》中支持大中城市示范推广混合动力汽车、纯电动汽车、燃料电池汽车等节能和新能源汽车。《节能与新能源汽车产业发展规划（2012—2020）》中指出，发展新能源汽车的技术路线是：以纯电驱动为新能源汽车发展和汽车工业转型的主要战略取向，当前重点推进纯电动汽车和插电式混合动力汽车产业化，推广普及非插电式混合动力汽车、节能内燃机汽车，提升我国汽车产业整体技术水平。2014 年 11 月 19 日国务院办公厅印发的《新能源发展战略行动计划（2014—2020）》中指出，加快发展纯电动汽车、混合动力汽车和天然气汽车。在对新能源汽车的补贴上，对纯电动汽车的补贴力度大于插电式混合动力汽车。虽然，就政府而言，经过探索，重点扶持和发展纯电动汽车，然而，就企业而言，更加注重市场的需求，混合动力汽车和天然气汽车也是其重点推广对象。即使是在纯电动和插电式混合动力之间应当优先发展哪一种也存在争议，就政策而言，优先发展纯电动汽车，就企业而言，更倾向于由市场选择，而市场对插电式混合动力汽车的需求更大，当然，对插电式混合动力汽车是否真正实现了节能和"零污染"则有不同意见，据调查，目前上海买插电式混合动力车的用户家里几乎没有充电桩，**95%**以上车主在以传统汽油车的模式运行插电混动车①。此外，对于低速电动汽车的发展也存在争议，缺乏相应的法规和标准，一方面，低速电动汽车已经生产并进入了市场；另一方面，低速电动汽车尚缺乏准生证。

5. 新能源汽车税收政策的扶持没有形成体系

2011年11月23日通过的《中华人民共和国车船税法实施条例》第10条规定：节约能源、使用新能源的车船可以免征或者减半征收车船税。免征或者减半征收车船税的车船的范围，由国务院财政、税务主管部门商国务院有关部门制订，报国务院批准。2012年6月28日公布的《节能与新能源汽车产业发展规划（2012—2020）》指出：研究完善汽车税收政策体系，节能与新能源汽车及其关键零部件企业，经认定取得高新技术企业所得税优惠资格的，可以依法享受相关优惠政策，节能与新能源汽车及其关键零部件企业从事技术开发、转让及相关咨询、服务业务所取得的收入，可按规定享受营业税免税政策。2014年7月14日《国务院办公厅关于加快新能源汽车推广应用的指导意见》中指出，2014年9月1日至2017年12月31日，对纯电动汽车、插电式（含增程式）混合动力汽车和燃料电池汽车免征车辆购置税。从以上可以看出，新能源汽车税收政策的扶持没有形成体系，尚缺乏在消费税、增值税、企业所得税、关税等方面的扶持政策。

---

① 李大鹏. EV、PHEV 路线之辩何时休［N］. 中国汽车报，2014-11-24.

## 第三节　我国新能源汽车产业化政策研究

2015 年底,我国新能源汽车保有量为 49.7 万辆,基本完成了《节能与新能源汽车产业发展规划(2012—2020)》中所提出的"到 2015 年,纯电动汽车和插电式混合动力汽车累计产销量力争达到 50 万辆"的目标。2016 年我国新能源汽车生产 51.7 万辆,销售 50.7 万辆,比上年同期分别增长 51.7% 和 53%。尽管如此,当前我国新能源汽车的保有量仅为 100 万辆左右,尚未真正进入产业化,我国新能源汽车产业化的政策尚需进一步完善。

### 一、新能源汽车产业化的内涵

所谓新能源汽车产业化是指,新能源汽车产业在市场经济条件下,以政策为引导,以需求为导向,以效益为目标,依靠专业服务和质量管理,达到一定的规模程度,形成系列化和品牌化的经营方式和组织形式。笔者认为,衡量新能源汽车产业化具有以下四个因素:(1)规模化:即新能源汽车生产进入规模化;(2)普及化:即新能源汽车被客户普遍接受,其每年产销量和保有量达到一定数量和比例;(3)链条化:即新能源汽车形成产业链条,链条的每个环节都创造价值;(4)商业化(市场化):即市场机制在新能源汽车的营销和服务中起主导作用。当然,新能源汽车产业化也需要资金、技术、产品、服务的支撑,这些支撑离不开政策的扶持与规制。

### 二、新能源汽车产业化研究综述

应当讲,对新能源汽车产业的研究,无论是政策视角、技术视角、发展视角、产业链视角等均涉及产业化内容。中国工程院院士陈清泉指出，新能源汽车要成功进入产业化阶段需有"好的产品、好的基础设施、好的商业模式"。包佳建、李怀彬（2013）指出，电动汽车产业化面临的主要挑战是充电接口标准不一致、运行经济性不高、基础设施不完善、政策扶持力度不够大等①。吴辉（2013）指出，我国新能源汽车产业化发展核心在于关键零部件技术突破、商业模式创新和政府的大力支持②。朱绍鹏、吴建中、朱琛琦（2013）认为新能源汽车产业化要以整车产品的产业化为目标导向，以关键零部件和材料的国产化为突破口，积极培育市场，最终带动新能源汽车产业链规模化发展③。张婧、郭凯（2014）通过互联网思维、互联网体验、互联网渠道、互联网传播创新新能源汽车的商业模式，进而促进其产业化进程④。郭庆方（2014）从"核心商业要素"角度和"产业组织角度"对新能源汽车企业的商业模式进行了研究⑤。许爱萍（2015）提出，目前我国新能源汽车产业化发展主要受制于产业技术、产业链条、基础设施和市场机制上的缺陷，为此应加速电池技术研发、调整产业链架构、实行政府引导下的市场拉动战略、放宽产业准入规则和扩大政府采购等措施，提升我国新能源汽车产业化发展水平⑥。王愔（2015）指出，制约我国纯电动汽车产业化发展的主要制约因素有：动力电池的性能不高；充、换电网络

---

① 包佳建，李怀彬. 浅析国内电动汽车产业化实施过程中的挑战［J］. 轻型汽车技术，2013（7/8）：47-50.

② 吴辉. 特斯拉效应：能否带动中国新能源汽车产业走出困境［J］. 科技创新与品牌，2013（7）：50-52.

③ 朱绍鹏，吴建中，朱琛琦. 民营汽车企业如何推进中国新能源汽车产业化——基于众泰控股集团的实例分析［J］. 现代管理科学，2013（9）：79-81.

④ 张婧，郭凯. 互联网时代下的新能源汽车商业模式创新［J］. 汽车工业研究，2014（9）：29-32.

⑤ 郭庆方. 新能源汽车产业发展商业模式研究［J］. 特区经济，2014（7）：45-47.

⑥ 许爱萍. 我国新能源汽车产业化发展困境及破解之策［J］. 理论界，2015（7）：28-33.

建设、规划不足；相对传统燃油车性价比偏低；行业标准不够完善；地方保护主义严重制约产业发展等①。陆清（2016）提出我国现行的新能源汽车产业化的财税政策缺乏长效机制②。安徽江淮汽车有限公司董事长安进（2016）在《关于进一步完善支持新能源汽车产业化发展政策的建议》中提出：应当优化货币类激励政策，加大使用环节基础设施建设的激励政策运用；加大在产业基础建设和自主研发能力提升的政策支持；强化污染源控制，加快建立新能源汽车产业全生命周期污染控制机制；强化政策执行和监管，加快推动新能源汽车全国统一市场的建立。

可见，大多数专家、学者认为，新能源汽车产业化需政策与市场的共同作用，正如国务院发展研究中心原副主任陈清泰所言：我国新能源汽车产业化发展动力正由政策驱动转向政策与市场"双驱动"。尽管如此，当前，在我国新能源汽车产业化导入期之际，政策的地位与作用尤其重要，以上研究缺乏如何从政策的视角系统的研究新能源汽车产业化问题。本书恰好弥补了这一研究的缺憾。

## 三、我国新能源汽车产业化政策存在的主要问题

笔者认为，我国新能源汽车产业化进程需经历导入、实施、调整和提升等阶段，无论新能源汽车发展处于何种阶段，政策都将起着至关重要的作用，关键在于如何制定系统的产业化政策。新能源汽车产业化政策的制订应当围绕新能源汽车规模化、普及化、链条化和商业化（市场化）展开。当前，我国新能源汽车产业化政策主要存在如下问题：

1. 促进新能源汽车规模化政策缺乏系统性

新能源汽车要实现规模化至少应当考虑产品技术、产品产量、产

---

① 王愔，杨文宇，王艳. 我国纯电动汽车产业化发展制约因素探析 [J]. 未来与发展，2015（8）：24-28.

② 陆清. 促进我国新能源汽车产业化的财税制度分析 [J]. 成都行政学院学报，2016（3）：53-56.

成本、产品生产等因素。就产品技术而言,《汽车产业调整和振兴规划（2009—2011）》将混合动力汽车、纯电动汽车、燃料电池汽车作为大力发展的新能源汽车。《节能与新能源汽车产业发展规划（2012—2020年）》中指出，发展新能源汽车的技术路线是：以纯电驱动为新能源汽车发展和汽车工业转型的主要战略取向，当前重点推进纯电动汽车和插电式混合动力汽车产业化，推广普及非插电式混合动力汽车、节能内燃机汽车，提升我国汽车产业整体技术水平。2014年11月19日，国务院办公厅印发的《新能源发展战略行动计划（2014—2020）》中指出，加快发展纯电动汽车、混合动力汽车和天然气汽车。可见，我国新能源汽车技术路线的确定经历了相对曲折的历程。事实上，国家在政策上确定重点发展新能源汽车技术路线时，不应当忽视市场的选择，应当及时地引导和规范市场，如对插电式混合动力汽车和低速电动汽车的发展就缺乏政策的扶持和引导。就产品产量而言，仅提出产量目标，且这一目标的提出缺乏调研和科学预测，缺乏相应的配套措施，是意义不大的。就产品成本而言，无论是混合动力汽车、纯电动汽车，还是插电式混合动力汽车，电力驱动系统的价值均占整车成本的一半以上，而电池在电力驱动系统中的成本比例则达到了50%～70%，我国近1000家电池企业几乎都没有掌握电池的核心技术[①]。我国的新能源汽车政策缺乏对电池研发和生产的扶持，掌握不了核心技术，不能拥有核心技术的知识产权，新能源汽车的成本就不会降低。就产品生产而言，当前我国不少汽车企业仍然停留在半机械化生产方式上，在生产过程中人工操作现象较为普遍，工业机器人的应用尚未普及，更谈不上智能化生产方式的应用，即工业3.0尚未普及，又面临着工业4.0的升级挑战。汽车产业关于工业3.0向工业4.0升级的政策尚未出台，新能源汽车及其零部件的生产方式缺乏相应的标准。此外，还应当认识到，产品的技术、产

---

① 王憎，杨文宇，王艳. 我国纯电动汽车产业化发展制约因素探析［J］. 未来与发展，2015（8）：24-28.

量、成本及生产方式构成一个系统的整体，在政策制定过程中只有对它们统筹考虑才能够实现新能源汽车的规模化。

2. 促进新能源汽车普及化政策缺乏有效性

新能源汽车普及化至少应当考虑整车及零部件销售、基础设施建设、售后服务便捷、车辆使用优惠、税收政策鼓励、用车观念改变以及对传统能源汽车的限制等诸多因素。衡量新能源汽车普及化的主要标准之一是新能源汽车的市场占有率和保有率。由于缺乏科学的研究，我们尚不能给出一个具体的占有率和保有率的数字，说明新能源汽车已经进入了普及化。事实上，新能源汽车的普及化需要一个较长的过程，现有政策对新能源汽车的销售、基础设施建设有补贴，对新能源汽车的使用有税收优惠，然而这些政策缺乏有效性，具体体现在以下几个方面：（1）对新能源汽车的补贴政策不统一。就国家补贴而言，对新能源汽车的补贴并未在全国普及，仅纳入试点的城市和省份享有；就地方补贴而言，我国对新能源汽车的地方补贴参差不齐。截至2016年6月，在我国确定的88个新能源汽车推广试点的城市中仅有11个城市出台了地方补贴标准，且有所差异（详见表2.3）。2016年上半年，我国部分城市发布的新能源乘用车地方补贴汇总表。国家补贴未普及化和地方补贴的差异化，使得新能源汽车难以形成全国统一的流通市场，也滋生了地方保护主义。此外，补贴仅是减缓了新能源汽车价格过高的状况，补贴后没有使新能源汽车在价格上与传统能源车相比较形成优势。（2）对于新能源汽车充电等基础设施的补贴力度不及对新能源汽车的补贴力度，制约了新能源汽车的普及。当前，对基础设施的主要以地方财政为主，如成都规定给予充换电站建设投资（不含土地费用）30%、最高500万元的补贴，对每个充电桩给予600元一次性补贴；上海规定在2020年前，电动汽车充电服务费执行政府指导价，暂定为每千瓦时不超过1.6元。当然，出台地方补贴的城市和省份并不多。国家对新能源汽车充电基础设施采用的是奖励政策，在2016年1月11日，由财政部、科技部、工业和信息化部、发展改革委、国家能源局发布的《关于"十三五"新能源汽车充电基础设施奖励政策及加强新能源汽车推广应用的通知》中指出，中央财政对充电基础设施配套较为完善、新能源汽车推广应用规模较大的省（区、市）的政府给予综合奖补，并区分大气污染治理重点区域和重点省市、中部省和福建省、其他省（区、市）三个区域设置了奖补条件，规定了奖补方式和标准。由于国家的奖补政策具有一定的滞后性，对推动新能源汽车普及的作用是有限的。（3）在税收优惠方面，当前新能源汽车主要减免的是车船税和车购税，但在增值税、消费税、关税等税种上没有减免，同时缺乏汽车环保税种，以德国为例，其在 2009 年推出了汽车税，按二氧化碳排放量的多少征税，对达到排放标准的新能源汽车则免征该税种；（4）在车辆使用方面政策扶持力度不够。当前，一些采取限行限号的城市对新能源车没有限制，但也缺乏在停车和车辆行驶方面对新能源汽车的鼓励政策；（5）缺乏对新能源汽车零部件生产、研发及销售的鼓励政策；（6）新能源汽车售后服务体系不完善，相应的售后服务制度没有建立，如汽车的召回和三包的规定就没有明确适用新能源汽车，关于新能源汽车保险的制度缺失，不少保险公司甚至没有新能源汽车的保险业务。综上，新能源汽车普及化政策不是在一个政策中全部涵盖，而是散布在众多政策与规定中，这些政策与规定缺乏统领，彼此间没有照应，尚未形成有效的合力。

表 2.3　2016 年上半年我国部分城市发布的新能源乘用车地方补贴汇总表

| | 纯电动乘用车（万元） | | | 插混乘用车（万元） | 备注 |
| --- | --- | --- | --- | --- | --- |
| | $100 \leqslant R < 150$ | $150 \leqslant R < 250$ | $R \geqslant 250$ | $R \geqslant 50$ | |
| 北京市 | 2.5 | 4.5 | 5.5 | —— | 纯电动按照中央与地方 1∶1 补贴 |

续表

| | 纯电动乘用车（万元） | | | 插混乘用车（万元） | 备注 |
|---|---|---|---|---|---|
| | 100≤R<150 | 150≤R<250 | R≥250 | R≥50 | |
| 上海市 | 1 | 3 | 3 | 1/2.4 | —— |
| 深圳市 | 4.5 | 6.5 | 8 | 4.5 | —— |
| 哈尔滨市 | 2.5 | 4.5 | 5.5 | 2.4 | 纯电动按中央与地方1∶1补贴，插混按中央与地方1∶0.8补贴 |
| 沈阳市 | 2.25 | 4.05 | 4.95 | 2.7 | 中央与地方1∶0.9补贴 |
| 西安市 | 2.5 | 4.5 | 5.5 | 3 | 中央与地方1∶1补贴 |
| 海口市 | 1.5 | 2.7 | 3.3 | 1.8 | 中央与地方1∶0.6补贴 |
| 青海市 | 1.25 | 2.25 | 2.75 | 1.5 | 中央与地方1∶0.5补贴 |
| 石家庄市 | 1.25 | 2.25 | 2.75 | 1.5 | 中央与地方1∶0.5补贴 |
| 长春市 | 2.5 | 4.5 | 5.5 | 3 | 中央与地方1∶1补贴 |
| 武汉市 | 2.5 | 4.5 | 5.5 | 3 | 中央与地方1∶1补贴 |
| 贵阳市 | 1.25 | 2.25 | 2.75 | 1.5 | 与贵州省1∶1补贴 |
| 无锡市 | 1 | 1.5 | 2 | 1 | 与江苏省1∶1补贴 |

3. 促进新能源汽车链条化和商业化政策缺失

可将新能源汽车的产业链条分成上游、中游和下游，上游包括正极材料、电解液、隔膜、稀土、硅钢等产业；中游包括电机电控系统、电池等产业；下游包括配套实施、售后服务等产业。当前，关于涉及上游产业的政策几乎是空白；对电机电控系统、电池缺乏标准，对专门从事电机电控系统、电池生产的零部件企业缺乏有力的政策和税收支持；对涉及下游产业的政策也不完整；不少企业没有建立独立的新能源汽车售后服务体系，其主要依托传统能源汽车的售后服务，缺乏专门的人才和维修保养的设施，仅是充电桩和充电设施的增加是远不够的。新能源汽车商业化（市场化）至少应当考虑其商业模式、营销模式和市场机制作用的发挥。就商业模式而言，涉及能源企业与生产企业之间的关系，整车企业与零部件企业关系，能源供给是充电模式还是换电模式等；就营销模式而言，则涉及是租车模式还是销售模式，"互联网+"在汽车营销中的应用等。就市场机制作用的发挥而言，涉及政府与企业之间的关系、政府将采用哪些政策措施建立和完善有效的市场机制。以上内容均无相关政策予以扶持、引导和规范。

**四、对完善新能源汽车产业化政策的建议**

新能源汽车产业化是新能源汽车产业发展的必经阶段，也是我国汽车产业转型升级的关键，要推进新能源汽车产业化，政策应当先行，故对现有新能源汽车政策的完善是十分必要的。

1. 出台新的节能与新能源汽车产业发展规划

2012年国务院已经出台了《节能与新能源汽车产业发展规划（2012—2020）》，然而这一规划至少存在如下问题：（1）规划对我国新能源汽车的发展状况研究不够，大多数目标几乎难以实现；（2）规划虽然提出了未来几年我国新能源汽车发展的指导思想和基本原则、技术路线和主要目标、主要任务和保障措施，但却没有明确提出新能源汽车产业化；（3）规划没有与《中国制造2025》相衔接。故有必要重新出台我国新能源汽车产业发展规划（2015—2025），在这一规划中，按照《中国制造2025》要求，系统提出我国新能源汽车产业化的目标、步骤、方法、措施，这一发展规划是其他关于新能源汽车政策的"纲"，也使得新能源汽车产业化政策更加具有系统性和有效性。只有将新能源汽车产业化政策系统考虑，才可以避免出现政策的"木桶效应"，不因政策某一方面的短板，制约新能源汽车产业化整体的进程。

2. 通过政策明晰政府、企业与科研机构之间的关系，建立创新主

导型的新能源汽车产业化扶持政策类型

德国在新能源汽车产业政策中，建立了政府主导政策制定，引导建立市场、搭建高层合作平台，企业主导资金投入、技术研发，各个领域共同参与的机制①。笔者认为，在我国新能源汽车产业化的政策中，应当借鉴德国模式，理顺政府、企业与科研机构之间的关系。政府是政策的制定者，但新能源汽车产业化的主体是企业，政府应当制订有助于企业实施新能源汽车产业化的政策，在新能源汽车产业化的进程中，政府起着主导作用，企业起着主体作用，科研机构起着辅助作用，政府、企业与科研机构应当密切合作，在政策的引导下加快推进新能源汽车产业化。新能源汽车产业扶持政策可划分为市场劳动型（以美国为代表）、技术领先型（以日本为代表）、创新主导型（以德国为代表）三种模式②。当前，我国新能源汽车产业化政策尚未形成自己的类型，但努力的方向应当是创新主导型。《中国制造2025》的指导思想之一是创新驱动，坚持把创新摆在制造业发展全局的核心位置，完善有利于创新的制度环境，推动跨领域跨行业协同创新，突破一批重点领域关键共性技术，促进制造业数字化网络化智能化，走创新驱动的发展道路。新能源汽车产业化政策应当突出对"创新驱动"的鼓励和扶持，"创新驱动"不仅体现在技术上，而且还体现在制度、模式和机制上。

3. 协调使用供给型、需求型和环境型政策工具推进我国新能源汽车产业化

当前，就政策文本而言，首先是环境型政策工具比例最大，其次是供给型，最后是需求型。应当协调使用供给型、需求型和环境型政

---

① 陈羿，孔德扬. 德国新能源汽车产业政策及其启示 [J]. 德国研究，2014（1）：71-81.

② 邓立治，刘建峰. 美日新能源汽车产业扶持政策比较及启示 [J]. 技术经济与管理研究，2014（6）：77-82.

策工具推进我国新能源汽车产业化：（1）应当加大需求型和供给型政策工具的力度，特别是供给型政策工具，其涉及信息支持、基础设施建设、资金投入和人才培养。（2）加大环境型政策工具中税收政策的使用。环境型政策工具包括目标指引、金融支持、法规管制、财政补贴、税收政策。实践证明，在政策中仅提出目标，缺乏相应的措施和奖惩机制，目标仅具有倡导性。政策中金融的支持是有限的，法规的管制则需要遵循法治的程序，在对新能源汽车财政补贴方面，我国已经实施了退坡机制，然而，在退坡的同时，税收政策没有很好的跟进。关于税收政策可以分成两个方面：一是支持新能源汽车发展的税收优惠政策；二是限制传统能源车使用的税收政策。在支持新能源汽车发展方面，除已有的车船税、车购税减免外，对从事新能源汽车整车、零部件生产企业、基础设施建设企业以及能源供应企业应当考虑增值税、消费税和企业所得税的优惠支持；在限制传统能源车的税收政策方面，可考虑征收燃油税和依据汽车二氧化碳排放量征收环保税。（3）积极开拓需求型政策工具。当前，就新能源汽车产业化而言，需求型政策工具主要是政府采购，这当然是必要的，但却是不够的，还可考虑在政策上鼓励和扶持新能源汽车拓展国内外市场和开展多类型的增值服务。

4. 尽快出台促进新能源汽车产业链条化和商业化的政策协调

就链条化而言，当前上游产业链应聚集零部件厂商，解决创新能力问题，实现规模效应；中游产业链应加强对整车和零部件研发的支持，重点是对载货车集成开发关键技术突破和产业化；下游产业链重点解决充电配套和售后服务体系完善等问题，具体如下：（1）出台政策引导相关企业形成联盟，增强创新和研发能力，加大对正负极材料技术的研发，重点支持磷酸铁锂离子蓄电池的研发，掌握核心技术，降低电池成本，增加电池寿命，打破隔膜的技术壁垒，改变电解液主要依靠进口的局面；（2）给予优惠政策加强充换电站、换电站等配套服务设施的建设,引导企业完善新能源汽车售后服务体系,建立新能源汽车报废回收制度;(3)在汽车保险中,出台相应规定,对新能源汽车予以优惠,如可考虑一定时期内对新能源汽车车损险的保费给予比传统能源汽车优惠,推出专门针对新能源汽车的电池险等;(4)除进一步加大对新能源汽车整车研发和生产企业税收优惠,还应当重点对零部件生产企业给予扶持,主要是对技术研发的支持,通过扶持使零部件企业开发生产出具有自己知识产权的技术,以降低产品成本,获取更多的附加值和利润;(5)进一步加大充电配套设施建设的步伐,出台政策在规划、征地、建设以及办理相关手续等方面支持新能源汽车充换电站、充电桩、换电站、加气站以及相关配套设施的建设,甚至各地方政府可以依据财力情况给予相应的财政补贴;(6)在传统能源车售后服务体系的基础上,建立和完善新能源车的售后服务体系,实现对新能源车维修、保养、信贷的及时便捷服务;(7)大力培养新能源车相关人才的力度,特别是营销和售后维修技术人才,只有储备了人才,新能源车的售后服务体系才能得以建立和完善。

就商业化而言,首先是要制定政策逐步建立和完善市场机制,发挥市场调节功能。市场的核心因素之一是供需关系的调节,如果说新能源汽车生产的规模化是着重解决供应关系,那么通过政策引导消费者购买新能源车,则是解决需求关系。可制定全方位的政策鼓励新能源车的使用,如挪威对电动汽车免收 25% 的增值税、注册费、年费、停车费、交通拥堵费,还允许其使用公交专用道,同时通过标准和环保法规限制传统能源车的消费和使用,以此发挥市场机制的功能;其次是在营销模式上的创新,新能源汽车除可依托传统能源汽车的经销商模式外,可借鉴特斯拉的营销模式,开辟体验店和网络直销模式,线上与线下相结合,提升营销效果;再次是运用互联网思维和大数据、云计算技术,构建企业与客户的新型关系。企业可通过大数据、云计算寻找客户,对客户的需求进行分析,实施精准营销和精准服务,当然汽车企业还可与互联网公司合作，由互联网公司运用大数据、云计算分析客户及客户需求，为新能源汽车企业服务；最后是创新新能源汽车商业模式。新能源车的商业模式是服务导向，区别于传统能源车的产品导向的商业模式①；新能源汽车商业化示范运行模式可概括为政府主导型、研制企业主导型和运行企业主导型②；技术、资金、渠道、品牌等商业要素是创建商业模式的基础，唯有降低电池成本、解决能源供给问题和满足消费者需求才能创建出适合的商业模式。事实上，新能源汽车的商业模式不同于传统能源车的商业模式，应当出台政策引导企业创新商业模式，而不是固化商业模式，同时应当认识到，传统能源车也在进行商业模式的创新，二者在某些方面出现了趋同的趋势，如传统能源汽车借鉴新能源汽车"以租代售"的模式，新能源车借鉴传统能源车"以旧换新"模式。

新能源汽车产业是我国七大战略新兴产业之一，新能源汽车产业的发展已成为国家发展战略的重要内容之一。新能源汽车产业化是我国新能源汽车产业发展的必经阶段，也是当前我国新能源汽车发展的主要目标和主要内容，在新能源汽车产业化进程中，政策将起到促进和引导的作用。因此，有必要围绕"产业化"这一主线制定和完善我国的新能源汽车产业政策，以促进我国新能源汽车产业化进程。

## 第四节 我国新能源汽车产业政策的绩效评价

对我国新能源汽车产业政策实施的效果评价是一项复杂的项目，笔者主要依据 2012 年 6 月 28 日颁布的《节能与新能源汽车产业发展规划（2012—2020 年）》（以下简称《规划》）中确立的主要目标及截至

---

① Fabian Kley, Christian Lerch, David Dillinger. New business models for electric cars-A holistic approach [J]. Energy Policy, 39 (2011): 3392-3403.

② 王宇宁，兰晓婕，冷静，等. 电动汽车商业化运行模式探析 [J]. 汽车工业研究，2005 (8): 21-23.

2015 年完成情况进行效果评价。当然，也涉及其他有关新能源汽车产业政策的实施情况。

## 一、我国新能源汽车产业政策中确立的指标体系

笔者将指标体系确立为二级。一级指标包括：产业化指标、技术指标、配套能力指标、财税指标、管理制度指标、金融服务指标、国际合作指标、人才培养指标、营造环境指标和规划实施指标等 10 个一级指标。这 10 个一级指标又包含着 40 个二级指标。具体如表 2.4 所示。

表 2.4　　我国新能源汽车产业政策指标体系表

| 一级指标 | 二级指标 |
| --- | --- |
| 产业化指标 | 新能源汽车年产销量 |
| | 新能源汽车保有量 |
| | 新能源汽车试点示范工程 |
| | 新能源汽车充电商业模式 |
| | 新能源汽车销售与使用商业模式 |
| 技术指标 | 燃料经济性指标 |
| | 核心技术指标 |
| | 研发能力和水平指标 |
| | 研发体系指标 |
| 配套能力指标 | 充电桩充换电站数量 |
| | 关键零部件技术水平 |
| | 关键零部件企业及规模 |
| | 平台建设 |
| 财税指标 | 财政补贴 |
| | 税收扶持政策 |
| | 政府采购 |

续表

| 一级指标 | 二级指标 |
| --- | --- |
| 管理制度指标 | 市场准入 |
| | 标准体系 |
| | 考核办法 |
| | 电池回收利用 |
| 金融服务指标 | 信贷管理和贷款评审制度 |
| | 多层次担保体系 |
| | 上市和多渠道融资 |
| | 设立节能与新能源汽车创业投资基金 |
| 国际合作指标 | 国际合作研究 |
| | 向国外提交专利申请 |
| | 培育国际化品牌 |
| | 支持新能源汽车产品、技术和服务出口 |
| | 合作探索推广新能源汽车的新型商业化模式 |
| 人才培养指标 | 建立多层次的人才培养体系，加大人才培养力度 |
| | 培养一批国际知名的领军人才 |
| | 培养技术研究、产品开发、经营管理、知识产权和技术应用等人才 |
| | 鼓励企业、高校和科研机构从国外引进优秀人才 |
| 营造环境指标 | 建立新能源汽车售后服务体系 |
| | 发展新能源汽车及关键零部件质量安全检测服务平台 |
| | 实行新能源汽车停车费减免、充电费优惠等扶持政策 |
| | 新能源汽车不限行、不限号、不限购 |
| 规划实施指标 | 产业规划 |
| | 建立协调机制，形成合力加快推进新能源汽车产业发展 |
| | 各部门的配套措施与目标任务 |

以上这些指标体系基本涵盖了当前我国颁布的新能源汽车产业政策的所有方面。就指标体系本身的内涵而言，产业化指标、技术指标和配

套能力指标基本属于供给型政策类型，财税指标、金融服务指标、国际合作指标基本属于需求型政策类型①，管理制度指标、人才培养指标、营造环境指标和规划实施指标基本属于环境型政策。事实上，一部政策中往往包含着以上三种政策的工具类型，我们并不能把某一个政策归属于是哪一个政策类型。就指标体系强制属性强弱而言，除产业化指标、技术指标和配套能力指标中有具体量化的指标或称之为强制性指标外②，可被认定为部分强制性工具，其余指标中几乎没有强制指标，主要是通过引导和鼓励的方式推动我国新能源汽车产业的发展。因此，其余指标多被认定为混合性政策工具。此外，就以上指标体系，笔者认为市场化的指标缺失，即如何建立市场机制，引导新能源汽车企业和新能源汽车产品适应市场机制的政策和制度缺失。随着新能源汽车产业的快速发展，这一需求也显得更加迫切。

## 二、新能源汽车产业政策指标体系实施的效果分析与评价

### （一）产业化指标的实施效果分析与评价

产业化指标包括四个二级指标：新能源汽车年产销量、新能源汽车保有量、新能源汽车试点示范工程、新能源汽车充电商业模式、新能源汽车销售与使用商业模式。

1. 新能源汽车产销量和保有量目标的实施效果

《规划》中确定的目标是：到 2015 年，纯电动汽车和插电式混合动力汽车累计产销量力争达到 50 万辆。到 2020 年，纯电动汽车和插电

---

① 也有学者认为财税指标中的税收鼓励政属于环境型政策，参见：汪沁. 我国新能源汽车产业政策分析与评价［J］. 经营与管理，2013（11）：57-61.

② 事实上，量化之指标未必就是强制性的，因我国新能源汽车产业政策中确立的量化指标即使没有完成也没有相应的责任担或惩罚措施，姑且将这些量化指标认可为强制指标。

式混合动力汽车生产能力达 200 万辆、累计产销量超过 500 万辆,燃料电池汽车、车用氢能源产业与国际同步发展。实际完成情况是：截至 2015 年,纯电动汽车和插电式混合动力汽车累计产销量为 49.7 万辆,基本实现阶段性目标。而到 2020 年,要达到累计产销量超过 500 万辆的目标是极为困难的,按此目标测算,自 2015 年至 2020 年,新能源汽车每年平均产销量的增长率要达到 15.5% 才能实现。2016 年确立的我国新能源汽车产销量的目标是 70 万辆,而 2016 年上半年销售的新能源汽车仅有 17 万辆。

2. 新能源汽车试点示范工程实施效果

"十城千辆节能与新能源汽车示范推广应用工程",是由科技部、财政部、发改委、工业和信息化部于 2009 年元月共同启动的工程,其主要依据的政策是《关于节能和新能源汽车示范推广试点工作的通知》,其主要内容是,通过提供财政补贴,计划用 3 年左右的时间,每年发展 10 个城市,每个城市推出 1000 辆新能源汽车开展示范运行,涉及这些大中城市的公交、出租、公务、市政、邮政等领域,力争使全国新能源汽车的运营规模到 2012 年占到汽车市场份额的 10%。首次确定参与十城千辆工程的城市有 13 个,分别是：北京、上海、重庆、长春、大连、杭州、济南、武汉、深圳、合肥、长沙、昆明、南昌。第二批确定参与的十城千辆工程的城市有 7 个,分别是：天津、海口、郑州、厦门、苏州、唐山、广州。第三批确定参与的十城千辆工程的城市有 5 个,分别是：沈阳、成都、呼和浩特、南通、襄阳。截至 2015 年 7 月,有 39 个新能源汽车示范推广应用城市,这些城市累计推广新能源汽车达到 14.7 万辆,占全国总保有量的 66%。虽然,新能源汽车试点示范工程成效显著,但并未完成目标,有相当多的城市没有完成 1000 辆新能源汽车示范运行的目标,全国新能源汽车的运营规模离 10% 的目标相去甚远。笔者认为,新能源汽车试点示范工程运行效果的关键是参与城市的重视与落实程度。然而,进入 2016 年以来,仅有少量试点城市出台了对新能源车予以继续补贴的政策,大量试点城市并未出台这方面的政策，使得试点示范工程的推进不那么顺利。

3. 新能源汽车商业模式建立的效果

《规划》指出：要科学规划，加强技术开发，探索有效的商业运营模式，积极推进充电设施建设，适应新能源汽车产业化发展的需要。探索商业运营模式。试点城市应加大政府投入力度，积极吸引社会资金参与，根据当地电力供应和土地资源状况，因地制宜建设慢速充电桩、公共快速充换电等设施。鼓励成立独立运营的充换电企业，建立分时段充电定价机制，逐步实现充电设施建设和管理市场化、社会化。探索新能源汽车及电池租赁、充换电服务等多种商业模式，形成一批优质的新能源汽车服务企业。完善的充电设施是发展新能源汽车产业的重要保障。当前，我国新能源汽车的商业模式主要仍然采用传统的 4S 店销售模式，如比亚迪、荣威等新能源汽车的销售主要采用这一模式，除采用 4S 店等传统模式外，还产生了分时租赁、定向购买、融资租赁、移动 4S 店等模式，然而这些商业模式的适用有着极强的限制条件，不适宜大规模推广，此外这些商业模式普遍存在一些不足：一是模式运行主要依赖于政府的补贴，无法实现独立运营。各地推行的租赁服务模式，在缺乏资金补贴的情况下，都难以持续经营。二是现有模式运营成本高、盈利能力不足，难以实现可持续发展。三是现有模式注重短期效益，缺乏长期规划。大多数模式是基于新能源汽车在公共服务与租车领域的推广特点而产生的。短期内能起到促进作用，但不能够适用长期发展。四是新能源汽车商业模式主要受制于充电模式。充电设施短缺，快速充电技术不完善，使得新能源汽车推广的商业模式受到限制。实际上，特斯拉新能源汽车的商业模式是值得借鉴的：特斯拉采用的是移动充电器+家用充电桩+超级充电桩的充电模式，既可以慢充（从没电到充满要 30 个小时），也可以快充（40 分钟充到电池电量的 80%），保证了使用者的多方需求。在营销上，特斯拉采用"体验店+网销"的模式，购车者可以直接到当地的体验店去零距离接触特斯拉汽车产品，进行体验，但购车者购买特斯拉则需全程在网上实现，包括网上下单、网上付款等。这一模式大大减少了中间交易环节和降低了交易成本,使生产厂家牢牢控制了特斯拉的销售和售后服务,消费者也同时获得了超值的服务。

### (二)技术指标的实施效果分析与评价

技术指标包括燃料经济性指标、核心技术指标、研发能力和水平指标、研发体系指标等四个二级指标。

1. 新能源汽车燃料经济性指标的实施效果

汽车经济性是指以最小的燃油消耗量完成单位运输工作的能力。经济性有三个评价指标:单位行驶里程的燃料消耗量、单位运输工作量的燃料消耗量、消耗单位燃油所行驶的里程,我国主要以针对第一个指标的测试为主。《规划》指出,到 2015 年,当年生产的乘用车平均燃料消耗量降至 6.9L/100km,节能型乘用车燃料消耗量降至 5.9L/100km 以下。到 2020 年,当年生产的乘用车平均燃料消耗量降至 5.0L/100km,节能型乘用车燃料消耗量降至 4.5L/100km 以下;商用车新车燃料消耗量接近国际先进水平。实际情况是,工信部公布的数据显示,2015 年,116 家乘用车企业共生产和进口乘用车 2111.36 万辆,行业平均燃料消耗量实际值为 7.97L/100km。在 116 家车企中,仅有 30 家车企的平均燃料消耗量实际值低于 6.9L/100km。没有完成目标。

2. 新能源汽车核心技术指标的实施效果

《规划》指出:到 2015 年,纯电动乘用车、插电式混合动力乘用车最高车速不低于 100km/h,纯电驱动模式下综合工况续驶里程分别不低于 150km 和 50km;动力电池模块比能量达到 150Wh/kg 以上,成本降至 2 元/Wh 以下,循环使用寿命稳定达到 2000 次或 10 年以上;电驱动系统功率密度达到 2.5kW/kg 以上,成本降至 200 元/kW 以下。到 2020 年,动力电池模块比能量达到 300Wh/kg 以上,成本降至 1.5 元/Wh 以下。实际阶段性完成情况如下:2015 年,纯电动乘用车、插电式混合动力乘用车最高车速可达 100km/h,大量新能源汽车的续航里程超过了 150km,如比亚迪 E6 和腾势电动汽车的续航里程可达 300km,

江淮和悦 iEV5 纯电动汽车的续航里程为 200km，启辰晨风电动车和长安 E30 可达 160km。磷酸铁锂的电池得到了大规模的普及应用，能量密度从 2007 年的 90Wh/kg 提高到目前 140Wh/kg。三元材料这近几年得到了重视，也开始批量化地上车，能量密度能够得到 180Wh/kg，与国际单体的水平基本上同步。电池的系统价格从 2007 年的 5 元/Wh 下降到了 3 元/Wh。部分企业的电池系统报价，已出现了低于 2 元/Wh 的现象。功率型的电池，比功率最高达到了 3000W/kg。另外，钛酸锂的电池也解决了气胀等一系列的技术问题，也得到了实际的应用。可见，此目标部分完成，且不是所有车型和所有电池均能达此目标，若将这一目标定位于最低目标，则没有完成。

3. 新能源汽车研发能力、水平和体系指标的实施效果

《规划》指出：加大节能汽车技术研发力度，重点开展混合动力技术研究。开展高效控制氮氧化物等污染物排放技术研究。加快建立节能与新能源汽车研发体系。引导企业加大节能与新能源汽车研发投入，鼓励建立跨行业的节能与新能源汽车技术发展联盟，加快建设共性技术平台。重点开展纯电动乘用车、插电式混合动力乘用车、混合动力商用车、燃料电池汽车等关键核心技术研发；建立相关行业共享的测试平台、产品开发数据库和专利数据库，实现资源共享；整合现有科技资源，建设若干国家级整车及零部件研究试验基地，构建完善的技术创新基础平台；建设若干具有国际先进水平的工程化平台，发展一批企业主导、科研机构和高等院校积极参与的产业技术创新联盟。推动企业实施商标品牌战略，加强知识产权的创造、运用、保护和管理，构建全产业链的专利体系，提升产业竞争能力。

这一目标没有设置具体的量的指标，当前的情形如下：

（1）虽然，我国在混合动力技术研究上取得了较大成绩，但混合动力专用的发动机，包括增程器、机电耦合装置、电机系统等这些关键的零部件与国外相比较差距较为明显。

（2）我国已初步建立了节能与新能源汽车研发体系，就整车控制

和集成而言，我国骨干整车企业现在都具备了开发的体系和开发的能力，特别在软硬件开发模式中，兼容了全球最先进的体系，基本掌握了纯电动的整车集成控制、评价技术。

（3）跨行业的节能与新能源汽车技术发展联盟已经建立，但对新能源汽车共性技术的研发力度不够，进度缓慢。

（4）但我国的新能源汽车以纯电动汽车为主，而国内的纯电动汽车技术水平与国外的产品有 2~3 年的差距。

（5）在新能源客车方面，在技术上我国处于领先的地位，新能源客车的一些技术指标如表 2.5 所示。

表 2.5　　我国主要电动客车充电类型一览表

| 类型 | 长续驶里程充电式 | 中续驶里程充电式 | 短续驶里程充电式 | 换电式 | 在线充电式 | 增程式 | 插电式混合动力 |
|---|---|---|---|---|---|---|---|
| 典型储能装置 | 磷酸铁锂 | 磷酸铁锂 | 钛酸锂 | 磷酸铁锂 | 超级电容（超级电容+磷酸铁锂） | 磷酸铁锂+内燃机（氢燃料电池） | 燃油（燃气）强混系统+电容+电池 |
| 车重 | 重 | 中等 | 较轻 | 较重 | 较轻 | 较轻 | 较轻 |
| 一次充电续驶里程（km） | 200~300 | 100~150 | 50 | 100~200 | 20~40 | 400 以上 | 400 以上 |
| 基础设施 | 站内快慢充 | 站内浅充 | 站内快充 | 换电站 | 接触式（非接触式）在线充电 | 站内充电+燃油（氢）加注 | 站内充电+燃油（燃气）加注 |
| 充（换）电时间 | 夜间为主 | 移动充电车 | 进站休息时充 | 全日 | 在线 | | 夜间为主 |
| 综合成本 | 高 | 较低 | 较低 | 最高 | 较低 | | 较低 |

（6）在核心技术方面，就电机技术而言，基本覆盖了 200kW 以下的新能源汽车车用电机动力的需求。驱动电机的功率密度、效率这些技术水平与国际水平基本相当，峰值功率大多在 2.8~3kW/kg，最高的转速现在能够达到 12000 转的水平。就充电机、电动空调技术而言，我国也研制开发出了相应的产品。但在纯电动汽车和插电式混合动力汽车方面，我国关键核心技术仍落后于国外，急需提升。

如在纯电动汽车方面：批量化生产工艺、质量控制及成本控制方面有待提升；在插电式混合动力汽车方面：混合动力发动机、增程器、机电耦合装置、电机系统等核心零部件与国外相比差距较大；在电机驱动与电力电子总成方面：电机转速、电机及控制器的功率密度有待提升，电力电子集成度不高；在电池及管理系统上：大规模生产控制能力（一致性、可靠性等）、系统集成能力落后于国外；在整车电控系统上：目标设定和功能分解工作不够系统、细致，整车验证、测试与标定积累不足；在机电耦合系统上：集成化设计能力、输入转速范围与国外相比有较大差距；在其他关键电子部件上：新型元器件（SIC）、新原理（热泵）、电液协调制动等新技术应用基础薄弱。

在燃料电池方面，我国还处在技术研发阶段，与国外差距较大，如在燃料电池轿车发动机上，功率（国内 35~50W）明显低于国际（90~100W）水平，燃料电池发动机的耐久性（3000h）也远低于国外燃料电池客车（10000h）的水平。

在燃料电池方面，我国还处在技术研发阶段，与国外差距较大，如在燃料电池轿车发动机上，功率（国内 35~50W）明显低于国际（90~100W）水平，燃料电池发动机的耐久性（3000h）也远低于国外燃料电池客车（10000h）的水平。

就新能源汽车整车而言，整车企业研发参与度不高，轿车和客车在车辆效率、续驶里程、成本、耐久性、加氢的时间、低温启动的性能等方面均需加强。就纯电动和插电式方面而言，主要还是在关键核心技术方面落后于国外。如批量化的生产工艺、质量控制和可靠性紧密相关的方面。

（7）我国已建立了相关行业共享的测试平台，形成了新能源汽车产品的测试方法，详见表 2.6。

表 2.6　　　　新能源汽车产品的测试方法一览表

| 类别 | 乘用车 | 客车 | 货车 | 专用车 | 测试方法 |
| --- | --- | --- | --- | --- | --- |
| 纯电动 |  | ≥150 | ≥80 | ≥80 | M1、N1 类采用工况法，其他暂采用 40km/h 等速法 |
| 插电式（含增程式）混合动力 | ≥50（工况法）≥70（等速法） | ≥50 | ≥50 | ≥50 | M1、N1 类采用工况法或 60km/h 等速法，其他暂采用 40km/h 等速法 |
| 燃料电池 |  | ≥150 | ≥200 | ≥200 | M1、N1 类采用工况法，其他暂采用 40km/h 等速法 |

综上分析，我国新能源汽车在研发能力、水平和体系上面临的主要障碍是：（1）跨行业的节能与新能源汽车技术发展联盟的作用发挥得不够；（2）研究的重点已不是混合动力技术，而是纯电动技术；（3）燃料电池汽车等关键核心技术研发缓慢；（4）构建完善的技术创新基础平台和建设若干具有国际先进水平的工程化平台难度大；（5）全产业链的知识产权保护体系尚未完全建立，新能源汽车产业竞争力不强。

（三）配套能力指标的实施效果分析与评价

配套能力指标包括充电桩充换电站数量、关键零部件技术水平、关键零部件生产规模、平台建设等四个二级指标。

1. 充电桩充换电站数量指标的实施效果

《规划》指出，研究制定新能源汽车充电设施总体发展规划，支持各类适用技术发展，根据新能源汽车产业化进程积极推进充电设施建设。在产业发展初期，重点在试点城市建设充电设施。试点城市应按集约化利用土地、标准化施工建设、满足消费者需求的原则，将充电设施纳入城市综合交通运输体系规划和城市建设相关行业规划，科学确定建设规模和选址分布，适度超前建设，积极试行个人和公共停车位分散慢充等充电技术模式。通过总结试点经验，确定符合区域实际和新能源汽车特点的充电设施发展方向。开展充电设施关键技术研究。加快制定充电设施设计、建设、运行管理规范及相关技术标准，研究开发充电设施接网、监控、计量、计费设备和技术，开展车网融合技术研究和应用，探索新能源汽车作为移动式储能单元与电网实现能量和信息双向互动的机制。充电设施建设与新能源汽车产销规模相适应，满足重点区域内或城际间新能源汽车运行需要。《电动汽车充电基础设施发展指南（2015—2020）》指出，我国充电基础设施发展的目标是到2020年，建成集中充换电站1.2万座，分散充电桩480万个，满足全国500万辆电动汽车充电需求。

《规划》中并没有具体指明2015年及之前年度的具体数量目标，仅指出充电设施建设与新能源汽车产销规模相适应。笔者认为，相适应的标准至少应当是1.04∶1（按照分散充电桩480万个，满足全国500万辆电动汽车充电需求测算），实际情况是根据工信部发布的数据显示，截至2015年底，全国已建3600座充换电站，4.9万个充电桩。截至2016年6月底，我国共有公共充电桩8.18万个，私人充电桩共计5.54万个，车桩比约4∶1。实际上，随着新能源汽车产销量和保有量的增加，对充电设施的要求也随之增加。在确定新能源汽车增量的时候，应当重点考虑充电设施是否能够满足如此众多新能源汽车使用的需求。按2015年数量计算，到2020年充电桩要达到480万个，则是2015年的96倍，其难度是相当大的。此外，关于充换电站的建设，更是具有高度的复杂性，需要较大的成本，其投资成本包含基础设施成本、配电设施成本与运营成本，而且充换电站建设还要考虑增建发电厂、改造变电站等配套设施。初步计算可得出，一个中型充换电站的总投资就需要 630 万元左右。其中，基础设施投资 350 万元，配套设施投资 80 万元，征地费用 200 万元。另据测算，按照单个充电桩平均建设投资 2 万元、集中充换电站设备投资 500 万元水平计算，未来五年充电桩的投资额在 500 亿元上下，而充换电站的投资额约为 600 亿元，总体的充电设施基础投资将突破 1000 亿元，平均每年投资额将达到 220 亿元。如此大量的资本投入从何而来是不得不考虑的。

2016 年 1 月，财政部、科技部、工业和信息化部、发展改革委、国家能源局等五部委联合发布《关于"十三五"新能源汽车充电基础设施奖励政策及加强新能源汽车推广应用的通知》，通知指出：2016—2020 年，中央财政将继续安排资金对充电基础设施建设、运营给予奖补，对于大气污染治理重点省市奖励最高，2016 年大气污染治理重点省市推广量 30000 辆，奖补标准 9000 万元，超出门槛部分奖补最高封顶 1.2 亿元。2020 年大气污染治理重点省市奖励门槛 70000 辆，奖补标准 1.26 亿元。奖补资金应当专门用于支持充电设施建设运营、改造升级、充换电服务网络运营监控系统建设等相关领域。地方应充分利用财政资金杠杆作用，调动包括政府机关、街道办事处和居委会、充电设施建设和运营企业、物业服务等在内的相关各方积极性，对率先开展充电设施建设运营、改造升级、解决充电难题的单位给予适当奖补，并优先用于支持《国务院办公厅关于加快电动汽车充电基础设施建设的指导意见》确定的相关重点任务。此通知说明，国家已经认识到充电等基础设施建设所需资金及有关难度，在政策上给予扶持。尽管如此，其实现目标的难度依然很大。

2. 关键零部件技术水平、零部件企业及规模指标的实施效果

《规划》指出，关键零部件技术水平和生产规模基本满足国内市场需求。充电设施建设与新能源汽车产销规模相适应，满足重点区域内或城际间新能源汽车运行需要。积极推进动力电池规模化生产，加快培育

和发展一批具有持续创新能力的动力电池生产企业,力争形成2~3家产销规模超过百亿瓦时、具有关键材料研发生产能力的龙头企业,并在正负极、隔膜、电解质等关键材料领域分别形成2~3家骨干生产企业。鼓励有关市场主体积极参与、加大投入力度,发展一批符合产业链聚集要求、具有较强技术创新能力的关键零部件企业,在驱动电机、高效变速器等领域分别培育2~3家骨干企业,支持发展整车企业参股、具有较强国际竞争力的专业化汽车电子企业。

《规划》中虽然没有明确的关键零部件技术水平的要求,但一些组织中对电池有着较为明确的目标,根据中国电动汽车百人会近日发布的《中国汽车动力电池发展路线图》可知,在"十三五"期间,锂离子电池实现技术升级,新型锂离子电池单体比能量提高一倍,达到350Wh/kg,成本降低50%,达到0.6元/Wh,电池系统比能量提高一倍,达到250Wh/kg,成本降低一半,达到1元/Wh;动力电池实现智能化制造,续航400km纯电池汽车的经济性和使用便利性与传统燃油车基本相当。也有一些学者提出,到2020年单体比能量达到300Wh/kg,2025年达到400Wh/kg,到2030年达到500Wh/kg。对于成本,单体成本到2020年要降到1元/Wh,系统的成本要降到1.3元/Wh,2025年单体的成本要降到0.8元/Wh,系统的成本要降到1元/Wh。到2030年,单体的成本要降到0.6元/Wh,系统的成本要降到0.8元/Wh。对于零部件和充电,国内专家也提出了技术路线图,详见表2.7。实际上,就实际而言,无论提出怎样的目标,实施起来都是有较大难度的。

关于零部件规模上,提出了形成2~3家产销规模超过百亿瓦时、具有关键材料研发生产能力的龙头企业和骨干企业。以2015年为例,在动力电池企业中形成了比亚迪一枝独秀的局面,其的市场份额达到了17.3%,比处在第二位的力神电池企业高出了7.37个百分点,详见表2.8。

表 2.7  关键零部件技术路线图

| 关键零部件名称 | 2020 年 | 2025 年 | 2030 年 |
| --- | --- | --- | --- |
| 驱动电机 | 乘用车 20s 有效比功率≥3.5kW/kg，商用车 30s 有效比扭矩≥18Nm/kg，低损耗硅钢、高性能磁钢、成型绕组、汇流排、磁钢定位封装等先进工艺材料 | 乘用车 20s 有效比功率≥4kW/kg，商用车 30s 有效比扭矩≥19Nm/kg，关键材料和部件采用国内资源，自主工艺开发及生产线建设能力达到国行先进水平，先进工艺材料推动自主进步的格局初步形成 | 乘用车 20s 有效比功率≥5kW/kg，商用车 30s 有效比扭矩≥20Nm/kg，出口份额达到自主总产量的 20% |
| 电机控制器 | 实现功率密度≥15kW/L，自主封装的绝缘栅双极性晶体管（IGBT）模块占市场总量的 20% 以上，逆变器性能和可靠性达到国际先进水平 | 自主率达到 60% 以上，实现功率密度≥25kW/L，自主封装的绝缘栅双极性晶体管（IGBT）模块占市场总量的 60% 以上，自主芯片占总量 20% 以上，逆变器综合性能达到国际先进水平 | 实现功率密度≥35kW/L，出口份额达到自主总产量的 5% |
| 动力电池系统 | 单体比能量达到 300Wh/kg，单体成本达到 1 元/Wh，系统成本达到 1.3 元/Wh | 单体比能量达到 400Wh/kg，系统使用寿命达到 10 年，单体成本达到 0.8 元/Wh，系统成本达到 1 元/Wh | 单体比能量达到 500Wh/kg，单体成本达到 0.6 元/Wh，系统成本达到 0.8 元/Wh |

续表

| 关键零部件名称 | 2020 年 | 2025 年 | 2030 年 |
|---|---|---|---|
| 燃料电池系统及电堆 | 燃料电池系统产能超过 1000 套,燃料电池系统体积比功率>2.5kW/L,冷启动温度<-30°,寿命达到 5000h | 燃料电池系统产能超过 10 万套,燃料电池系统体积比功率>3kW/L,寿命超过 5000h,高速空压机、氢循环系统、70MPa 储氢瓶等关键系统附件性能满足车用指标要求 | 燃料电池系统满足自主整车需求,冷启动温度<-40°系统部件逐步实现国产化,系统成本低于 200 元/kW(年产 50 万辆规模时) |
| 机电耦合装置 | 纯电驱动系统最高机械传动效率大于 91%,机电耦合变速器,最高机械传动效率大于 88% | 纯电驱动系统最高机械传动效率大于 93%,高集成度专用机电耦合变速器,最高机械传动效率大于 90% | 自主品牌纯电驱动系统国内市场占主导地位,出口份额达到总产量的 20%,自主品牌专用机电耦合变速器在国内市场占主导地位,出口份额达到总产量的 5% |
| 增程式发动机 | 发动机最低比油耗小于 230g/kWh,增程式发动机自主化率达到 30%,可靠性、安全性、震动噪声(NVH)等性能满足车用要求 | 发动机最低比油耗小于 225g/kWh,增程式发动机自主化率达到 80% | 发动机最低比油耗小于 220g/kWh,增程式发动机自主化率大于 90% |

续表

| 关键零部件名称 | 2020 年 | 2025 年 | 2030 年 |
|---|---|---|---|
| 高压总成 | 直流-直流变换器（DC-DC）总成效率达到92%，充电器系统效率达到92%，高压继电器、熔断耐压等级提高，载流能力提升，高压铝导线的技术应用，重量降低25%，成本降低30% | 直流-直流变换器（DC-DC）、充电器系统效率均达到95%以上，高压继电器、熔断器小型化、低成本，实现高压铝导线的大批应用 | 实现新型导体材料的线速及电链接技术的应用 |
| 整车控制器 | 插电式混合动力汽车、纯电动汽车整车控制器，整车控制系统自主化率达到50%，关键国产化芯片应用率达到10%，自主实时操作系统应用率达到10% | 具备与全球定位系统、地理信息系统和智能交通系统相结合的智能行使控制功能的插电式混合动力汽车、纯电动汽车整车控制器，燃料电池汽车整车控制器，整车控制系统自主化率达到80%，关键国产化芯片应用率达到30%，自主实时操作系统应用率达到50% | 与智能化、信息化融合的整车控制器，整车控制系统出口20% |

续表

| 关键零部件名称 | 2020 年 | 2025 年 | 2030 年 |
|---|---|---|---|
| 轻量化车身 | 复合材料、混合材料技术，降低成本，提高性能，实现批量稳定生产，在新能源汽车上实现小批量应用 | 降低成本，大规模生产应用，在新能源汽车上的应用率达到30%，自主率超过50% | 碳纤维车身制造技术与生产能力国际领先，在新能源汽车上的应用率达到80%，自主份额90%以上 |
| 其他部件 | 协调式制动能量回收系统，电动助力转向系统，基于热泵的电动车空调系统 | 基于线控技术的制动能量回收系统，车室和电池一体化的电动车空调系统 | 新型电动车制动系统，电动化、智能化相融合的转向系统，新型高效环保电动车空调系统 |

表 2.8　**2015 年国内动力电池 10 强企业市场占有率表**

| 企业名称 | 市场占有率 |
|---|---|
| 比亚迪 | 17.32% |
| 力神电池 | 9.95% |
| 波士顿电池 | 7.93% |
| CATL | 5.56% |
| 万向 | 5.08% |
| 合肥国轩高科 | 3.84% |
| 美国 A123 电池系统 | 3.26% |
| 北京普莱特新能源 | 2.72% |
| 中航锂电 | 2.90% |
| 比克电池 | 2.32% |

事实上，全球的十大电动汽车电池制造商中有 4 家是中国企业。比亚迪之所以位列全球第二，国内第一，主要原因是电池很大一部分是供应给本企业。北京普莱德由北大先行科技产业有限公司、北汽福田等数

家公司出资成立，向国内多款电动乘用车、电动大巴供应电池。中航锂电从事锂离子动力电池、电源管理系统的研发和生产，同时也是承担着中国 863 重大专项"大容量磷酸铁锂动力电池及动力模块技术开发"的单位。万向则是中国的零部件巨头，重点发展聚合物锂离子动力电池，万向于 2013 年收购美国电池制造商 A123，于 2014 年收购电动汽车制造商菲斯科。可见，在电池的规模与生产企业上我国处于世界的前列，这一指标完成的情况较好。2016 年有所变化，比亚迪的市场占有率有所下降，排名下降 1 位，详见图 2.4。

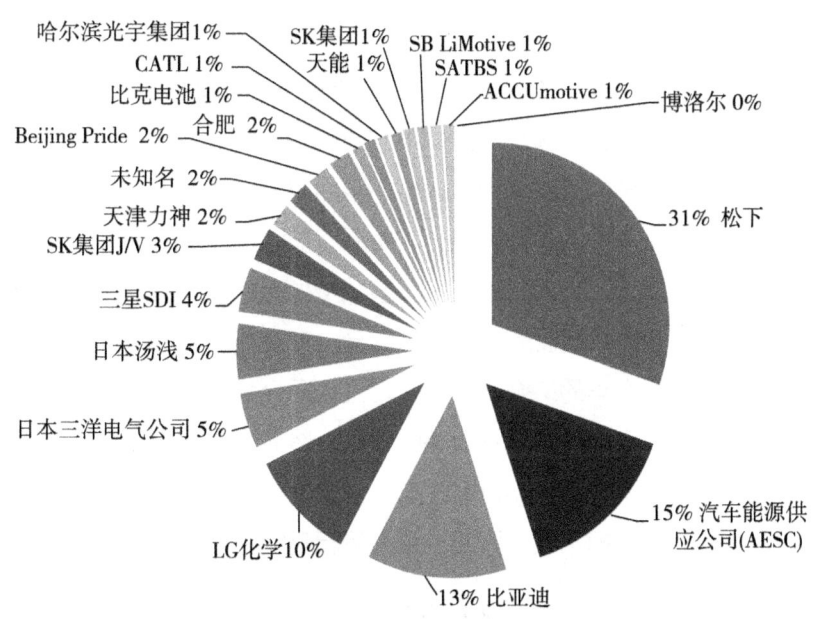

图 2.4　2016 年电动汽车电池制造商市场份额

在汽车电子领域，2015 年我国汽车电子市场规模达 3979 亿元。我国汽车电子市场需求规模增长的直接动力主要表现在两个方面：一是汽车整车市场的发展。汽车作为汽车电子产品的载体，其产量和增长速度直接影响了汽车电子市场的发展；二是汽车电子化程度的提高。为了满足消费者对汽车性能不断提高的要求，汽车电子产品在汽车中的应用范围越来越广，在汽车成本中所占的比例不断提高。《2016—2021年中国汽车电子行业市场分析及投资前景咨询报告》预测：到2020年，中国汽车电子市场规模有望突破7000亿元。然而，我国汽车电子技术起步较晚、基础薄弱，汽车电子产品发展落后于汽车整车的发展，产品和技术与国外差距较大，外资企业牢牢占据着国内汽车电子市场和技术的决定权。我国的汽车电子企业多集中在广东，如深圳市佳艺田电子有限公司、东莞市科维电子科技有限公司、惠州华阳通用有限公司等，但其技术水平和规模都相对比较小。

3. 平台建设指标的实施效果

所谓"平台"就是能够独立运行并自主存在，为其所支撑的上层系统和应用提供运行所依赖的环境。《规划》中涉及的平台包括鼓励建立跨行业的节能与新能源汽车技术发展联盟，加快建设共性技术平台，建立相关行业共享的测试平台，构建完善的技术创新基础平台，建设若干具有国际先进水平的工程化平台，发展新能源汽车及关键零部件质量安全检测服务平台。当前，在我国一些城市如北京、上海等地已经建立了新能源汽车技术的研发平台、测试平台、安全监测服务平台，北京更是建立了新能源汽车的综合服务平台。这些平台的建成，为深化新能源汽车的研发和使用起到了助推和保障作用，然而，有些平台，如具有国际先进水平的工程化平台却没有建立，已建立的平台特别是技术平台和创新平台的作用发挥不大。因此，这一目标只能是部分完成。

（四）财税指标的实施效果分析与评价

这一指标包括三个二级指标：财政补贴、税收扶持政策和政府采购。

1. 财税政策指标的实施效果

《规划》指出：对公共服务领域节能与新能源汽车示范、私人购买新能源汽车试点给予补贴，鼓励消费者购买使用节能汽车；研究基于汽车燃料消耗水平的奖惩政策，完善相关法律法规。新能源汽车示范城市安排一定资金，重点用于支持充电设施建设、建立电池梯级利用和回收体系等。研究完善汽车税收政策体系。节能与新能源汽车及其关键零部件企业，经认定取得高新技术企业所得税优惠资格的，可以依法享受相关优惠政策。节能与新能源汽车及其关键零部件企业从事技术开发、转让及相关咨询、服务业务所取得的收入，可按规定享受营业税免税政策。

关于之一指标的实施效果情况，在本书中的第七章已有较为详细的阐述，在此不再赘述。然而，需要注意以下几点：(1)财税政策是我国新能源汽车产业发展的主要政策，其起着主导作用，甚至有着新能源汽车发展过度依赖财政补贴政策之一诟病。但笔者认为，这一政策在我国的实施是最为有效的，也是效果最好的。由于本人对我国新能源汽车的发展前景持有谨慎乐观的态度，故认为这一政策应当具有中长期性，对于提高补贴门槛，实施补贴退坡机制是赞同的，但却不宜轻易取消这一政策。(2)关于汽车燃料消耗水平的惩罚政策缺乏，政府注重通过奖励和补贴促进新能源汽车的发展，但却相对忽略了对没有达到排放和燃料消耗水平的汽车予以相应的处罚。(3)营改增后，节能与新能源汽车及其关键零部件企业所享受的营业税的税收优惠亟待明确。

2. 政府采购指标的实施效果

《规划》中指出，发挥政府采购的导向作用，逐步扩大公共机构采购节能与新能源汽车的规模。2014年7月发布的《政府机关及公共机构购买新能源汽车实施方案》中指出：2014—2016年，中央国家机关以及纳入财政部、科技部、工业和信息化部、发展改革委备案范围的新能源汽车推广应用城市的政府机关及公共机构购买的新能源汽车占当年配备更新总量的比例不低于30%，以后逐年提高。除上述政府机关及公共机构外，各省（区、市）其他政府机关及公共机构，2014年购买的新能源汽车占当年配备更新总量的比例不低于10%（其中京津冀、长三角、珠三角细微颗粒物治理任务较重区域的政府机关及公共机构购买比例不低于15%）；2015年不低于20%；2016年不低于30%，以后逐年提高。2016年2月，国务院常务会议要求，中央国家机关和部分城市的政府部门及公共机构购买新能源汽车占当年配备更新车辆总量的比例要提高到50%以上。

笔者查阅了有关资料和网站，目前尚没有关于近几年新能源汽车占公务采购汽车的比例。因此，这一指标完成得如何尚不得而知，但政府采购新能源汽车存在如下一些障碍：（1）政府采购的流程较为复杂，其首先应当纳入政府采购目录，目前纳入各地政府采购目录的新能源汽车是有限的，新能源汽车与传统能源汽车相比不具有竞争优势，新能源汽车之间相比较竞争不够充分；（2）政府采购的这一要求不具有强制性，各地政府既没有达到这一要求，也没有相应的处罚措施；（3）各地地方保护较为严重；（4）很多城市缺乏充电等基础设施，要当地政府采购新能源汽车不现实。基于以上制约因素，笔者认为这一指标完成情况应当不够理想。当然，对一些大城市而言会实施得好些，这些城市将公共交通纳入到政府采购之列，通过公共交通采购新能源汽车使得其比例达到政府采购的要求。如据第一商用车网不完全统计，仅2016年7月份，中国政府采购网上公示的涉及客车采购的中标项目就超过10.6亿元，中标的客车企业有10家，分别为宇通、中通、安凯、福田、三龙、湖南中车、上海大宇、上海申龙、上海申沃和广汽比亚迪。

### （五）管理制度指标的实施效果分析与评价

这一指标包括市场准入、标准体系、考核办法、电池回收利用等四个二级指标。

1. 市场准入指标的实施效果

2009年6月颁布了《新能源汽车生产企业及产品准入管理规则》（以下简称《规则》），《规则》对新能源汽车企业和新能源汽车产品设置了准入条件。对新能源汽车企业的准入条件是：（1）符合国家有关法律、法规、规章和国家汽车产业发展政策及国家宏观调控政策的规定；（2）应当是《公告》内汽车整车生产企业或改装类商用车生产企业；新建汽车企业或现有汽车企业跨产品类别生产其他类别新能源汽车整车产品的，应当按照国家有关投资管理规定先行办理项目的核准或备案手续；（3）具备生产新能源汽车产品所必需的生产能力和条件；（4）具备新能源汽车产品的设计开发能力；（5）具备保证新能源汽车产品生产一致性的能力；（6）具备新能源汽车产品营销和售后服务能力；（7）建立与所生产新能源汽车产品相适应的零部件采购体系；（8）所生产的车辆产品符合有关国家标准和行业标准、技术规范、车辆产品定型试验规程、适用于新能源汽车的专项技术条件和检验规范的要求，见《新能源汽车生产企业准入条件及审查要求》的具体规定。新能源汽车除了应当符合有关常规汽车产品的检验标准外，还应当符合新能源汽车产品的专项检验标准，具体见《新能源汽车产品专项检验标准目录（收录到 2009 年 4 月 1 日）》。新能源汽车产品的准入条件是（1）产品符合安全、环保、节能、防盗等有关标准、规定；（2）产品经工业和信息化部指定的检测机构检测合格；（3）产品未侵犯他人知识产权。2015 年 6 月颁布的《新建纯电动乘用车企业管理规定》对新建纯电动乘用车企业的投资主体设置了条件。

2016 年 5 月又办颁布了《新能源汽车生产企业及产品准入管理规则（修订版）征求意见稿》（以下简称《征求意见稿》）。《征求意见稿》明确规定国家发展改革委、工业和信息化部在各自职责范围内负责新建企业投资项目和车辆生产企业及产品准入的监督管理。新建企业及产品按照工业和信息化部《乘用车生产企业及产品准入管理规则》和《新能源汽车生产企业及产品准入管理规则》的相关要求，通过考核后列入《车辆生产企业及产品公告》，并按单独类别管理。新建汽车整车生产企业或跨产品类别生产新能源汽车的现有汽车整车生产企业，应按照国家有关投资管理规定先行办理项目核准或备案手续。新建企业生产的纯电动乘用车产品符合乘用车、电动汽车相关国家标准和行业标准的要求，所采用动力蓄电池单体和系统应当是符合汽车动力蓄电池行业规范条件的企业生产的产品。新建企业须提交对纯电动乘用车电池、电机、电控系统等核心部件的质保承诺，质保承诺的内容应符合国家支持新能源汽车推广应用的相关规定。新建企业列入《车辆生产企业及产品公告》的纯电动乘用车产品有效期为3年，有效期届满前30日可提出延期申请，审查通过可以延长有效期，每次延期不超过3年。新建企业应建立生产一致性管理体系，保证实际生产的产品与列入《车辆生产企业及产品公告》的产品相符。对企业生产未经许可或不符合标准的产品，依照《道路交通安全法》和工业和信息化部《车辆生产企业及产品一致性监督管理办法》有关规定进行处理。改装类汽车生产企业生产作业类新能源汽车，应在整车企业生产的新能源汽车底盘或完整车辆上进行改装作业，不需申请新能源汽车生产企业准入，产品类别与获得许可的常规作业类汽车类别相同。改装类汽车生产企业生产运输类新能源汽车（包括客车和载货类汽车），应获得汽车整车生产企业（底盘生产企业）授权，方可从事相应新能源汽车生产。本规则发布前已通过准入的改装类新能源汽车企业，自本规则发布之日起设置2年的过渡期。过渡期内，改装类新能源汽车企业仍可从事新能源汽车生产。过渡期满后，如未获得新能源汽车整车生产企业授权，不得从事新能源汽车生产（采购新能源汽车底盘生产的作业类专用汽车除外）。自2016年7月1日起，新申报新能源汽车产品及变更扩展产品均应符合本规则附件3《新能源汽车产品专项检验项目及依据标准》的要求；自2017年7月1日起，所有在产产品均应符合相应标准的要求。可见，《征求意见稿》规定的新能源汽车企业及产品的准入条件更加严格。

  《规则》和《征求意见稿》的具体内容与当前我国对传统能源汽车的管理规则是一致的，采用的是"公告制"和强制认证制度。截至2017年，北汽新能源和长江汽车，通过了审核，取得新能源乘用车牌照生产的企业，但一些企业如万向、蔚来汽车等则没有通过审查。应当讲，市场准入的设置提高了新能源汽车企业和产品的门槛，保证了产品的质量，体现了政府部门的监管。截至2017年，进入新能源汽车整车制造及电池等关键零部件制造领域的全新外来企业有 26 家,详见表 2.9。①。但是笔者认为,当前关于新能源汽车企业进入的门槛仍然有些过高,限制了一些投资者进入该领域,但在目前我国汽车企业管理体制下,又是必要的和应当的。对新能源汽车产品的监管应当严格,不仅应当设立严格的准入门槛,而且更应当加强事后的监管,尤其是要加大对违规产品的处罚力度。

表 2.9　　进入新能源汽车整车制造及电池等关键零部件制造领域的外来企业表

| 性质 | 企业名称 | 所属行业 | 汽车产业目标领域 | 企业实力 |
|---|---|---|---|---|
| 整车制造 | 格力 | 家电制造企业 | 新能源整车制造 | 格力电器 2014 年实现营业收入 1400 亿元;2015 年前三季度,营业收入 815.23 亿元 |
| | 乐视 | 互联网 | 电动汽车 | 行业内全球首家 IPO 上市公司,中国 A 股最早上市的视频公司,2014 年度实现营业收入 66.11 亿元至 73.20 亿元,同比增长 180%至 210% |
| | 富士康 | 科技 | 电动汽车 | 2013 年跃居《财富》全球企业 500 强第 30 位,2015 年合并营收 44830.96 亿元新台币(约为 8872.05 亿元人民币),同比增长 6.42% |
| | 易到用车 | 互联网 | 电动汽车 | 2013 年 12 月 19 日成功完成 C 轮融资,融资金额为 6000 万美元 |
| | 百度 | 互联网 | 无人驾驶汽车 | 市值 760 亿美元,中国第一的搜索引擎 |

---

① 出自国际新能源网:盘点已实现新能源汽车领域跨界合作的 26 家企业,网址:http://newenergy.in-en.com/html/newenergy-2261390.shtml。

续表

| 性质 | 企业名称 | 所属行业 | 汽车产业目标领域 | 企业实力 |
|---|---|---|---|---|
| 整车制造 | 阿里巴巴 | 互联网 | 电动汽车 | 2015年营业收入174.25亿元，同比增长45%，市值2051亿美元，全球最大的网络零售商 |
| | 腾讯 | 互联网 | 电动汽车 | 市值1955亿美元，它是中国最大的社交网络平台。2015年第三季度腾讯公司总收入为265.94亿元，同比增长34% |
| | 高德地图 | 互联网 | 电动汽车 | 阿里巴巴斥资11亿美元完成对高德地图的全资收购 |
| | 博泰 | 互联网 | 电动汽车 | 国内最先实现提供车载硬件平台、嵌入式系统、运营服务系统等具有自主知识产权技术的系统集成商 |
| | 蔚来 | 互联网 | 电动汽车 | 拥有很强的股东背景 |
| | 游侠 | 互联网 | 电动汽车 | 创立于1999年，至今16年，在业界以及游戏爱好者群体中有着巨大的影响，在国内非商业游戏网站中屈指可数 |
| | 汽车之家 | 互联网 | 电动汽车 | 全球访问量最大的汽车网站，于美国纽交所上市，2015年第二季度营收同比增长69.9%。至8.610亿元人民币（含1.389亿美元） |
| | 智车优行 | 互联网 | 电动汽车 | 是一家创新型互联网公司 |
| | 方大特钢 | 特钢行业 | 新能源环卫车领域 | 2014年营业收入115.09亿元；2015年前三季度营业收入63.14亿元（暂无全年数据） |
| | 安迪大洋 | 纲集股份以实业投资运营为主 | 新能源整车制造 | 暂无 |
| | 长城华冠 | 汽车设计 | 新能源整车制造 | 2014年营业收入4470.17万元，2015年暂无 |
| | 万向 | 零部件企业 | 新能源整车制造 | 2015年营业收入102.41亿元 |

续表

| 性质 | 企业名称 | 所属行业 | 汽车产业目标领域 | 企业实力 |
|---|---|---|---|---|
| 整车制造 | 多氟多 | 化工、零部件 | 新能源整车制造 | 2014年实现营业收入21.32亿元，2015年暂无 |
| | 隆鑫 | 工业、金融、房地产 | 中低速电动车 | 2015年营业收入69.93亿元 |
| 全产业链 | 西部资源 | 大型资源性企业 | 新能源汽车板块的完整产业链 | 2014年营业收入4.63亿元；2015年前三季度营业收入9.75亿元（暂无全年数据） |
| | 江特电机 | 零部件企业 | 打造新能源产业链，布局从核心零部件到终端产品 | 2015年营业总收入11.75亿元 |
| 零部件 | 冠城大通 | 房地产、漆包线 | 新能源锂电池 | 2014年营业收入75.64亿元；2015年1~3季度实现营业收入39.9亿元（暂无全年数据） |
| | 胜利精密 | 专业研发、生产高压、大功率变频器的高科技企业 | 新能源锂电池 | 2015年营业总收入59.50亿元，2015年总资产达113亿元 |
| | 中鼎股份 | 机械基础件和汽车零部件 | 公共充电领域 | 2014年营业收入50.40亿元，2015年前三季度47.7亿元（暂无全年数据） |
| | 阳光电源 | 输配电及控制设备制造业 | 新能源汽车电动力系统、辅助电气系统以及电池管理系统、太阳能充电桩业务 | 2015年营业收入46.48亿元 |
| | 大唐电信 | 输配电及控制设备制造业 | 汽车电源管理及驱动半导体 | 2014年累计实现营业收入79.84亿元；2015年上半年营收34.9亿元（暂无全年数据） |

## 2. 标准体系指标的实施效果

《规划》指出，要形成比较完备的技术标准和管理规范体系。2016年8月1日，质检总局、国家标准委、工信部联合印发《装备制造业标准化和质量提升规划》的通知。在节能与新能源汽车方面，规划指出：开展智能网联汽车标准化工作。加快构建包括整车及关键系统部件功能安全和信息安全在内的智能网联汽车标准体系。继续研究和完善汽车能耗及相关节能技术标准。制定插电式节能与新能源汽车。开展智能网联汽车标准化工作。加快构建包括整车及关键系统部件功能安全和信息安全在内的智能网联汽车标准体系。继续研究和完善汽车能耗及相关节能技术标准。制定插电式混合动力汽车、纯电动汽车、燃料电池汽车等新能源汽车以及动力电池等零部件相关标准。开展电动汽车充电基础设施研究，制定无线充电、大功率充电及充电服务互联互通检测标准。研制新能源汽车用高性能贮氢合金电池材料、发动机用稀土永磁材料、汽车轻量化用铝合金材料和镁合金材料等相关标准。加强汽车尤其是新能源汽车领域国际标准法规的合作与交流。开展节能与新能源汽车重要标准的实施效果评价，为后续标准修订提供参考。（工业和信息化部、能源局、国家标准委等按职责分工负责）。

标准体系是新能源汽车发展的前提和基础。我国从1998年组建电动车辆标准分技术委员会，参考和借鉴ISO、SAE、日本电动车协会（JEVS）、美国电动车运输应用协会（ETA）等国际性、地区性和各国行业性组织标准。从1998年起着手制定液化天然气、液化石油气、压缩天然气标准；从2001年开始着手制定出电动汽车标准；从2005年起着手制定混合动力汽车标准[1]。目前，我国重点出台了电动汽车的有关标准，电动汽车标准主要集中在整车性能、整车安全、电机系统、电控系统、电池等储能装置和充换电站等基础设施6个方面，具有24个关

---

[1] 肖俊涛. 中国汽车产业自主品牌与自主创新研究［M］. 中国地质大学出版社，2009.

键技术要素（详见图2.5）。截至2014年，我国现有的电动车辆标准64项，其中，58项汽车标准和6项摩托车标准，汽车标准中有39项国标和19项行标，摩托车标准有4项国标和2项行标。截至2017年，已经研究至修订完毕的有13项国标，其中，新增5项国标，修订8项国标。已有列入标准计划项目有35项，包括29项新增标准和6项修订标准，这里面有19项国标，16项行标。

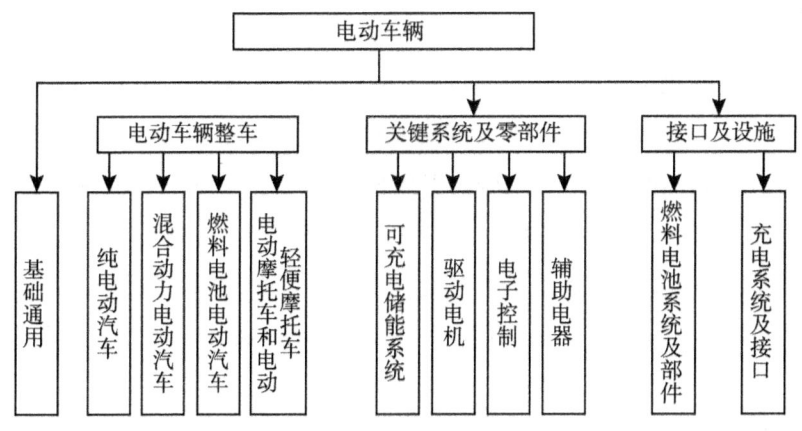

图2.5 电动汽车整车及主要零部件构成图

虽然，我国的新能源汽车标准体系已经建立，且涵盖不同种类的新能源汽车，但仍然不够完善，主要体现在以下几个方面：（1）尚缺乏一些标准体系，如关于低速电动汽车的标准尚未出台。近年来，低速电动车发展较快。由于技术水平不是特别高，也不受牌照的限制，应用增长较快。由于标准缺失，使得对低速电动车管理不够。智能网联汽车的标准也缺失，这是今后标准研究的重点领域；（2）一些已有的标准尚需进一步完善。如关于电动汽车安全的标准等；（3）新能源汽车领域国际标准法规的合作与交流不够。只有在标准与法规上融入国际中，才能够实现新能源汽车走出去的目标。

3. 考核办法指标的实施效果

当前，关于新能源汽车的考核仅出台了公交车推广应用考核办法，这就是 2015 年 11 月，交通运输部、财政部、工业和信息化部联合发布了《新能源公交车推广应用考核办法（试行）》，办法规定各省（区、市）每年度新增及更换的公交车中新能源公交车比重应达到以下要求：（1）北京、上海、天津、河北、山西、江苏、浙江、山东、广东、海南，2015—2019 年新增及更换的公交车中新能源公交车比重应分别达到 40%、50%、60%、70% 和 80%。（2）安徽、江西、河南、湖北、湖南、福建，2015—2019 年新增及更换的公交车中新能源公交车比重应分别达到 25%、35%、45%、55% 和 65%。（3）其他省（区、市）2015—2019 年新增及更换的公交车中新能源公交车比重应分别达到 10%、15%、20%、25% 和 30%。从 2016—2020 年，考核工作每年一次。截至 2017 年，考核结果尚未公布。

笔者认为，关于新能源汽车的考核办法也是一个系统工程，其内容应当包括政府采购、充电基础设施建设、公共交通等多个方面。其总的原则是只要是国家或上级政府关于新能源汽车推广应用的具体明确要求，均应当配套以考核办法。相应的财政拨款、政绩考核应当与考核结构挂钩。

4. 电池回收利用指标的实施效果

《规划》指出：构建市场营销、售后服务及动力电池回收利用体系。重点在国家确定的试点城市集中开展新能源汽车产品性能验证及生产使用、售后服务、电池回收利用的综合评价。制定动力电池回收利用管理办法，建立动力电池梯级利用和回收管理体系，明确各相关方的责任、权利和义务。引导动力电池生产企业加强对废旧电池的回收利用，鼓励发展专业化的电池回收利用企业。严格设定动力电池回收利用企业的准入条件，明确动力电池收集、存储、运输、处理、再生利用及最终处置等各环节的技术标准和管理要求。加强监管，督促相关企业提高技术水平，严格落实各项环保规定，严防重金属污染。建立动力电池回收利用等售后服务体系。2015 年 4 月《关于 2016—2020 年新能源汽车推广应用财政支持政策的通知》中明确汽车生产企业作为动力电池回收利用的责任主体，负责动力电池的回收。

有关专家指出，企业对消费者承诺的电池使用寿命和质保最多是 10 年时间，但是如果考虑到使用环境等综合情况，动力电池的平均寿命也就是 5 年左右。中国汽车技术研究中心预测，到 2020 年，我国电动汽车动力电池累计报废量将达到 12 万~17 万吨的规模。废旧电池的危害是巨大的，北京理工大学吴锋教授指出，1 个 20 克的手机电池可污染 3 个标准游泳池容积的水，若废弃在土地上，则可使 1 平方千米土地污染 50 年左右，如果是几吨重的电动汽车动力电池废弃在自然环境中其污染是不可想象的。为鼓励生产企业回收动力电池，不少地方政府也在积极探索。上海市曾出台政策，车企回收动力电池政府将补助 1000 元/套；深圳则建立动力电池利用和回收体系，每卖一辆车厂商拿出 600 元、政府拿出 300 元，用于回收动力电池，初步建立电池回收的机制。应当讲，电池回收利用这一指标尚未得到实施，其主要原因如下：(1) 截至 2017 年电池生产企业经考虑到电池的销售和使用问题，尚未遇到报废电池的回收利用问题；(2) 锂电池回收利用难度大。锂电池回收工艺太复杂，从废旧锂电池中直接回收正极材料、负极材料、电解液、隔膜等高附加值的中间品商业化难度很大；(3) 回收的锂电池难以再继续创造价值或进行二次使用。锂电池不像铅酸电池，铅酸电池回收很容易产生商业价值，把废电池撬开，倒掉酸液，把最值钱的铅板取出再倒卖就赚钱了，然而，锂电池的梯次利用研究进展缓慢，而且很有可能进行二次开发，耗费技术和成本；(4) 在政策层面上鼓励电池生产企业对电池回收利用的力度不够，企业积极性不高。

(六) 金融服务指标的实施效果分析与评价

《规划》指出：引导金融机构建立鼓励节能与新能源汽车产业发展的信贷管理和贷款评审制度，积极推进知识产权质押融资、产业链融资等金融产品创新，加快建立包括财政出资和社会资金投入在内的多层次担保体系，综合运用风险补偿等政策，促进加大金融支持力度。支持符合条件的节能与新能源汽车及关键零部件企业在境内外上市、发行债务融资工具；支持符合条件的上市公司进行再融资。按照政府引导、市场运作、管理规范、支持创新的原则，支持地方设立节能与新能源汽车创业投资基金，符合条件的可按规定申请中央财政参股，引导社会资金以多种方式投资节能与新能源汽车产业。2016年2月，央行等八部委发布了《关于金融支持工业稳增长调结构增效益的若干意见》，意见明确提出，鼓励银行业金融机构，在风险可控的前提下，适当降低新能源汽车、二手车贷款首付比例，合理扩大汽车消费信贷，支持新能源汽车生产、消费及相关产业发展。2016年3月，人民银行、银监会日前下发的《关于加大对新消费领域金融支持的指导意见》提出，经营个人汽车贷款业务的金融机构办理新能源汽车和二手车贷款，可分别在15%和30%最低要求基础上，按照审慎和风险可控原则，自主决定首付款比例。允许汽车金融公司在向消费者提供购车贷款（或融资租赁）的同时，根据消费者意愿提供附属于所购车辆的附加产品融资。

笔者认为，新能源汽车产业的发展离不开金融的支持，而且今后金融的作用会越来越大，应当会超过财政补贴的作用，会逐渐上升为支持新能源汽车产业发展的第一推动因素与指标。在过去的几年，金融服务已经显示了巨大的优势，以浙江湖州、金华、绍兴、台州、舟山等5市为例，自2013年初至2016年2月末，五地市银行业为新能源汽车产业累计投放信贷资金107.61亿元，其中，投向新能源汽车技术研发升级33.89亿元，用于支持新能源汽车采购7.27亿元，投向动力电池、充电桩等配套设施66.44亿元。而且创新了金融模式，通过"科技金融"支持新能源汽车企业突破技术瓶颈；通过"消费金融"培育消费需求助力企业拓宽市场；通过"供应链金融"，有力支持新能源汽车上下游产业发展。然而，应当认识到，《规划》中的一些任务尚没有完全完成，如节能与新能源汽车产业发展的信贷管理和贷款评审制度尚未完全建立，知识产权质押融资、产业链融资等金融产品创新不够、地方上没有设立节能与新能源汽车创业投资基金等。事实上，金融对企业的支持不仅限于新能源汽车产业，在当前我国经济进入新常态的情况下，供给侧改革矛盾突出，"三去一降一补"（去产能、去库存、去杠杆、降成本、补短板）任务重的形势下，金融对各行业和企业的支持尤为重要。当前，高杠杆已成为中国经济发展挥之不去的隐忧。国家金融与发展实验室的研究数据显示，截至2015年底，我国债务总额为168.48万亿元，全社会杠杆率为249%。其中，非金融企业部门的债务问题尤为突出，债务率高达156%。为化解债务，又能融资，于是产生了债务融资工具的创新，通过改变融资结构来降低杠杆率和融资成本。资产证券化、权益证券化等创新方式不断涌现①。新能源汽车企业若仍走负债的老路，无疑不仅行不通，而且当前的政策也不易实现，因此，唯有适应时代发展，紧跟时代步伐，方可在金融上获得更多扶持。

（七）国际合作指标的实施效果分析与评价

《规划》指出：支持汽车企业、高校和科研机构在节能与新能源汽车基础和前沿技术领域开展国际合作研究，进行全球研发服务外包，在境外设立研发机构、开展联合研发和向国外提交专利申请。积极创造条件开展多种形式的技术交流与合作，学习和借鉴国外先进技术和经验。完善出口信贷、保险等政策，支持新能源汽车产品、技术和服务出口。支持企业通过在境外注册商标、境外收购等方式培育国际化品牌。充分发挥各种多双边合作机制的作用，加强技术标准、政策法规等方面国际交流与协调，合作探索推广新能源汽车的新型商业化模式。

众所周知，国际合作意义重大。特别是"一带一路"战略的提出，为我国新能源汽车企业走出去提供了机遇，同时也是挑战，因走出去需要实力，需要有技术、产品、服务的支撑。近两年，新能源汽车的国际合作主要在电池上，如上汽集团投资美国麻省固体能源公司，进行新能

---

① 虽然，这在国际上已不是创新的融资手段，然而在我国使用的却较少。

源电池研发；上海电巴新能源科技有限公司与德国 INFRAWIND 欧亚新能源与可持续发展联合会、德国 INFRANEU 基础建设与可持续发展总会合作，根据合作计划，中德双方将在德国和欧洲市场上共同推广上海电巴的电池换电站技术与应用。同时，双方还将在电池管理系统、电动汽车车型设计及物流配送等领域展开紧密合作，共同研究世界先进的汽车方案与物流方案。但这一指标在实施中也存在一些薄弱环节，如在境外设立研发机构向国外提交专利申请方面，在培育国际化品牌方面，在合作探索推广新能源汽车的新型商业化模式方面等。以我国新能源汽车专利为例，在总申请量已经超过日本和美国，成为全球第一大专利布局区域，但整体而言，相对于国内庞大的专利申请量而言，对外专利布局严重偏低，我国企业对国外主要区域市场要么认识不足，要么缺乏清晰可行的专利战略，导致我国在电动汽车领域仍然是"本土作战"[1]。

## （八）人才培养指标的实施效果分析与评价

《规划》提出：以国家有关专项工程为依托，在节能与新能源汽车关键核心技术领域，培养一批国际知名的领军人才。加强电化学、新材料、汽车电子、车辆工程、机电一体化等相关学科建设，培养技术研究、产品开发、经营管理、知识产权和技术应用等人才。按照《国家中长期人才发展规划纲要（2010—2020 年）》的有关要求推进人才引进工作，鼓励企业、高校和科研机构从国外引进优秀人才。重视发展职业教育和岗位技能提升培训，加大工程技术人员和专业技能人才的培养力度。

这一指标考核的情况具有加大难度，一方面，是没有量化；另一方面，是人才培养具有复杂性和较长的周期性。笔者认为，当前关于新能源汽车的各层次人才均较为缺乏，尤其缺乏国际知名的领军人才、技术

---

[1] 从专利视角分析中国新能源汽车产业的盛世危局，参加新能源汽车网，http://nev.ofweek.com/2015—10/ART-71008-8420-29013991.html。

应用人才和经营管理人才。人才的缺乏，导致相关领域的薄弱，这些薄弱领域就是新能源汽车产业的短板。实际上，缺乏核心技术，产品质量和安全性得不到提升，商业化模式得不到创新，归根结底是人才缺乏。从根本上解决这一问题需出台政策，加大投入，科学谋划，构建有效的人才培养与引进机制。

### （九）营造环境指标的实施效果分析与评价

《规划》指出：大力发展有利于扩大节能与新能源汽车市场规模的专业服务、增值服务等新业态，建立新能源汽车金融信贷、保险、租赁、物流、二手车交易以及动力电池回收利用等市场营销和售后服务体系，发展新能源汽车及关键零部件质量安全检测服务平台。研究实行新能源汽车停车费减免、充电费优惠等扶持政策。有关地方实施限号行驶、牌照额度拍卖、购车配额指标等措施时，应对新能源汽车区别对待。截至 2017 年的情况是：绝大多数城市已经取消了对新能源汽车的地方限号行驶、牌照额度拍卖、购车配额指标等措施，甚至有些城市出台了新能源汽车停车费减免、可以占用公交车道等优惠。但也存在一些没有实现的情形，如关于新能源汽车的专业服务不够完善，新能源汽车的充电费优惠等扶持政策尚没有大面积出台，专门针对新能源汽车的保险产品缺失等。

### （十）规划实施指标的实施效果分析与评价

《规划》指出：成立由工业和信息化部牵头，发展改革委、科技部、财政部等部门参加的节能与新能源汽车产业发展部际协调机制，加强组织领导和统筹协调，综合采取多种措施，形成工作合力，加快推进节能与新能源汽车产业发展。各有关部门根据职能分工制订本部门工作计划和配套政策措施，确保完成规划提出的各项目标任务。

关于这一目标实施的情况笔者采用一分为二的观点：一是国家、政府及各部门均高度重视新能源汽车及新能源汽车产业的发展，也在各自职责范围内出台了一系列的政策保障和促进其发展，也取得了令人瞩目的成绩，在现有的机制下，我国新能源汽车产业能取得如此成绩实属不易，且主要归功于政府及有关部门。政府、企业、科研机构、事业单位、中介组织已经形成了合力。二是在现有"九龙治水"、"多头管理"的体制下，我国新能源汽车产业发展的协调机制尤为重要，组织领导和统筹往往成为政策实施效果的前提与保障。我国当前新能源汽车产业发展的最重要障碍之一是缺乏总体规划。总体规划的缺失，使得新能源汽车政策出自多个部门而又没有统一的纲领，换言之，各部门均知晓新能源汽车的重要性，均想出把力，但由于没有统一指导，使得不知从何入手，只有等待上级或其他有关部门出台政策后予以配合。当然，新能源汽车产业的总体规划是复杂的，其要考虑诸多因素，至少要考虑国家整个能源发展规划和整个汽车产业的发展规划。要考虑国际组织、国家整体、政府部门、市场主体、消费者（购车者、使用者）以及其他相关组织和个人的利益。既要从实际出发，又要考虑政策目标上适度高于实际和社会舆论的影响力与市场主体的承受力。更重要的是，这一规划确定后不是一成不变的，是需要在实施过程中动态调整的。

### 三、我国新能源汽车产业政策指标体系完成情况的综合分析

根据以上分析，笔者将截至 2015 年我国新能源汽车产业完成政策确立目标的综合情况分析如下：

（1）对 10 个一级指标按照权重分别设置一个分值，总分值为 100 分。其中产业化指标、技术指标、配套能力指标、财税指标、管理制度指标为核心指标，其权重较大，分值较高，依次为 15 分，15 分，15 分，20 分和 10 分。之所以将财税指标设置的分值最高，主要是因为财税政策是这几年我国新能源汽车产业政策中最多的政策，所产生的效果也最明显。

（2）对应着一级指标，对 40 个二级指标也依照权重分别设置一个

分值，总分值为 100 分。

（3）对应实际完成情况对每一个二级指标进行打分，具体得分情况详见表 2.10。

表 2.10 我国新能源汽车产业指标完成情况得分表（截至 2015 年）

| 一级指标 | 二级指标 | 完成情况（得分） |
| --- | --- | --- |
| 产业化指标（15 分） | 新能源汽车年产销量（4 分） | 4 分 |
| | 新能源汽车保有量（4 分） | 4 分 |
| | 新能源汽车试点示范工程（3 分） | 2 分 |
| | 新能源汽车充电商业模式（2 分） | 1 分 |
| | 新能源汽车销售与使用商业模式（2 分） | 1 分 |
| | 本项小计 | 12 分 |
| 技术指标（15 分） | 燃料经济性指标（4 分） | 2 分 |
| | 核心技术指标（4 分） | 1 分 |
| | 研发能力和水平指标（4 分） | 2 分 |
| | 研发体系指标（3 分） | 1.5 分 |
| | 本项小计 | 6.5 分 |
| 配套能力指标（15 分） | 充电桩充换电站数量（4 分） | 3 分 |
| | 关键零部件技术水平（4 分） | 2 分 |
| | 关键零部件企业及规模（4 分） | 4 分 |
| | 平台建设（3 分） | 2 分 |
| | 本项小计 | 11 分 |
| 财税指标（20 分） | 财政补贴（10 分） | 9 分 |
| | 税收扶持政策（6 分） | 4 分 |
| | 政府采购（4 分） | 2 分 |
| | 本项小计 | 15 分 |
| 管理制度指标（10 分） | 市场准入（3 分） | 2 分 |
| | 标准体系（3 分） | 2 分 |

续表

| 一级指标 | 二级指标 | 完成情况（得分） |
| --- | --- | --- |
| 管理制度指标<br>（10分） | 考核办法（2分） | 1分 |
| | 电池回收利用（2分） | 0.5分 |
| | 本项小计 | 5.5分 |
| 金融服务指标<br>（5分） | 信贷管理和贷款评审制度（2分） | 1分 |
| | 多层次担保体系（1分） | 0.5分 |
| | 上市和多渠道融资（1分） | 0.5分 |
| | 设立节能与新能源汽车创业投资基金（1分） | 0分 |
| | 本项小计 | 2分 |
| 国际合作指标<br>（5分） | 国际合作研究（2分） | 1.5分 |
| | 向国外提交专利申请（1分） | 0.2分 |
| | 培育国际化品牌（1分） | 0.5分 |
| | 支持新能源汽车产品、技术和服务出口（1分） | 0分 |
| | 合作探索推广新能源汽车的新型商业化模式（1分） | 0.2分 |
| | 本项小计 | 2.4分 |
| 人才培养指标<br>（5分） | 建立多层次的人才培养体系，加大人才培养力度（1分） | 0.2分 |
| | 培养一批国际知名的领军人才（1分） | 0.1分 |
| | 培养技术研究、产品开发、经营管理、知识产权和技术应用等人才（2分） | 0.5分 |
| | 鼓励企业、高校和科研机构从国外引进优秀人才（1分） | 0.2分 |
| | 本项小计 | 1分 |

续表

| 一级指标 | 二级指标 | 完成情况（得分） |
| --- | --- | --- |
| 营造环境指标（5分） | 建立新能源汽车售后服务体系（1分） | 0.3分 |
| | 发展新能源汽车及关键零部件质量安全检测服务平台（1分） | 0.5分 |
| | 实行新能源汽车停车费减免、充电费优惠等扶持政策（1分） | 0.2分 |
| | 新能源汽车不限行、不限号、不限购（2分） | 2分 |
| | 本项小计 | 3分 |
| 规划实施指标（5分） | 产业规划（2分） | 1分 |
| | 建立协调机制，形成合力加快推进新能源汽车产业发展（1.5分） | 1分 |
| | 各部门的配套措施与目标任务（1.5分） | 1分 |
| | 本项小计 | 3分 |
| 一级指标合计总分（100分） | 二级指标合计总分（100分） | 61.4分 |

由表 2.10 可知，在满分为 100 分的情况下，我国新能源汽车产业指标完成情况的总分为 61.4 分，即刚过及格线。产业化指标得分 12 分，占该项总分的 80%；技术指标得分 6.5 分，占该项总分的 43.3%；配套能力指标得分 11 分，占该项总分的 73.3%；财税指标得分 15 分，占该项总分的 75%；管理制度指标得分 5.5 分，占该项总分的 55%；金融服务指标得分 2 分，占该项总分的 40%；国际合作指标得分 2.4 分，占该项总分的 48%；人才培养指标得分 1 分，占该项总分的 20%；营造环境指标得分 3 分，占该项总分的 60%；规划实施指标得分 3 分，占该项总分的 60%。完成较好的指标是产业化指标、财税指标和配套能力指标；完成情况排在后面的指标是人才培养指标、金融服务指标和国际合作指标。由此可得出以下一些结论：

（1）政策实施的效果与政策的密集度具有相关性。近几年，我国新能源汽车产业政策的重点主要集中在产业化进程、技术扶持、财政支持及配套能力建设上，因此，这些政策实施的效果要好些。而对于新能源汽车软环境的政策，如人才培养、国际合作、金融扶持、管理制度等方面则出台的较少，支持力度不够，因此，完成情况不是很理想，今后新能源汽车产业软环境的政策应当重点加强。

（2）政策的实施与政策目标的确定具有相关性。某一方面的政策中目标定得越多，实施的难度越大，因此，对于政策目标，除考虑其高度外，还应当考虑其数量，不宜订立得太多，努力实现关键少数目标即把握住了事物的本质。

新能源汽车产业政策是一个系统工程，对政策实施效果的评价方法也是多样的，笔者所采用的这一评价方法未必完全科学合理。但却有一个相对量的评价，而且通过这一评价，有助于完善我国新能源汽车产业政策，促进我国新能源汽车产业的科学发展。

**四、完善我国新能源汽车产业政策的建议**

针对当前我国新能源汽车产业发展现状、新能源汽车产业政策存在的主要问题及新能源汽车产业政策实施的效果评价情况，特提出如下几个方面的建议：

1. 尽快出台我国新能源汽车中长期发展规划

虽然，我国已出台了《节能与新能源汽车产业发展规划（2012—2020年）》，但这一规划一不适应当前的变化，且有必要单独出台关于新能源汽车产业的发展规划。因此，当前较为重要的是出台两个规划：一是关于我国新能源汽车发展的"十三五"规划，这一规划与我国国民经济和社会发展"十三五"规划相统一；二是关于我国新能源汽车发展的十年规划（截至2025年的发展规划），这一规划与《中国制造2025》相衔接。在这两个规划中，应当科学确定我国新能源汽车的发展目标、发展理念、发展措施、技术路线、保障措施等。这其中可以借鉴《技术路线图 2015 版》的有关内容。

2. 加快基础设施建设，将其置于优先发展的地位

众所周知，新能源汽车能否实现产业化，实现其发展目标，主要受制于基础设施的建设。要将其置于优先发展的地位，为此，应当从以下几个方面实施：（1）在政策上扶持基础设施的建设。以武汉为例，其计划按电网建设用地，给予新能源汽车充电设施用地优惠和保障，将来城市新建小区和公用大型停车场，均须按 20% 比例配置充电设施，对社会投资的交（直）流充电桩，按比例最高补贴可达 300 万元。因此，就中央财政而言，安排资金对示范城市给予综合奖励，奖励资金将主要用于充电设施建设等方面，是不够的，应该出台专门的建立和完善基础设施的政策，这一政策的内容应当包括：规划目标、具体措施和补贴办法等。（2）做好基础设施互联互通的工作。由于充电接口和基础设施不兼容的问题，给消费者带来了较大麻烦，关于基础设施互联互通的需求愈加迫切。基础设施互联互通分为三个层次：第一，在硬件层面上要确保充电接口的物理与电器的互联互通；第二，要确保充电交易结算的互联互通；第三，要让充电服务信息实现互联互通①。（3）将基础设施建设纳入城市及农村发展规划。唯有将新能源汽车的基础设施建设纳入到整个社会的发展规划中，渗透到小区建设规划、道路建设规划、城市和乡村发展整体规划中，才可能落到实处，使基础设施建设有序整体推进。

3. 着重发展新能源汽车动力电池产业

新能源汽车产业发展的核心和关键在于零部件产业的发展，新能源汽车的关键零部件是动力电池产业的发展。动力电池是新能源汽车的心脏。2015 年，我国动力蓄电池产业规模已位居世界前三位，在产品安

---

① 郭晨. 动力电池、基础设施、商业模式如何破题 [N]. 中国汽车报，2016-02-01（11）.

全、寿命和能量密度等方面都取得了较大进展。但在性能、质量和成本等方面还不能完全满足我国新能源汽车推广普及的需求。为此，应当做好以下几个方面的工作：（1）应当尽快开展锂离子电池升级工程，加大研发，提高电池的单体能量密度和系统能量密度；（2）应当进行资源整合，形成产业联盟，共同投入，建设世界一流的测试中心，加强对动力电池的测试工作；（3）应当从能耗上下工夫，提高每度电的行驶里程，至少应当实现 10 千米的目标，这就需要继续降低风阻，实现轻量化，进行能效管理。

### 4. 运用好新能源汽车的补贴政策

当前，我国关于新能源汽车补贴政策的实施主要有以下几个特点：一是采取了退坡机制；二是中央财政补贴与地方财政补贴同时并举；三是主要对私人购买新能源汽车和公共领域购置新能源汽车给予补贴，对公务购买新能源汽车通常不予补贴；四是试点地区购买新能源汽车给予补贴，没有纳入试点地区的购买新能源汽车则不予补贴。笔者认为，以上的一些措施还是值得商榷的：（1）退坡机制的实施有操之过急之嫌，应当在严格限定新能源汽车补贴标准和种类的基础上，对新能源汽车的补贴维持一段时间，这主要是因为当前我国尚不具备实施新能源汽车市场化的条件，政府的补贴政策应当具有持续性和稳定性。（2）由于地方财政补贴是由地方政府决定的，这就导致有的地方给予补贴，有的地方不给补贴，这显然对新能源汽车的销售和推广极为不利。某种意义而言，对新能源汽车的推广已上升为国家的战略，笔者建议对新能源汽车的补贴主要是国家财政的补贴，应当加大国家财政的补贴力度，取消地方财政的补贴，以减少地方财政的负担。（3）尽快取消对新能源汽车补贴政策的试点，在全国范围内推广开来，其理由同第（2）点。（4）加大补贴的范围，将其扩充到任何购买者，不仅限于私人购买和公共领域的购买。最近，河北省发布了《加快新能源汽车产业发展和推广应用的若干措施》，该措施指出：将机关公务用车、机要通信车、执法执勤巡逻车、环卫车、邮政车、校车、城乡公交车、城市物流派送车、出租车等九类新能源汽车纳入公共服务领域范畴，在推广期内省级财政按照国家补贴标准1∶1比例对购车用户予以补贴。河北省的规定实质上扩大了对新能源汽车的补贴范畴，值得效法。

5. 进一步完善新能源汽车的税费政策

笔者认为，关于新能源汽车产业的税收扶政策应当进行系统化考虑：（1）在现有税种体系内，对以新能源汽车为这跟你睡对象的税种实施减免税；（2）对传统能源汽车开证环保税或排放税；（3）重点是对新能源汽车产品（含整车和零部件）生产企业给予增值税、企业所得税的税收优惠，以达到减轻新能源汽车企业税收负担的目的；（4）对新能源汽车的税收优惠与费用减免同步进行，着重实施对新能源汽车免停车费、过路费，取消对新能源汽车的限行、限牌等规定。

6. 加大对新能源汽车人才培养和储备的力度

归纳起来，对新能源汽车人才的培养主要以下几种途径：（1）高校培养新能源汽车的技术、管理、服务和营销人才。当前，不少高校都在传统的车辆工程专业、热能与动力工程专业尚添加了新能源汽车方向，为新能源汽车人才的培养进行了储备；（2）汽车企业自己培养新能源汽车人才。其主要途径是依靠自身的力量，对传统能源汽车人才进行改造，在实践中培养人才；（3）一些中介培训机构培养新能源汽车人才。笔者认为，对新能源汽车人才培养的主要途径应当是企业与学校实施产学研融合，联合培养效果最佳。实施联合培养既可以发挥学校已有的体系优势和智力优势，又可以结合企业的具体要求和提升实践能力。

# 第三章 基于发展战略的新能源汽车产业政策绩效评价研究

我国新能源汽车产业政策就层次而言可以简单地分为国家层面与地方层面。国家层面的新能源汽车产业政策主要是指国务院及其相关部门发布的关于新能源汽车的政策;地方层面的新能源汽车产业政策主要是指地方政府、地方部门发布的关于本地区新能源汽车的相关政策。国家层面与地方层面发布的新能源汽车政策关系如下:(1)地方层面新能源汽车产业政策往往是国家层面新能源汽车产业政策的延伸与细化,二者相互支撑,共同构成了立体式交互的新能源汽车产业政策体系。(2)国家层面新能源汽车产业政策的主要功能体现在全局上,具有全局性和国家战略的属性,其不仅对地方层面的新能源汽车产业政策具有指导性,而且还肩负着实现国家发展战略目标的使命;地方层面新能源汽车产业政策的主要功能体现在贯彻落实国家层面新能源汽车产业政策上及为地方经济发展和社会服务上。无论是国家层面的新能源汽车产业政策,还是地方层面的新能源汽车产业政策,均具有战略的属性。

## 第一节 基于国家战略的新能源汽车产业政策绩效评价研究

早在 2001 年"863 计划"节能与新能源汽车重大专项中确立了

"三纵三横"的发展框架。2007年，随着《新能源汽车生产准入管理规则》公布后，密集的关于新能源汽车的政策大量出台。2010年10月，国务院发布了《关于加快培育和发展战略性新兴产业的决定》，将新能源汽车列入七大战略新兴产业发展之列。至此，新能源汽车产业的发展上升为国家战略。2015年5月，《中国制造2025》将"节能与新能源"汽车作为重点发展领域，并提出了技术路线图。2016年11月，国务院印发了《"十三五"国家战略性新兴产业发展规划》，规划指出：大幅提升新能源汽车和新能源的应用比例，全面推进高效节能、先进环保和资源循环利用产业体系建设，推动新能源汽车、新能源和节能环保等绿色低碳产业成为支柱产业，到2020年，产值规模达到10万亿元以上。

## 一、国家战略的内涵

国家战略是战略体系中最高层次的战略。战略，是指为实现某种目标（如政治、军事、经济或国家利益方面的目标）而制订的大规模、全方位的长期行动计划。不同国家对于国家战略的定义各不相同，国家战略就是实现国家总目标而制定的，是实现国家目标的艺术和科学。指导国家各个领域的总方略。其任务是依据国际国内情况，综合运用政治、军事、经济、科技、文化等国家力量，筹划指导国家建设与发展，维护国家安全，达成国家目标。日本给国家战略下的定义是："为了达成国家目标，特别是保证国家安全，平时和战时，综合发展并有效运用国家政治、军事、心理等方面力量的方策"。我国学术界对国家战略尚无统一认定，有的认为，国家战略是建设和运用国家各方面的资源，以实现国家总目标而采用的方略。国家战略就是为实现国家的总目标而制定的。

可见，国家战略是为实现国家的总目标服务的，其包括为实现国家总目标的各种策略。大力发展新能源汽车产业是实现国家总目标的一项重要途径，为更好地发展新能源汽车产业，需在政策上予以引导、扶持和规制,新能源汽车产业发展状况反映了政策的效果,政策的效果又在一定程度上体现了国家战略的实现度。因此,基于国家战略的角度评价国家层面的新能源汽车产业政策是十分必要的。

**二、研究现状**

关于新能源汽车产业发展战略主要是从以下几个方面进行研究的:一是从国家战略的高度研究新能源汽车产业的发展战略。美国哈佛大学商学院著名经济学教授迈克尔·波特20世纪90年代提出了国家竞争优势理论,该理论指出,评价产业政策绩效的终极目标是产业政策是否提升了国家和企业的竞争力。朱劲松(2012)根据波特"钻石理论"中的四要素对我国新能源汽车产业进行分解分析,指出以动力电池为核心的技术突破和市场需求的开发是整个钻石体系建立的突破口,建立产业集群是目标,而竞争则是国家竞争优势得以维持和提升的关键①。抄佩佩、钟志华等人(2016)在全面对比国内外产业支撑政策及产品技术发展水平、总结评价我国产业优劣势的基础上,对我国新能源汽车发展战略路径(整体战略定位、重点技术路线、重点产业链、重大工程、"双引擎"驱动力)进行了思考,提出了相应的政策建议②。

二是从新能源汽车产业本身角度研究新能能源汽车的发展战略,如王小峰、于志民(2016)从发展战略的角度分析了纯电动汽车、混合动力汽车、燃料电池汽车的未来发展趋势③。王东升、王进丁(2015)

---

① 朱劲松. 基于国家竞争优势理论的我国新能源汽车发展战略研究[J]. 湖北社会科学,2012(8):77-80.
② 抄佩佩,高金燕,杨洋,胡钦高,钟志华. 新能源汽车国家发展战略研究[J]. 中国工程科学,2016(8):69-75.
③ 王小峰,于志民. 中国新能源汽车的发展现状及趋势中国新能源汽车的发展现状及趋势[J]. 科技导报,2016(17):13-18.

从产业管理、标准法规、科技创新、财税支持及其他政策等五个方面对我国节能与新能源汽车产业发展国家战略的政策支撑体系进行了研究。从战略角度指出，进一步完善产业发展所需的政策支撑体系，以加快培育和发展节能与新能源汽车产业，促进汽车产业优化升级，实现由汽车大国向汽车强国转变①。

三是从借鉴其他国家新能源汽车发展战略的角度研究我国新能源汽车的发展战略，如张政、赵飞（2014）基于目标导向差异的研究视角，通过中美新能源汽车发展战略的比较，指出应将环境改善提升到社会可持续发展的重要战略高度，作为发展我国新能源汽车的重要指导思想；通过竞争激活新能源汽车市场，发挥市场的基础配置功能，充分调动新能源汽车商业链各利益相关方的参与积极性；积极探索新能源汽车商业运营创新模式②。张钟允、李春利（2015）通过借鉴日本新能源汽车的相关政策，提出我国应将新能源汽车战略作为国家整体战略的重要组成部分，构建起主线与支线并存的交叉性综合政策体系③。

四是从企业的角度研究新能源汽车产业的发展，如朱三彬（2016）研究了力帆汽车新能源发展战略的转型④。田胜（2011）研究了宝马汽车的新能源发展战略⑤。

五是研究地方新能源汽车发展战略。陈晓勇、王谦（2011）在分析了常州市新能源汽车产业发展现状的基础上，指出了常州市新能源汽

---

① 王东升，王进丁. 我国节能与新能源汽车战略及政策体系 [J]. 汽车工程师，2015（11）：13-37.
② 张政，赵飞. 中美新能源汽车发展战略的比较研究 [J]. 科学学研究，2014（4）：531-535.
③ 张钟允，李春利. 日本新能源汽车的相关政策与未来发展路径选择 [J]. 现代日本经济，2015（5）：71-86.
④ 朱三彬. 力帆汽车新能源发展战略转型之路 [J]. 企业战略，2016（17）：5-6.
⑤ 田胜. 宝马汽车的新能源发展战略 [J]. 中国汽车界，2011（1）：72-75.

车产业存在的问题以及制约发展的因素,提出了创新新能源汽车产业管理体制、采取多元化技术路线、加大政府的政策扶持力度等实施常州市新能源汽车产业发展战略的具体对策①。如于音(2013)对吉林省新能源汽车发展所具有的优势、劣势,面临的机会、威胁进行了分析,提出了吉林省新能源汽车发展的总体战略②。

应当讲,对我国新能源汽车产业发展战略的研究是不够的,尤其是从国家和地方发展战略的视角研究得不够,而本书则基于发展战略的视角对我国新能源汽车产业政策的绩效进行了评价研究,弥补了这一缺憾。此外,没有学者基于国家战略的角度对我国新能源汽车产业政策进行系统的评价,事实上,是否符合国家战略恰好是我国新能源汽车产业政策出台的主要出发点和绩效评价的主要归宿点。既然新能源汽车产业已经上升为国家战略,则有必要从国家战略的角度系统评价已出台的新能源汽车政策,从国家战略角度完善国家层面的新能源汽车产业政策,协调国家层面与地方层面新能源汽车产业政策的关系,在我国构建各有侧重的立体式交互的新能源汽车产业政策体系。

### 三、研究意义

从国家战略的角度研究国家层面的新能源汽车产业政策至少应当具有以下几个方面的意义:一是进一步明确新能源汽车产业发展的国家战略构成;二是围绕着国家战略对已有的国家层面的新能源汽车产业政策进行系统评价,有利于进一步完善国家层面的新能源汽车产业政策;三是有利于汽车产业(含新能源汽车产业)的发展,这主要体现在核心技术的掌控、竞争力的提升、产业转型升级加快等方面;四是有利于降

---

① 陈晓勇,王谦.常州市新能源汽车产业发展战略研究[J].南京工业职业技术学院学报,2011(1):12-14.

② 于音.吉林省新能源汽车产业发展战略研究[J].经济研究导刊,2013(22):38-39.

低石油进口的依存度，保障国家能源安全。截至 2017 年，我国石油进口依存度高达 75% 左右，如果新能源汽车得到大规模推广，则可大幅度降低我国石油对外依存度，进而保障国家能源安全；五是有利于节能环保和绿色出行。新能源汽车推广可以有效缓解温室气体排放的压力，大幅削减车辆运行阶段大气污染物的排放，对改善城市空气质量，保障人群健康具有显著效果。

**四、新能源汽车产业国家战略的内涵**

既然新能源汽车产业是国家发展战略的构成部分，那么新能源汽车产业政策就应当体现国家发展战略的内涵。当前及未来一段时间国家发展的总目标是国家富强、民族振兴、人民幸福，实现中华民族的伟大复兴，即实现中国梦。这一总目标的核心是国家富强，国家富强需政治、经济、文化、科技等各方面的协调发展，而发展新能源汽车产业，不仅可以提升国家的经济实力，提高整体的技术水平，而且还可以节约能源，改善环境，改变人们的观念，推行低碳、环保、绿色的生活方式，从而影响人们的价值观念和文化生活。能源的节约、科技的进步必然影响到政治，特别是对国家的安全具有重大的意义。因此，将新能源汽车产业上升为国家战略，有其必然性，这一产业的发展将影响到整个国家政治、经济、文化、科技的各方面，将影响到国家总目标实现的进程。具体言之，国家层面的新能源汽车产业政策的主要目标是：（1）通过大力发展新能源汽车及新能源汽车产业，达到节能环保、降低石油进口依存度，提高国家能源安全的目标；（2）通过大力发展新能源汽车及新能源汽车产业，促进整个汽车产业，乃至制造业转型升级发展，实现由汽车大国向汽车强国的转变，实现制造大国向智造强国的转变；（3）通过大力发展新能源汽车及新能源汽车产业，带动新材料、高端装备制造、新兴信息产业、节能环保以及其他新能源产业的发展。众所周知，汽车产业的发展趋势是电动化、智能化、网联化，新能源汽车将高度融合新材料、信息电子、智能互联和云服务，汽车产业链将得到重塑；(4)通过新能源汽车产业的发展，绿色环保、能源节约、低碳出行的生活方式和文化得以普遍推行；(5)通过新能源汽车产业的发展，由汽车大国向汽车强国转变，我国也随之由经济大国向经济强国发展，国家富强、民族振兴、人民幸福，实现中华民族的伟大复兴的总目标越接近实现。

**五、基于国家战略的新能源汽车产业政策绩效评价**

政策服务于产业的发展，当这一产业上升为国家战略时，政策的制定、实施与评估则不仅应当从产业的发展角度考量，而且更应当考虑到国家战略目标的实现和国家竞争力的提升，主要体现在以下三个方面：

(1)是否有明确的新能源汽车产业发展规划及政策。

(2)政策是否有效地推动了新能源汽车产业的发展。具体的指标包括但不限于以下几个方面：每年新能源汽车的产销量及年增长率、新能源汽车的市场占有率、新能源汽车的推广应用情况（普及率）、新能源汽车保有量及保有率、国家的新能源汽车竞争力（根据技术、产业和市场等三个因素进行判断）、新能源汽车企业的核心竞争力、新能源汽车技术的发展水平（含专利状况）、新能源汽车产业市场机制的建立及运行情况等。

(3)政策是否有效地促进国家目标的实现。包括但不限于新能源汽车产业创造的价值、新能源汽车产业提供的就业情况、由新汽车导致的传统能源消耗量的降低、由新能源汽车导致的（包括生产制造汽车与使用汽车）碳排放量的降低、由新能源汽车导致的（包括生产制造汽车与使用汽车）污染量的降低、人们对低碳环保、绿色出行观念的接受程度、人们对低碳环保、绿色出行生活方式的践行程度等。

关于以上三个方面的绩效评价详见表3.1。

表 3.1　基于国家战略的新能源汽车产业绩效评价表

| 一级指标 | 二级指标 | 完成情况 | 得分 |
|---|---|---|---|
| 新能源汽车产业发展规划及政策（20分） | 发展规划（10分） | 我国有新能源汽车产业发展的短期规划，如《新能源发展战略行动计划（2014—2020年）》、《中国制造2025》、《节能与新能源汽车产业发展规划（2012—2020年）》、《电动汽车充电基础设施发展指南》等，但缺乏中长期发展规划 | 7分 |
| | 相关政策（10分） | 据中国汽车工业协会统计，截至2016年6月，国家共出台新能源汽车相关政策30项，其中推广政策7项，行业规范政策8项，充电基础设施政策4项，企业目录相关政策5项，行业管理相关政策6项。我国关于国家层面的新能源汽车产业政策是比较全面和丰富的，所缺乏的主要是政策的系统性、完整性、衔接性和延续性 | 8分 |
| 政策是否有效地推动了新能源汽车产业的发展（40分） | 产销量及增长率（5分） | 2015年我国新能源汽车的产量及销量分别达到34万辆和33万辆，2016年新能源汽车销量为25.7万辆，同比增长121%，2016年我国新能源汽车累计产销分别达51.7万辆和50.7万辆。当前，我国新能源汽车产销量及增长率位居世界前列 | 5分 |
| | 市场占有率（5分） | 新能源汽车市场占有率较低，2015年新能源汽车的产量仅占全年汽车总产量的1.39%，新能源汽车的销量仅占全年新能源汽车销量的1.34% | 2分 |

续表

| 一级指标 | 二级指标 | 完成情况 | 得分 |
|---|---|---|---|
| 政策是否有效地推动了新能源汽车产业的发展（40分） | 推广应用情况（5分） | 截至2015年8月，39个新能源汽车推广应用城市累计推广应用新能源汽车总量达15.96万辆，占各城市累计推广目标的47%。39个推广应用城市中，已完成推广目标的城市仅有4个：上海、杭州、长沙、合肥。而推广量不足千辆的城市达15个，甚至有3个城市推广量不足百辆。我国对新能源汽车的推广应用主要采取试点城市的办法，推广应用的渠道主要是公共交通，私人购买新能源汽车的比例不高，以电动车为例，当前仅为24.2% | 2分 |
| | 保有量及保有率（5分） | 截至2017年我国的新能源汽车保有量达到100.4万辆，占全球新能源汽车保有量的50%以上。截至2017年3月底，全国汽车保有量首次超过2亿辆，达200192782辆，因此新能源汽车的保有量占汽车保有量的0.5%。这一比例明显偏低 | 2分 |
| | 基础设施（5分） | 截至2015年底，我国已建成充换电站3600座，截至2017年5月，我国公共充电桩建设运营数量超过16.1万个，预计2020年充电桩将达到480万个，电动车与充电桩比值从现在的7∶1提升至1∶1。近几年，我国新能源汽车充电等基础设施建设得较快，主要分布在城市、高速公路、小区等地 | 3分 |
| | 企业竞争力（5分） | 一些新能源生产企业，如比亚迪、杭州长江汽车有限公司都已经具备10万辆产能的实力，也掌握了一些核心技术，但总体而言，我国具备竞争力的新能源汽车企业不多 | 2.5分 |

续表

| 一级指标 | 二级指标 | 完成情况 | 得分 |
| --- | --- | --- | --- |
| 政策是否有效地推动了新能源汽车产业的发展（40分） | 技术发展水平（5分） | 我国确立了"三纵三横"的研发布局，并在整车技术开发、关键零部件研发和共性研发技术平台建设方面取得了丰硕的成果，但在核心技术掌握上与国外相比较尚有差距，如我国近1000家电池企业大多没有掌握电池的核心技术 | 3分 |
| | 市场机制情况（5分） | 我国新能源汽车产业的发展几乎依靠政策的支撑，过于依赖政策已经成为被诟病的对象，我国目前尚未建立新能源汽车的市场机制，市场机制尚没有起到应有的功能 | 1分 |
| 政策是否有效地促进国家目标的实现（40分） | 创造的价值（5分） | 关于新能源汽车的产值没有具体的数据，《"十三五"国家战略性新兴产业发展规划》中指出，到2020年，新能源汽车产值规模达到10万亿元以上。2015年，我国新能源汽车产业总产值约为300亿元，我国新能源汽车行业市场规模为3.69万亿元。虽然，新能源汽车产业创造价值的增长幅度较大，预期较好，但与传统能源汽车比较起来仍然较小 | 3分 |
| | 提供的就业情况（5分） | 按照发达国家的惯例，汽车产能与汽车制造从业人员的比例为1∶0.6，汽车保有量与直接从事汽车技术服务的人数比例约为30∶1，因此，随着新能源汽车产业的发展，其对人才的需求会不断加大，提供的就业岗位会不断增多。目前的主要矛盾是新能源汽车人才短缺 | 4分 |

续表

| 一级指标 | 二级指标 | 完成情况 | 得分 |
| --- | --- | --- | --- |
| 政策是否有效地促进国家目标的实现（40分） | 国家竞争力（5分） | 据德国咨询机构罗兰贝格和汽车调查研究机构FKA共同实施的各国电动汽车竞争力调查结果显示，截至2017年第二季度，中国第一位，美国第二位，德国第三位。排名根据技术、产业和市场等三个因素进行判断，日本在技术和产业方面居第三位，中国在产业方面居第一位，在市场方面居第二位 | 4分 |
| | 由新汽车导致的传统能源消耗量的降低（5分） | 据不完全统计，交通耗能是我国社会主要能源消耗之一，其石油消耗总量占全社会石油消耗总量的30%以上。此外，汽车制造过程中的材料和能源消耗也是巨大的。目前尚没有数据显示由于使用新能源汽车导致传统能源消耗量降低的具体数额，由于新能源汽车目前保有量和使用率不高，因此这一效果没有显现 | 1分 |
| | 由新能源汽车导致的碳排放量的降低（5分） | 汽车尾气已成为大中城市温室气体的首要来源，据不完全统计，其比例超过了20%。目前尚没有数据显示由于使用新能源汽车导致碳排放量降低的具体数额，由于新能源汽车目前保有量和使用率不高，因此这一效果没有显现 | 1分 |
| | 由新能源汽车导致的污染量的降低（5分） | 汽车排放的主要污染物有一氧化碳（CO）、碳氢化合物（HC）、氮氧化合物（NOx）、二氧化碳（CO2）和微粒物（PM）。目前尚没有数据显示由于使用新能源汽车导致环境污染降低的具体数额，由于新能源汽车目前保有量和使用率不高，因此这一效果没有显现 | 1分 |

续表

| 一级指标 | 二级指标 | 完成情况 | 得分 |
|---|---|---|---|
| 政策是否有效地促进国家目标的实现（40分） | 人们绿色生活观念的接受程度（5分） | 当前，人们普遍接受了绿色环保的理念和绿色生活的观念，绿色、节能、环保不仅体现在政府的文件、报告和决策中，而且还体现在人们发自内心的认同 | 4分 |
| | 人们绿色生活方式的践行程度（5分） | 虽然人们普遍接受了绿色生活观念，但由于各种原因，通过购买和使用新能源汽车，践行绿色生活方式的人却不多 | 1分 |
| 合计 | | | 54.5分 |

就目前而言，基于国家战略的新能源汽车产业绩效评价结果不甚理想，这主要是因为我国尚处于新能源汽车产业起步阶段，新能源汽车产业的优势和带动效应尚没有发挥出来，新能源汽车产业的国家战略性应当进一步加强。随着国家将新能源汽车产业上升为国家战略，一些地方也正在考虑和实施将本地区的新能源汽车产业上升为本地区的发展战略，如将在本书后续阐述的武汉、襄阳、十堰等地均将新能源汽车产业作为了本地区的战略产业。

## 第二节　国外新能源汽车产业发展战略及对我国的启示

世界经济强国均已认识到发展新能源汽车的重要意义，均将其纳入了本国的发展战略中，从国家战略层面和企业层面开始实施。

## 一、世界一些国家的新能源汽车发展现状

1. 美国新能源汽车发展现状

2010年，美国新能源汽车销量为27.5万辆，2014年增长至57.0万辆，新能源汽车销售量呈现波动性增长，而2015年全年新能源车总销量仅为12.304万台，出现了下滑。就新能源汽车占全年汽车总销量的比例而言，2007年，美国新能源汽车销量占整体汽车销量的2.99%，2014年这一数值增长至3.47%。2015年，美国电动汽车总共销售约116548辆，其中特斯拉位居第一，其销量达到了2.21万台。2016年12月，美国电动汽车注册量达到了24635辆，2016年全年的累计销量接近16万辆，与2015年相比增长了37%。2017年8月，美国新能源乘用车销量达到1.7万，同比增长32%；2017年1—8月，新能源乘用车累计销量12.2万台，新能源乘用车已经占据了1.1%的市场份额。特斯拉在2017年1—8月间的全球新能源乘用累计销量排在第一位，销量达到了59263台。

福特计划到2020年实现新能源汽车销量占全球总销量的10%～25%、规划销量为65万～165万辆，以混动技术和插电式混动技术为主。通用集团则采取合作的方式进行新能源布局，与本田共同投资8500万美元，继续深入自2013年就开始的燃料电池和氢气储存方面的合作，并以合资公司的形式在2020年左右于美国布朗顿开始生产燃料电池系统。此外，通用还与PSA在电动汽车方面进行合作。

2. 日本新能源汽车发展现状

日本是最早开始发展电动汽车的国家之一。其新能源汽车产业的发展经历了起步阶段（1965—1977年）和高速发展阶段（1978—2010年）。1965年开始，日本启动电动车的研制，并正式将其列入其国家项目。1971年开始，日本政府多次投入巨额资金用于支持新能源汽车研发，仅燃料电池方面的开发投入就达200多亿日元。1993年起，日本

启动了 ECO-Station 项目，计划建立 2000 个替代能源汽车燃料供应站，其中包括 1000 个纯电动车快速充换电站，日本政府计划为此投入大约 140 亿日元。此后，日本重点发展混合动力汽车。1998—2008 年，日本丰田公司推出的 Prius 混合动力汽车极大地推动了国内新能源汽车的发展，2009 年之后，混合动力汽车在日本已经形成了完整的产业化运作，2011 年全球销售量已经突破了 100 万辆。2008 年后，日本又开始重视出电动汽车和燃料电池汽车的发展，其计划七年内对纯电动汽车投入 210 亿日元，通过开发高性能电动汽车动力蓄电池，在 2020 年前，将日本电动车一次充电的续驶里程增加三倍以上。实现到 2020 年把电动汽车的年销量提高到 80 万辆、混合动力汽车的年销量提高到 120 万辆的目标。可见，日本新能源汽车的技术路线经历了从纯电动汽车—混合动力—纯电动汽车的过程。当然，日本对燃料电池汽车的技术研发也日益完善①。另外，需要注意的是，日本政府对混合动力汽车和纯电动汽车的发展史同等重视的，而日本新能源汽车的发展正是主要体现在这两种新能源汽车上，详见表 3.2。

表 3.2　　2008—2012 年日本新能源乘用车销量统计（辆）

| 燃料类型 | 2008 年(辆) | 2009 年(辆) | 2010 年(辆) | 2011 年(辆) | 2012 年(辆) |
| --- | --- | --- | --- | --- | --- |
| 汽油 | 4298610 | 3642883 | 3747133 | 3089823 | 3782812 |
| 柴油 | 39217 | 30754 | 36945 | 31972 | 66500 |
| 混合动力 | 106870 | 348373 | 482342 | 442871 | 799612 |
| 纯电动 | 4 | 986 | 2359 | 12679 | 13332 |
| 汽油+液化石油气 | 108 | 40 | 4 | 1 | 1 |
| 总计 | 4444809 | 4023036 | 4268783 | 3577346 | 4662257 |

---

① 孙俊秀，陈洁，殷正远．美日欧新能源汽车政策辨析及启示［J］．上海管理科学，2012，34（2）：63-66．

2014 年，日本电动汽车销量达到了 32472 辆，位居全球第三位。2015 年，受油价等因素影响，日本的电动汽车销量有较大幅度下滑，仅为 25328 辆，比 2014 年减少了 22%。日产和三菱是日本电动汽车的主要生产厂家，日产的聆风和三菱 Miev 车系，以及三菱欧蓝德插电式混合动力 SUV，均受到了消费者的欢迎，特别是日产的首款量产电动车聆风自 2010 年 12 月上市至今，全球累计销量已突破 15 万辆，被称为"史上最畅销的电动汽车"。2016 年日本电动汽车销量达 22077 辆，比 2015 年下降 12%，日本电动汽车销量下滑的主要原因是低廉的油价以及可选车型较少。2017 年 1 季度，日本新能源汽车销量 13000 辆，同比增长 21%，截至 2017 年 8 月，丰田普锐斯插电式（即 Prius）累计销售 35109 台，位居世界第一。

　　日本车企在新能源领域的发展战略更侧重于技术路线的选择。丰田将其推广的插电式混合动力技术和燃料电池汽车的规划分为短、中、长期三个阶段：短期目标是扩充 HEV，中期目标是加快推进 PHEV，长期目标是在 2050 年消除发动机车型，并使 HEV 和 PHEV 车型占总销量的七成，FCV 和 EV 占三成；本田则通过与通用的合作使燃料电池车成为汽车业的"风口"；同为日系汽车制造商的日产计划到 2020 年，旗下超过 20%，约为 200 万辆车将实现零排放的目标，并且将通过雷诺、日产、三菱三大品牌的共享平台打造纯电动车型。

　　3. 欧盟新能源汽车发展现状

　　欧盟各国新能源汽车发展情形各不相同，以 2015 年为例，挪威仍然是欧洲第一电动汽车市场，销量达到 34336 辆，市场份额达到 22.8%。荷兰电动汽车销量大幅增加，2014 年市场份额只有 3.9%，2015 年就增加到 9.6%，法国电动汽车市场份额从 2014 年的 0.91% 升至 2015 年的 1.37%，瑞士从 2014 年的 0.75% 增至 1.98%，英国则从 2014 年的 0.56% 增至 1.03%，瑞典已达 2.62%，冰岛已达 2.80%，丹麦已达 2.29%。2015 年，英国电动汽车市场的销量猛增到 28188 辆，同比翻番。德国是最后一个没有直接推出电动汽车购买激励政策的主要西方国家，2015 年，德国的电动汽车销售排名第七，截至 2015 年底，德国电动汽车保有量约为 5 万辆。2016 年，欧洲销售的新能源汽车总量超过 50 万辆，达到 510090 辆，其中，纯电动汽车销售 90795 辆，增长 3%，插电式混合动力汽车销售 112999 辆，增长 17%，油电混合汽车 303506 辆，增长 29%。此外，2016 年欧洲市场还销售了 176730 辆其他替代燃料汽车，其中，包括以天然气、乙醇等替代燃料汽车。2016 年，纯电动销量最多的是法国，达到了 21751 辆，第二位是德国，达到了 11410 辆，第三位是英国 10264 辆。2016 年，插电式混合动力汽车销量最多的国家是英国，达到了 24714 辆，其次是荷兰，达到了 18612 辆，德国位居第三。2016 年，混合动力汽车销量排第一的是英国，紧随其后的是法国和意大利。2017 年 1—8 月，德国累计销售新能源乘用车 3.1 万台，占据了 1.4% 的市场份额。2017 年 1—8 月，挪威累计销售新能源乘用车 3.6 万台，占据了 35% 的市场份额。

大众集团将在 2025 年之前上市 30 款纯电驱动汽车，实现电动汽车年销量 200 万~300 万辆；奔驰集团则在新能源汽车开发上增加了最多 100 亿欧元的投资，预计在 2025 年之前推出 10 款电动车型，规划销量为 45 万~75 万辆，将占整体销量的 15%~25%；宝马则将新能源汽车的销量计划定为总体销量的 15%~25%、规划销量为 30 万~50 万辆，包括纯电动汽车和插电式混合动力汽车。除此之外，宝马还计划在 2021 年推出一款续航里程较短的燃料电池汽车。

## 二、世界一些国家新能源汽车产业发展战略

1. 美国的新能源汽车产业发展战略

2009 年，奥巴马政府将新能源汽车产业发展的重点放在了电动汽车方向上，推出了汽车补贴制度（CARS），又被称为"旧车换现金"项目。这一项目的主要内容是鼓励汽车制造商生产更省油的汽车，购买低油耗汽车的消费者会获得 3500~4500 美元的代金券。并

给予新型电动汽车整车及电池和零部件的研发 24 亿美元的资助补贴。据悉，联邦政府的这笔资金分别划给了 25 个州的 48 个项目。随后，政府有增加投入 60 亿美元用于电动汽车的扶持。2011 年 2 月底，奥巴马提出：到 2015 年，插电式电动汽车及插电式混合动力汽车的保有量，要达到 100 万辆，力争在 2022 年之前的 10 年内，由美国率先在全球推出价格可与内燃机汽车相匹敌的纯电动汽车。事实上，2015 年奥巴马的目标并未实现。2011 年 5 月，美国政府开始采购第一批纯电动汽车，为联邦政府公用车队购置 116 辆新能源汽车，这 116 辆电动车将被分配到美国 5 大城市 20 个部门，并且在相应地区建设了联邦政府充电基础设施，2015 年开始，美国联邦政府将仅采购纯电动、混合动力或其他新能源汽车作为政府用车，目前美国政府用车的数量约为 60 万辆。2012 年，美国启动了 EVEverywhere 电动汽车国家创新计划。该计划将通过支持多项关键技术，如高性能锂离子电池材料、插电式车辆技术、轻量化技术等，来达到 5 年收回车辆附加成本的目标①。2012 年 8 月 28 日，美国交通部和环保署共同出台了 2017—2025 年燃油经济性法规 CAFE（Corporate Average Fuel Economy），该法规要求，在未来 13 年里，美国汽车企业生产的汽车平均燃油消耗量达到 4.3L/100km（54.5 英里/加仑），与美国现行标准相比，新车平均燃效标准提高近一倍。

事实上，美国早在 1993 年就开始着手发展混合动力汽车，随后又将重点放在电动汽车的发展上，美国将动力电池作为其"电动汽车无处不在大挑战蓝图"的重要组成部分，并制定了相关系统技术指标，计划到 2017 年电池能量密度提高至 250Wh/kg，在 2017—2027 年进行后锂离子电池技术开发，实现商业化应用。在自动驾驶技术上，谷歌不仅推动了与自动驾驶汽车有关的立法，而且还建立了一支自动驾驶汽车车队。目前其独立出来的自动驾驶技术公司 Waymo 在激光雷达技术上

---

① 马力. 昨天步履蹒跚，明日路在何方 [J]. 汽车科技，2013 (5)：56-59.

不仅提高了精度，还实现了成本降低，并将在后续规模化的量产中实现进一步成本下降。可见，目前美国新能源汽车发展的重点是电动汽车，其利用《企业燃油经济性标准（CAFE）》控制汽车企业生产的汽车平均燃油消耗量，税额抵免是美国重点使用的一项新能源汽车优惠政策，通过低息贷款的方式支持汽车企业的发展，对新能源汽车研发直接给予资金的扶持。

2. 日本的新能源汽车产业发展战略

2007年3月，日本新能源产业技术综合开发机构（NEDO）公布了5年投入约100亿日元开发适用于PHEV和EV的高性能充电电池的项目计划。同年，经济产业省资源能源厅制订了"新一代汽车及燃料计划"：提出"到2030年，将交通运输领域石油依赖度降低到80%"目标的具体手段，以及实现"新一代电池、清洁柴油、氢燃料电池、生物燃料，利用IT技术创建世界一流友好型汽车社会构想"发展战略的具体措施。

2009年4月1日起，日本开始实施"绿色税制"，它的适用对象包括纯电动汽车、混合动力车、清洁柴油车、天然气车以及获得认定的低排放且燃油消耗量低的车辆。2009年6月，日本政府启动"新一代汽车"计划，该计划力争在2050年使环保型汽车占据汽车市场总量的一半左右。购买"新一代"汽车可享受免除多种税赋优惠。同年，日本建立了"举国研发体制"：NEDO选定了以京都大学为核心的日本国内7所大学、3家研究机构和拥有12家企业为All Japan执行机构的第一批成员，几乎囊括了日本汽车和电池领域产业和研发方面全部的顶尖力量。

2010年，经济产业省制定了"新一代汽车战略"：到2020年在日本销售的新车中，实现电动汽车和混合动力汽车等"新一代汽车"总销量比例达到20%~50%的目标，并计划在2020年前在全国建成200万个经济产业省个普通充换电站、5000个快速充换电站①。日本政府

---

① 张天舒. 日本新能源汽车发展及对我国的启示［J］. 可再生能源，2014（2）：246-252.

在能源基本规划中，设置了 2030 年前引入 530 万部家用电池能源的目标，并计划到 2015 年底在首都圈等地区建设 100 个氢能源站，为燃料电池车的普及打下环境基础。日本政府计划到 2030 年新能源汽车的汽车销售比例达到乘用车的 50%~70%，未来，日本不只是发展插电混合动力汽车，还有氢气燃料电池汽车的研发和生产，在家用燃料电池的普及和推广后，燃料电池汽车开始销售，加氢站的建设等。在 2017 年 3 月，日本对路线图进行了修订，并对新目标设定及达成举措进行了具体化。

可见，在政策方面，在 2008 年之前，日本政府重点扶持混合动力汽车，2008 年之后，在继续扶持混合动力汽车的基础上，重点支持纯电动汽车和燃料电池汽车的发展。日本对新能源汽车给予扶持的主要措施是给予相应的补贴，如私人购买电动车，政府补助电动车与燃油车价格差额的一半平均约 78 万日元，地方政府也相应追加补贴如横滨市就再补助 100 万日元。

3. 欧盟的新能源汽车产业发展战略

欧盟在 2003 年发布了《欧洲未来氢能图景》，并制订了《欧盟氢能发展路线图》。这些措施都有力地推动了电动汽车在这些国家的研发和产业化，增强了其本国汽车工业的技术竞争力。欧盟委员会于 2007 年 1 月公布了"新欧洲能源政策"，目标是到 2020 年，将温室效应气体排放量降低到至少低于 1990 年的 20%，将能源消耗中可再生能源（生物资源、风力、水力、太阳能）的比例提高到 20%；同时将今后 7 年欧盟能源领域的研究开发预算提高 50%（从 1 年 5.47 亿欧元增加到 8.86 亿欧元）。2009 年 3 月 9 日，欧盟委员会宣布，欧盟将在 2013 年之前投资 1050 亿欧元支持欧盟地区的"绿色经济"，促进就业和经济增长，保持欧盟在"绿色技术"领域的世界领先地位。欧盟委员会 2010 年 11 月 10 日发布了未来十年欧盟新的能源战略——《能源 2020：有竞争力、可持续和确保安全的发展战略》。根据新的战略，欧盟未来 10 年将从五大重点领域着手确保欧盟能源供应：第一，建设"节能欧洲",以交通和建筑两大领域为重点推动节能革新,促进能源行业的竞争,提高能源效率。通过节能行动,实现欧盟国家平均家庭每年节约1000欧元的能源费用。第二,推进欧盟能源市场一体化进程,制定统一的能源政策,在未来5年内完成泛欧能源供应网络的基础设施改造,主要是成员国内部以及成员国与成员国之间的天然气管道建设、供电网络建设、新能源网络建设,把欧洲所有地区纳入统一的能源供应网。第三,制定和完善"消费者友好型"能源政策,为全体欧洲人提供安全、可靠、负担得起的能源。第四,确保欧盟国家在能源技术与创新中的全球领先地位。第五,强化欧盟能源市场的外部空间,把能源安全与外交相结合,对外用一个声音说话,与主要能源伙伴开展合作,并在全球范围内促进低碳能源技术的应用。2011年3月28日,欧盟委员会又发表了一份名为《单一欧洲交通运输区路线图——发展具有竞争力、资源节约型运输体系》的白皮书,提出到2050年欧盟交通运输业的温室气体排放量要在1990年基础上减少60%,届时,使用汽油或柴油的传统汽车将在欧洲的城市交通中被逐步淘汰掉。

可见,欧盟主要从能源和排放方面制定目标和指标迫使各国发展新能源汽车,为此,德国强调的是"零排放车",通过"零排放车"保障公民健康的空气质量,彻底切断由交通而产生的二氧化碳。德国政府制订了国家电驱动平台计划以推动动力电池的发展,计划在2017年实现110Wh/kg的能量密度和300美元/kWh的成本,在2020年实现130Wh/kg的能量密度和280美元/kWh的成本。在此阶段电动汽车实现基本设施建设,同时,电池成本不断下降,预计2022年电动车成本与内燃机车辆持平。英国政府向"低碳汽车项目"投资3亿英镑以支持新能源汽车的发展。2009年,英国政府还保证将提供10亿英镑的贷款,以此来资助研制环保型汽车。法国政府2009年10月1日公布了旨在发展电动车和充电式混合动力车的计划,最终目标是在2020年前生产200万辆清洁能源汽车。2010年1月,法国政府宣布将实施"发展电动汽车全国计划"。预计到2020年,该国将推广200万辆电动汽车。

法政府将为此投入 15 亿欧元以上，主要用于建充换电站。此外，在欧洲有 13 家公司联合成立氢理事会，每年将共同投资超过 10 亿美元，以帮助加速燃料电池技术的发展。

### 三、世界一些国家新能源汽车战略对我国的启示

1. 发展新能源汽车产业已经成为一些经济强国的发展战略

纵观美国、日本、欧盟等国家和地区，均是通过国家的法令或政策指引、规制和支持本国新能源汽车的发展，特别是扶持新能源汽车的力度空前，大多采用给予财政补贴、税收优惠、研发投入等方式进行。这种整合国家资源，重点扶持新能源汽车发展的做法就是实施国家战略的具体体现。为此，我国应当予以借鉴，通过整合国内相关资源，有效地促进新能源汽车产业的发展。

2. 新能源汽车产业战略实施的核心是政策、技术和市场

世界发达国家和地区均出台了扶持和促进新能源汽车发展的各项政策，都对新能源汽车技术的研发给予高投入，都鼓励新能源汽车企业掌握核心技术，都积极培育新能源汽车销售和服务市场。目前，不少业内人士认为，我国新能源汽车产业发展主要得益于政策的鼓励和扶持，在技术和市场方面较为薄弱。笔者认为，新能源汽车产业的发展离不开政策与市场的共同作用，而技术又是新能源汽车的核心，我国的新能源汽车政策虽然较多，扶持的力度也较大，但政策本身也存在一些不完善之处。我国新能源汽车产业的发展正处于导入期，这一期间仍然应当以政策扶持与引导为主，同时积极培育市场。当我国新能源汽车产业进入成长期，初步形成产业化之际，则逐步发挥市场的调节功能。无论哪个阶段，技术始终是应当受到重视的。政策、技术和市场应当协调发展，共同发挥各自的作用，才能有效地促进新能源汽车的科学发展。

3. 通过确立燃油经济指标及碳排放目标的方法促进企业自觉实施新能源汽车战略

2012年8月28日，美国交通部和环保署共同出台了2017—2025年燃油经济性法规CAFE（Corporate Average Fuel Economy），该法规要求，在未来13年里，美国汽车企业生产的汽车平均燃油消耗量达到4.3L/100km（54.5mpg），与美国现行标准相比，新车平均燃效标准提高近一倍。日本则提出，到2030年，将交通运输领域石油依赖度降低到80%。欧盟则提出到2020年，将温室效应气体排放量降低到至少低于1990年的20%，将能源消耗中可再生能源（生物资源、风力、水力、太阳能）的比例提高到20%。这些目标提出后都分解到了企业上，特别是汽车企业有着各自的节能降耗和碳排放的指标和计划，各企业为完成这些指标不得不抓紧对新能源汽车的发展，唯如此才能降低能源消耗和碳排放量。这种将未来若干年应达到的指标分解到企业，给企业压力，使企业自觉发展新能源汽车的做法值得我国借鉴。

4. 充分发挥地方政府在新能源汽车产业发展中的积极作用

我国新能源汽车产业发展的主要制约因素之一是地方政府的牵制，具体体现如下：（1）地方保护主义是的新能源汽车难以形成全国统一开放的市场；（2）对于新能源汽车的生产销售，有些地方有财政补贴，有些地方没有财政补贴，人为造成了新能源汽车的不公平竞争和难以普及，以至于出现了在十堰购买新能源汽车的要到武汉上牌照，否则无法享受补贴；（3）地方政府多注重对生产制造新能源汽车给予政策扶持和财政补贴，相对忽略了技术研发和私人购买的支持，没有新能源汽车产业的地方政府，则更加没有私人购买新能源汽车的扶持，也没有建立充电桩等新能源汽车基础设施的方案和行为。建议国家出台政策，要求地方政府在新能源汽车推广普及上采取统一的扶持政策，对新能源汽车的生产企业可以依据各地不同情况有着不同的鼓励支持措施。

5. 科学确立新能源汽车的技术路线

虽然美国、欧盟重点发展电动汽车，但是在燃料电池车、混合动力汽车、天然气、乙醇等替代燃料汽车的发展上也高度重视。对新能源汽车技术路线的确定不是唯一的，在有所侧重的同时鼓励多种类、多类型的新能源汽车发展。此外，新能源汽车越来越与电池技术、无线充电技术、自动驾驶技术、智能网联技术、轻量化技术、3D打印技术相融合。新能源汽车的发展将带动汽车产业的转型升级。

6. 适时限制传统能源汽车的发展

就新能源汽车产业发展而言，仅从鼓励和扶持的角度促进其发展是不够的，还应当通过适当适时限制传统能源汽车的发展，进而增进新能源汽车发展的速度。如挪威提出在2025年起禁止销售燃油车。德国提出，到2030年有可能将禁止出售传统内燃机汽车，达到新车零排放的目标。这些目标的提出，倒逼企业未雨绸缪，早日转型，也使消费者有心理准备，尽早接受新能源汽车。

# 第四章 湖北省新能源汽车产业政策绩效评价及完善研究

湖北汽车产业发展处于全国前列，有着发展新能源汽车产业的良好基础。近几年湖北新能源汽车产业发展呈现出良好的势头，特别是武汉和襄阳发展的较好。通过对湖北新能源汽车产业政策绩效评价的研究，提出进一步完善湖北新能源汽车产业的政策，必将会促进湖北新能源汽车产业的发展和湖北整个汽车产业的转型升级。

## 第一节 湖北省新能源汽车产业发展现状

湖北作为我国三大传统汽车工业基地之一，具有发展新能源汽车产业的良好基础。近年来，湖北省新能源汽车产业化发展加快，成为全省汽车产业新的增长点。截至 2014 年底，全省已有 4 家企业近 70 款新能源汽车列入国家《节能与新能源汽车示范推广应用工程推荐车型目录》，全年实现新能源汽车销量 1537 辆。

### 一、湖北省新能源汽车产业发展总体情况

湖北省新能源汽车不断整合上下游资源，创新商业模式，加快推进示范推广应用及基础设施建设，2015 年累计产量达 1.4 万辆，同比增

长 9.1 倍。其中，东风汽车公司在鄂产量 1.2 万辆，同比增长约 10 倍。一批重点骨干企业如湖北新楚风汽车股份有限公司、程力专用汽车股份有限公司、武汉九通汽车公司、武汉客车股份有限公司、世纪中远专用汽车公司、湖北精功科技有限公司、武汉市汉福专用车有限公司等纷纷进入新能源汽车领域，积极开发新能源汽车产品。武汉经开投资公司控股东风扬子江公司，收购武汉斯贝卡专用汽车公司和山东沂星汽车公司组建武汉东湖新能源汽车集团，开始新能源汽车全产业链布局。骆驼集团重组宇清科技公司，推出电池、电机一体化新能源汽车动力系统解决方案，进一步完善了产业链。东风风神 E30L 纯电动轿车、东风天翼纯电动城市客车在电机、电池、电控等关键技术上获得国家专利 102 项，天翼纯电动、插电式混合动力客车还实现了汽车光伏发电技术的嫁接。襄阳宇清传动科技有限公司承担的国家 863 科技计划项目"插电式商用车用电驱"。"插电式商用车用电驱动自动变速驱动系统"顺利通过科技部验收，解决了插电式混合动力汽车整车控制策略、动力总成控制技术、电驱动控制技术、发动机和电机之间动力的转换和衔接技术等难题，实现了驱动系统集成化，技术达到国际先进水平。华中科技大学牵头研制的"面向汽车与航空产业发展的装备及自动化生产线应用示范"项目获得国家专利 51 项，在汽车车身、动力电池焊接和模具强韧化/再制造等复杂核心零部件研制上获得应用。

## 二、部分城市新能源汽车发展情况

武汉和襄阳的新能源汽车发展情况将在后续章节中有详细论述，在此仅论述随州和宜昌的新能源汽车发展情况。

1. 随州新能源汽车发展现状

随州是我国专用车生产、设计、研发和销售主要基地之一，是中国的专汽之都，目前，随州专汽企业可生产涵盖八大类、5000 多个国家公告内专用车品种，汽车零部件 800 多个品种、1500 多个规格。以传感器、智能化自动控制系统、工业机器人、精密传动装置等为代表的新型装备及技术在产品生产中得到充分运用，高技术含量、高附加值产品大量涌现。随州高新区专用汽车生产的罐式车、环卫车、教练车、平头车身、钢质车轮和汽车铸造件连续6年产量全国第一，聚集了24家专汽资质生产企业，30千米专汽走廊沿316国道延伸，规模宏大。2014年，高新区专汽产值达265.1亿元。随州还设有"湖北省专用汽车研究院"，该院已开展新能源汽车、汽车轻量化、救灾应急车等多个项目的研发工作，取得了一定的成绩。随州在2014年底推出了"大力新能源汽车产业园"项目，该项目由湖北大力客车股份有限公司投资建设，产业园占地16.5万 m²，总建筑面积7万 m²，共建设新能源汽车、客车、专用汽车三大系列、六条汽车产品生产线，并建成新能源汽车产品研发中心、汽车产品综合性能检测中心等。目前，该产业园正在招商和建设之中。综上，随州的专用汽车正在转型升级，对新能源汽车仅限于研发和投资启动阶段，当然，随州具有得天独厚的风电资源，这为今后新能源汽车的发展奠定了良好的基础。

2. 宜昌新能源汽车发展现状

宜昌市位于湖北省西部，地处长江中上游结合部，渝鄂湘三省市交汇地，上控巴蜀、下引荆襄，以"三峡门户"、"川鄂咽喉"著称。1994年，宜昌被国务院批准为沿江开放城市，并被列入长江三峡经济开放区。在长江经济带中，宜昌东接武汉，西连重庆，是东部发达的经济科技与西部丰富资源的结合部，是国家实施西部大开发战略由中线进入西部的起点，是西部大开发的"东大门"，也是湖北"大三角"战略的一个重要支撑点。宜昌是世界水电之都，有世界上最大的三峡水电站，宜昌全市水能开发总量达3000万 kW 以上。虽然丰富的水力资源为新能源汽车的发展提供了适宜的条件，但宜昌的新能源汽车发展尚处在起步阶段，宜昌的新能源汽车企业主要有两家：一是欧赛新能源科技有限公司，该公司2008年进驻宜昌，该公司生产的磷酸铁锂正极材料及其动力电池，主要用于电动汽车、摩托车、自行车、太阳能路灯、电力、通讯等储能系统以及摄像机、笔记本电脑、电子记事本、各种便携式电子设备等；二是凯瑞德电瓶车有限公司，该公司于 2015 年 8 月 29 日与宜昌市夷陵区政府签约，计划投资 1 亿元人民币，占地 2 万多 $m^2$，新上 4 条生产线，主要生产电动观光车，高尔夫球车，电动巡逻车，电动环卫车，电动消防车等产品。整个项目建成后将形成年产 6000 台四轮电动车的规模。此外，目前宜昌地区还未普及充电点和充电桩，新能源汽车的车主一般只能使用随车配备的车载充电器对车充电。综上，宜昌的新能源汽车发展尚处在起步阶段且任重道远。

### 三、湖北新能源汽车发展现状特点

纵观湖北新能源汽车发展现状，有以下几个特点：一是就地域而言，武汉和襄阳在新能源汽车发展方面走在了前列，属于第一集团，十堰、随州、宜昌的新能源汽车尚在起步阶段，属于第二集团，其中，十堰基础条件较好，在新能源汽车发展方面具有较大潜力，宜昌具有发展新能源汽车充足的电力条件，随州在新能源专用汽车方面有着广阔的发展前景。二是就新能源汽车发展技术而言，主要是电动汽车和混合动力汽车，湖北的混合动力汽车走在了全国的前列，具有发展优势。三是就新能源汽车的应用推广而言，主要是在公共交通上，特别是武汉、襄阳的大多数公交线路都使用了新能源公交车，十堰、宜昌等地也开辟了新能源公交车线路。事实上，当前新能源汽车推广使用的主要领域除了公共交通外，还有政府公务用车、出租车、景区用车、私人用车等，湖北在私人使用新能源汽车上尚未形成氛围，私人购买新能源汽车规模小，除武汉襄阳有私人购买新能源汽车地方补贴政策外，别的城市尚未出台，故不少城市尚没有出现新能源汽车的牌照，在公务用车上，新能源汽车所占比重较小，有增加的巨大潜力，武汉的出租车大量的是天然气汽车，适宜的景区基本上都使用了电动汽车。四是就基础设施建设而言，湖北新能源汽车的基础设施尚不完善，大型充换电站和小型充电桩数量小，极大地限制了私人对新能源汽车的购买和使用。五是就新能源汽车生产企业而言，无论是整车还是零部件生产企业，主要集中在武汉和襄阳，仅有几家在十堰，且规模较小，截至2014年底，全省有4家企业近70款新能源汽车列入国家《节能与新能源汽车示范推广应用工程推荐车型目录》，全年实现新能源汽车销量仅1537辆。就产品而言，主要是客车和纯电动汽车，品牌有如东风汽车、扬子江汽车、东湖新能源汽车等6个新能源汽车品牌。六是就新能源汽车科研基础而言，湖北在新能源汽车研发领域研究基础雄厚，省内的东风汽车公司、相关高等院校和科研院所成为新能源汽车技术研发的核心力量。在新能源汽车关键零部件研发领域，武汉大学、华中科技大学、武汉理工大学等院校，积极与企业展开合作，在电动车动力电池及电池管理系统、电池正极和负极材料、机电耦合装置、电机及其控制系统、高可靠控制器、传感器、执行器、能量优化管理系统等领域进行研发。如由东风汽车公司牵头实施的国家863计划项目《东风混合动力电动城市客车的开发》成功攻克了混合动力客车动力系统技术平台的关键技术，成功开发了拥有完全自主知识产权的混合动力客车产品。

## 四、湖北新能源汽车产业发展存在的主要问题分析

虽然，湖北的新能源汽车发展取得了大量的成绩，但也存在一些问题，主要如下：（1）湖北新能源汽车产业发展不均衡。这一点主要体现在地域与产品上。就地域而言，湖北的武汉和襄阳两城市新能源汽车发展情况较好，十堰、随州、宜昌虽然具有一定的基础，但没有发展起来，其他城市尚未起步。以黄石为例，当地只有一家北汽新能源汽车经销商，同时销售北汽和东风两种品牌的电动汽车。由于黄石市政府没有新能源汽车补贴，这家4S店不得不挂邻近的武汉市牌照在黄石卖车，这样可以获得武汉市新能源汽车补贴。即便如此，新能源汽车在黄石的销售情况很不好。就产品而言，湖北内的新能源汽车主要是混合动力汽

车和电动汽车,对燃料电池汽车及其他形式的新能源汽车发展不够。新能源汽车零部件的核心技术研发和掌握不够,一些产品虽然本地化,但技术主要依赖进口。(2)湖北新能源汽车发展没有形成产业化。新能源汽车产业化需产业链条的各个环节都有发展,在新能源汽车设计、制造、销售、售后服务、报废回收等方面均产生着价值。而目前,湖北的新能源汽车产业发展主要集中在生产和销售领域,即便是销售领域,关于营销模式的创新仍然不够,没有拓展到产业链的前端和后端。(3)湖北新能源汽车产业的基础设施建设不能满足新能源汽车发展的需求,特别是私人购买而言,除试点城市武汉和襄阳外,其他城市较少,究其主要原因之一就是新能源汽车基础设施缺乏。(4)湖北新能源汽车产业人才相对缺乏。武汉主要缺乏的是高端人才,武汉之外的城市,各类别和个层次的新能源汽车人才均较为缺乏,然而,随着新能源汽车产业的发展,对人才的需求会越来越迫切,缺乏人才的支持,新能源汽车产业发展就缺乏后劲。

### 五、湖北新能源汽车产业科学发展的建议

针对湖北新能源汽车产业发展现状和存在的主要问题,特提出如下科学发展湖北新能源汽车产业的建议。

1. 制订湖北新能源汽车产业发展规划和发展战略

就"十二五"规划而言,湖北有"十二五"汽车产业发展规划,但却没有专门的新能源汽车产业发展规划。当前,即将进入"十三五"开局之年,专门针对新能源汽车产业制订"十三五"规划和发函战略异常重要。虽然,新能源汽车产业是汽车产业的一个构成部分,但新能源汽车产业已经上升为战略新兴产业的高度,新能源汽车产业的发展引起和带动的产业变革已经超越了汽车产业本身,在《〈中国制造2025〉重点领域技术路线图(2015年版)》中,专门明确了节能与新能源汽车的发展路径。因此,制定新能源汽车发展规划(或者是节能与新能

源汽车发展规划）已是势在必行。湖北的新能源汽车产业发展规划和发展战略的主要内容应当包括如下几个方面：湖北节能与新能源汽车产业发展现状及面临的形势、湖北节能与新能源汽车产业发展的指导思想和基本原则、湖北节能与新能源汽车产业发展的主要目标、湖北节能与新能源汽车发展的技术路线、湖北节能与新能源汽车产业发展的主要任务、湖北节能与新能源汽车发展的保障措施等。在发展规划和发展战略的指引下，湖北的节能与新能源汽车产业就会形成一个系统工程，有序推进，科学发展。

2. 围绕汽车产业聚集带，大力发展新能源汽车产业

当前，湖北已建成十堰、襄阳、武汉沿汉江沿线，荆州、黄石沿长江沿线两条汽车产业聚集带，其节点城市武汉是乘用车制造基地、十堰是中重型商用车制造基地、襄阳是轻型汽车和发动机制造基地，随州是"中国专用汽车之都"。新能源汽车的发展应当依托当地汽车产业的基础和优势，错位发展，形成特色。武汉可考虑重点发展新能源乘用车和新能源客车，襄阳重点发展新能源汽车的零部件、新能源景区车、物流车等，特别是电池，十堰重点发展新能源商用车，随州重点发展新能源专用车。

3. 进一步明确新能源汽车产业的边界和技术路线

结合湖北新能源汽车产业发展实际，可考虑确定湖北新能源汽车产业边界如下：（1）1~3 年重点发展应用于公交领域的混合动力客车。以襄阳宇清电动车有限公司、东风襄阳旅行车股份有限公司等企业为重点，加大扶持力度，带动湖北混合动力、插电式混合动力客车的发展；（2）3~5 年重点发展纯电动汽车。以东风电动车辆股份有限公司、骆驼集团股份有限公司等企业为重点，加快纯电动车关键技术研发，提高其产业化速度；（3）5~10 年加快对燃料电池汽车技术的研究。

4. 协同创新，建立新能源汽车技术创新战略联盟

虽然襄阳已建立了湖北省新能源汽车标准创新联盟，然而，就新能源汽车而言，制约其发展的关键是技术，据研究，目前制约新能源汽车

发展的技术壁垒详见表4.1。

表4.1　　　　　　　　　技术壁垒分析表

| 领域 | 技术难点 | 研发方向 |
| --- | --- | --- |
| 电池 | 电池模块轻量化技术 | 整车设计、提高电池比能量或开发更先进的电池 |
| | 电池回收利用技术 | 动力锂电池梯次利用，完善新能源汽车产业链条 |
| | 电池安全技术 | 开发安全性、稳定性好的电池 |
| | 电池寿命提高技术 | 开发循环寿命长的电池 |
| | 电池低成本技术 | 使用廉价的新材料开发新电池 |
| | 高性能质子交换膜技术 | 改进和提高膜电极制备工艺技术 |
| | 高性能锂离子材料应用 | 发现稳定性、节能性好的材料 |
| 电机 | 电机系统热管理技术 | 研发在最佳温度下工作，达到最省油、最稳定、最能发挥其效能状态的发动机 |
| | 电机与变速器机电耦合技术 | 电机和变速器集成在一起，成为机电耦合传动 |
| 电控 | 能量回收协调控制系统 | 提高能量回收、储存与利用率 |
| | 能源系统总线技术 | 提高能源利用效率 |
| | 容错控制技术 | 进一步提高在保障系统稳定性方面的能力 |
| | 电池管理技术 | 提高电池系统级安全性设计 |

为此，应当通过政产学研用协同创新推进新能源汽车的技术攻关。关键共性核心技术的缺失已成为我国汽车业创新发展的大瓶颈，特别是关键零部件长期被国外垄断。为增强自主研发能力，工信部发布了《产业关键共性技术发展指南（2015）》，明确节能与新能源汽车领域整车集成、电驱动系统、燃料电池系统等六项共性技术要优先发展。为此，可建立新能源汽车技术创新战略联盟，将政府、高校、科研院所、汽车企业、汽车行业联合起来，制定制造技术、燃料电池、动力电池、轻量化、智能网联汽车等细分技术路线图，开展攻技术关。

5. 走政、产、学、研结合之路联合培养新能源汽车产业人才

新能源汽车产业发展急需人才，而人才的培养，需要政府、企业、高校、研究和培训机构的共同努力，走政、产、学、研结合之路，才会有明显的效果。当然，以上四者的地位和作用有所区别：政府主要是从政策和资金上给予支持，引导企业、高校和研究培训机构培养转型升级人才；高校主要承担的是学历教育，高校的学历教育应当与汽车产业转型升级的需求接轨，高校的人才优势也为汽车产业转型升级提供了智力储备；企业是培养转型升级人才的主体，人才只有在企业的不断实践中才能够得到提升，企业应当联合高校和研究和培训机构共同培养人才；研究和培训机构在人才的培养中仅起到辅助的作用，某种意义而言，它是连接企业和高校的纽带，高校培养出的人才经过研究和培训机构的训练会更加适应企业需求，企业也需要通过研究和培训机构吸纳能够直接上手的人才，以降低人才培养的成本。

湖北是我国的汽车大省，汽车产业是湖北的支柱产业。当前，汽车产业的发展面临着绿色化、智能化的发展趋势，这就要求大力发展新能源汽车产业。新能源汽车产业的发展有助于实现湖北汽车产业的转型升级和能源的协调发展，有助于实现从汽车产业大省到汽车产业强省的转变，有助于实现湖北省整个"十三五"的经济和社会发展规划目标。

## 第二节　湖北省新能源汽车产业政策绩效评价及完善研究

湖北省新能源汽车的发展离不开政策的引导、扶持与规制，为更好地促进湖北省新能源汽车产业的科学发展，有必要对其相应政策进行梳理和研究，有必要对其政策的实施效果进行评价，进而完善其政策，更好地发挥政策的功能。

## 一、湖北省关于新能源汽车发展的政策梳理

就全省而言，2012年1月30日发布的《湖北省工业结构调整和优化升级"十二五"规划》指出：大力支持东风汽车公司进一步扩大规模。加快建设电动汽车检测检验中心，大力推进节能与新能源汽车示范推广。围绕东风乘用车、东风本田、神龙、东风日产、东风小康等重点企业，实施混合动力、纯电动汽车规模化发展战略和关键零部件总成配套能力提升战略，建设东风襄阳旅行车有限公司年产1万台新能源客车改造、东风汽车股份公司新能源商用车、湖北国通青山新能源科技有限公司电动汽车动力电池生产、襄阳江山汽车变速箱有限责任公司混合动力（纯电动）汽车变速箱、襄阳宇清电动汽车有限公司电驱动机械式变速动力传动系统及其控制系统等项目。到2015年，汽车零部件配套能力达到300万辆，混合动力汽车保有量达到10万辆，具备纯电动汽车的产业化条件并形成5万辆的产销规模，节能与新能源汽车产量占全省乘用车产量的比重达到20%。

2013年1月15日，《湖北省能源发展"十二五"规划》发布，其中指出要坚持以能源结构战略性调整为主攻方向。必须大力发展新能源和可再生能源，促进天然气快速发展，改造提升传统能源产业，不断提高能源利用效率。

在2014年5月5日发布的《湖北省汽车产业"十二五"发展规划》中制订了关于大力推进新能源汽车产业化的规划，具体内容如下：（1）加大核心技术研发力度。积极构建节能与新能源汽车共性技术研发平台和关键零部件研发体系。重点突破动力电池技术瓶颈，加快整车电子控制和管理系统、驱动电机和电机控制系统等自主核心技术发展，掌握节能与新能源汽车关键总成及核心技术。进一步降低成本，提高经济性和可靠性，形成整车与关键部件一体化开发格局。（2）大力促进武汉、襄阳新能源汽车产业基地建设。以电动汽车为

重点发展方向，加快武汉市新能源汽车产业化进程，加快新能源轿车和公交车项目建设，扎实推进试点和示范运营，大幅度提高新能源汽车使用比例，加快充电设备发展和充换电站建设。加快襄阳市新能源汽车研发集成、制造集成、示范运营三大中心建设，加快打造研发、信息、人才、营销、服务五大网络，加快构建支撑机制、市场机制、产学研互动机制、激励机制、风险机制，完善与发展"二纵三横"（纯电动和插电式混合动力整车、车载能源、驱动系统、控制系统）的产业格局。（3）全力支持东风汽车公司实施新能源汽车战略。积极支持神龙公司、东风本田、东风乘用车公司新能源汽车产业化改造和新项目建设，形成新能源汽车批量生产能力。支持东风公司采取合作、参股、控股方式形成节能与新能源汽车整车自主核心技术和关键总成核心技术掌控，加强国际交流与合作，实施人才和知识产权战略。2014年11月5日《湖北省物价局转发国家发展改革委关于电动汽车用电价格政策有关问题的通知》。

2015年4月15日，发布了《湖北省人民政府办公厅关于加快新能源汽车推广应用的实施意见》，该意见指出：（1）2013—2015年，新能源汽车推广应用试点城市武汉市、襄阳市新能源汽车推广应用的目标任务分别为10000辆与5000辆；（2）加快充电设施建设，制定充电设施发展规划，将充电设施建设和配套电网建设与改造纳入城市规划，保障建设用地供应，在符合规划前提下，利用现有建设用地新建充换电站的，可采用协议方式办理相关用地手续。独立新建的充换电站用地，应采取招标、拍卖、挂牌方式出让或租赁方式供应土地。充换电站用地属民生用地，应严格管理，除重大规划调整涉及充换电站用地确需改变用途的除外，一律不予改变土地用途。落实电价政策对向电网经营企业直接报装接电的经营性集中式充电设施用电，执行大工业用电价格，2020年前免收基本电费。电动汽车充电设施用电执行峰谷分时电价政策。（3）以插电式混合动力汽车（含增程式）、纯电动汽车为主攻方向，以"三电"（电池、电机、电控）等关键零部件为突破口，加快抢占技术制高点和市场增长点。重点发展适合城市公交营运和长途客运的各类中、高档插电式混合动力客车及插电式混合动力轿车，支持东风公司等企业的发展，推进我省插电式混合动力客车、轿车形成一定规模。纯电动汽车。依托东风汽车公司国家企业技术中心和新能源汽车技术研究所、东风扬子江（武汉）车辆有限公司新能源客车研究院、武汉新能源汽车工业技术研究院等新能源汽车研发机构，重点推进整车集成技术和公共平台技术的攻关与升级，加快我省纯电动公交车、乘用车批量生产。新能源汽车关键零部件主要依托武汉理工大学、华中科技大学、武汉大学、湖北汽车工业学院等大专院校，以企业为主体，重点发展电动车动力电池及电池管理系统，电池正极和负极材料、电机及其控制系统、机电耦合装置、高可靠控制器、传感器、执行器、能量优化管理系统等，加快我省新能源汽车关键零部件产业化。（4）积极引导企业创新商业模式，加快售后服务体系建设，积极鼓励投融资创新，发挥信息技术的积极作用。（5）在城市公交车行业率先推广应用新能源汽车，加大党政机关和公共机构、企事业单位推广使用新能源汽车的力度。（6）完善新能源汽车推广补贴政策，落实新能源汽车税收优惠，重点支持新能源汽车技术研发、检验测试等项目。多渠道筹集汽车产业发展资金，鼓励社会资本和企业参与新能源汽车研发、生产。支持符合条件的企业通过上市、发行债券、融资租赁等方式，拓宽企业融资渠道。对新能源汽车实行差别化的通行便利，对新能源汽车独立分类注册登记，保险分类管理并给予优惠和便利。凡是在湖北省注册登记的新能源汽车，在省内享受停车费减半优惠。加强对新能源汽车市场的监管，推进建设统一开放、有序竞争的新能源汽车市场。坚决清理取消各地区不利于新能源汽车市场发展的违规政策措施。（7）进一步加强组织领导，建立省新能源汽车推广应用工作联席会议制度，统筹协调全省新能源汽车推广应用工作的重大事项。目前，湖北省汽车产业"十三五"规划（含新能源汽车"十三五"规划）正在制订中。

2016年6月23日发布的《湖北省科技创新"十三五"规划》中指出：在新能源汽车关键技术研发上要：依托湖北强大的汽车产业基础，以推动传统汽车产业转型升级为目标，加快研发纯电动轿车、插电式混合动力轿车和纯电动客车的设计、研发和制造技术，支持新能源汽车电池、电机、电控等关键零部件研发，推动新能源汽车成为湖北经济发展的战略先导产业，实现传统汽车产业向战略新兴产业的转型。具体在新能源汽车整车上：推进纯电动汽车、插电式混合动力汽车的研发及产业化，发展新能源专用车，延伸发展新能源汽车整车检测、诊断、试验等服务，加强车载多媒体系统、智能交通系统等车载智能信息系统的研发。在新能源汽车电池系统上：研发性能动力电池正极、负极、隔膜、电解质材料制备技术与车用动力电池单体、模块、系统设计技术。推进车用动力电池研制、工艺、制造技术研究及产业化。开发车用燃料电池膜电堆及膜电极相关关键材料。在新能源汽车电机系统上：研究电动轮/轮毂驱动技术，研制先进轮毂电机驱动纯电动轿车整车控制系统，研究电机耦合装置集成技术、双（单）电机控制器集成技术等。开发新型微型涡轮发电机系统。研制基于 EMT 的电驱动系统相关执行机构、传感器等关键零部件。在新能源汽车电控系统方面：推进电动汽车动力系统能量流云信息流协同控制技术研究。开发能量回馈式电动汽车制动抱死系统、纯电动汽车远程监控和故障诊断系统和新能源车用动力电池组管理系统等。

可见，就全省而言，近两年高度重视新能源汽车的发展，湖北关于新能源汽车发展的思路是清晰的，谋划是科学的，政策也是比较完善的。

## 二、湖北省新能源汽车产业政策的特点和不足

综上，湖北省新能源汽车产业政策具有以下几个特点：（1）湖北省高度重视新能源汽车产业政策的制定，既有专门的新能源汽车产业政

策,又在其他政策中体现新能源汽车产业政策,形成了一个较为完善的政策体系。(2)湖北省新能源汽车产业政策的内容较为完善,几乎涉及了产业发展的各个方面,能够出台的鼓励措施基本都考虑到了。(3)湖北高度重视对新能源汽车技术路线政策的制定。湖北新能源汽车产业发展的技术路线是明晰的、具体的。(4)湖北省注重出台政策鼓励和扶持高校及研究机构参与新能源汽车的技术研发,许多新能源汽车的专利技术都是由高校及研究机构或高校及研究机构与企业共同申请获取的。

虽然湖北省新能源汽车产业政策具有明显的优势,但也存在一些不足,具体如下:(1)湖北没有出台专门的新能源汽车产业发展规划。(2)湖北新能源汽车产业政策中所提出的目标量化的部分不够,这就使得目标的实现缺乏一定的操作性和可考核性。当然,作为全省的政策,其主要考虑的是对新能源汽车发展的指导政策,给地方城市以足够的自主权,就这一点而言,全省的新能源汽车发展政策不宜过于量化。(3)一些新能源汽车产业政策没有出台具体的细则和配套的措施,如有"支持符合条件的企业通过上市、发行债券、融资租赁等方式,拓宽企业融资渠道"的政策,但是如何支持?如何拓宽企业融资渠道?却缺乏具体的可操作性的规定。(4)一些新能源汽车产业政策缺乏,如关于湖北省新能源汽车产业布局的政策缺乏,湖北省对废旧电池回收利用的规定缺乏,湖北省新能源汽车产业人才培养与引进的政策缺乏等。

### 三、湖北省新能源汽车产业政策的核心指标

为便于对湖北省新能源汽车产业政策实施的效果评价,先要梳理出湖北新能源汽车产业政策的核心指标及其主要内容,详见表4.2。

表 4.2　　湖北省新能源汽车产业政策核心指标及主要内容

| 核心指标 | 主要内容 |
| --- | --- |
| 发展目标 | 到 2015 年，汽车零部件配套能力达到 300 万辆，混合动力汽车保有量达到 10 万辆，具备纯电动汽车的产业化条件并形成 5 万辆的产销规模，节能与新能源汽车产量占全省乘用车产量的比重达到 20%。通过推广应用新能源汽车，加大我省节能减排力度；同时，以纯电驱动为新能源汽车发展的主要战略取向，重点发展纯电动汽车、插电式（含增程式）混合动力汽车和燃料电池汽车，加快实现我省汽车产业转型升级 |
| 推广数量 | 2013—2015 年，新能源汽车推广应用试点城市武汉市、襄阳市新能源汽车推广应用的目标任务分别为 10000 辆与 5000 辆。鼓励武汉市、襄阳市之外的城市推广应用新能源汽车，在党政机关、国有企事业单位、公交、出租、环卫、邮政、物流、通勤等公共服务领域，加大新能源汽车推广力度，不断提高新能源汽车运营比重。具体数量及比例由各市、州、直管市、神农架林区人民政府确定 |
| 技术路线 | "十二五"期间完善与发展"二纵三横"（纯电动和插电式混合动力整车、车载能源、驱动系统、控制系统）的产业格局。以插电式混合动力汽车（含增程式）、纯电动汽车为主攻方向，以"三电"（电池、电机、电控）等关键零部件为突破口，加快抢占技术制高点和市场增长点。"十三五"期间依托湖北强大的汽车产业基础，以推动传统汽车产业转型升级为目标，加快研发纯电动轿车、插电式混合动力轿车和纯电动客车的设计、研发和制造技术，支持新能源汽车电池、电机、电控等关键零部件研发，推动新能源汽车成为湖北经济发展的战略先导产业，实现传统汽车产业向战略新兴产业的转型。在插电式混合动力汽车方面重点发展适合城市公交营运和长途客运的各类中、高档插电式混合动力客车及插电式混合动力轿车，支持东风公司等企业的发展，推进我省插电式混合动力客车、轿车形成一定规模。在纯电动汽车方面，重点推进整车集成技术和公共平台技术的攻关与升级，加快我省纯电动公交车、乘用车批量生产。在新能源汽车关键零部件方面重点发展电动车动力电池及电池管理系统，电池正极和负极材料、电机及其控制系统、机电耦合装置，高可靠控制器、传感器、执行器、能量优化管理系统等，加快我省新能源汽车关键零部件产业化 |

续表

| 核心指标 | 主要内容 |
| --- | --- |
| 基础设施 | 将新能源汽车推广应用纳入城市公共交通规划和城市综合交通运输体系规划，并提出充换电设施总量和布局需求。<br>将充电设施建设和配套电网建设与改造纳入城市规划。对新建的城市建筑物配套停车场和公共停车场，明确预留充电设施建设条件的要求和比例。充分利用现有场地和设施，按照一定比例在城市中心商务区、行政办公区、宾馆饭店、大型超市、旅游景点等停车场内配套建设快速充电桩（站）。鼓励公共服务区、居民小区、公共停车场、路内临时停车位等公共区域，加快内部停车场充电设施建设。具备条件的政府机关、公共机构及企事业单位新建或改造停车场，应超前规划建设新能源汽车充电车位。编制全省高速公路服务区充电设施建设规划。鼓励社会资本进入充电设施建设领域，构建高速公路城际快充网络。<br>加快充电设施建设，制定充电设施发展规划，将充电设施建设和配套电网建设与改造纳入城市规划，保障建设用地供应，在符合规划前提下，利用现有建设用地新建充换电站的，可采用协议方式办理相关用地手续。独立新建的充换电站用地，应采取招标、拍卖、挂牌方式出让或租赁方式供应土地。充换电站用地属民生用地，应严格管理，除重大规划调整涉及充换电站用地确需改变用途的除外，一律不予改变土地用途。<br>按照《国家发展改革委关于电动汽车用电价格政策有关问题的通知》（发改价格〔2014〕1668号）规定，落实电动汽车充换电设施用电扶持性电价政策，充电服务费实行政府指导价管理。省物价局已授权各市、州、直管市、林区人民政府价格主管部门制定充换电服务费标准上限，各地结合实际，制定相应的服务及收费标准。对向电网经营企业直接报装接电的经营性集中式充电设施用电，执行大工业用电价格，2020年前免收基本电费。其他充电设施按所在场所执行分类目录电价，居民家庭住宅、居民居住小区、执行居民电价的非居民用户中设置的充电设施用电，执行居民用电价格中的合表用户电价。党政机关、企事业单位和社会公共停车场中设置的充电设施用电，执行"一般工商业"类用电价格。电动汽车充电设施用电执行峰谷分时电价政策。电动汽车充换电设施配套电网改造成本纳入电网企业输配电价 |

续表

| 核心指标 | 主要内容 |
| --- | --- |
| 税收优惠 | 2014年9月1日至2017年12月31日，对购置符合政策规定，并列入《免征车辆购置税的新能源汽车车型目录》的纯电动汽车、插电式（含增程式）混合动力汽车和燃料电池汽车免征车辆购置税。进一步落实《中华人民共和国车船税法》及其实施条例，研究完善节约能源和新能源汽车车船税优惠政策，并做好车船税减免工作。继续落实好汽车消费税政策，发挥税收政策鼓励新能源汽车消费的作用 |
| 财政补贴 | 按照国家新能源汽车推广应用政策要求，对武汉市、襄阳市消费者购买符合要求的纯电动汽车、插电式（含增程式）混合动力汽车、燃料电池汽车给予补贴，消费者按销售价格扣减补贴后支付。对于购置使用省内企业生产的纯电动公共客车，除国家补贴外，省财政每辆一次性补助20万元。武汉市、襄阳市以外的地区可自行制定新能源汽车补助范围及标准。根据国家即将出台的《新能源汽车推广应用的财政支持政策（2016—2020）》，及时制定我省配套政策 |
| 平台建设 | 依托东风汽车公司国家企业技术中心和新能源汽车技术研究所、东风扬子江（武汉）车辆有限公司新能源客车研究院、武汉新能源汽车工业技术研究院等新能源汽车研发机构，重点推进整车集成技术和公共平台技术的攻关与升级，加快我省纯电动公交车、乘用车批量生产 |
| 政府采购 | 党政机关、公共机构更新车辆时，当年购买配备新能源汽车数量不低于年度更新车辆总量的30%，并逐年提高比例。在推行公车改革中，积极倡导公职人员购买使用新能源汽车。<br>按照国家出台的有关政策要求，改革完善城市公交车成品油价格补贴政策。城市公交车行业是新能源汽车推广的优先领域，将新能源公交车纳入成品油价格补贴范围，同等享受城市公交车燃油补贴。加快全省新能源公交车替代燃油公交车步伐，促进城市公交行业健康发展 |

续表

| 核心指标 | 主要内容 |
| --- | --- |
| 配套措施 | 多渠道筹集汽车产业发展资金。充分发挥省科学技术研究与开发等专项资金的作用，重点支持新能源汽车技术研发、检验测试等项目。鼓励社会资本和企业参与新能源汽车研发、生产。支持符合条件的企业通过上市、发行债券、融资租赁等方式，拓宽企业融资渠道。<br>实行差别化的交通管理措施。对新能源汽车实行差别化的通行便利。对新能源汽车独立分类注册登记，保险分类管理并给予优惠和便利。凡是在我省注册登记的新能源汽车，在省内享受停车费减半优惠。<br>规范市场秩序。加强对新能源汽车市场的监管，推进建设统一开放、有序竞争的新能源汽车市场。坚决清理取消各地区不利于新能源汽车市场发展的违规政策措施 |
| 商业模式 | 加快售后服务体系建设。进一步放宽市场准入，鼓励和支持社会资本进入新能源汽车充电设施建设和运营、整车租赁、电池租赁和回收等服务领域。新能源汽车生产企业要积极提高售后服务水平，加快品牌培育。各市、州、直管市、神农架林区人民政府可通过给予特许经营权等方式保护投资主体初期利益，商业场所可将充电费、服务费与停车收费相结合给予优惠，个人拥有的充电设施也可对外提供充电服务。各市、州、直管市、神农架林区人民政府负责制定相应的服务标准。<br>研究制定动力电池回收利用政策，探索利用基金、押金、强制回收等方式促进废旧动力电池回收，建立健全废旧动力电池循环利用体系。<br>积极鼓励投融资创新。鼓励银行业金融机构创新新能源汽车信贷管理和贷款评审制度，创新金融产品，满足新能源汽车生产、经营、消费等环节融资需求，支持个人购买新能源汽车。<br>发挥信息技术的积极作用。不断提高现代信息技术在新能源汽车商业运营模式创新中的应用水平，鼓励互联网企业参与新能源汽车技术研发和运营服务，加快智能电网、移动互联网、物联网、大数据等新技术应用，为新能源汽车推广应用带来更多便利和实惠 |

续表

| 核心指标 | 主要内容 |
| --- | --- |
| 组织领导 | 加强组织推动作用，建立省新能源汽车推广应用工作联席会议制度，统筹协调全省新能源汽车推广应用工作的重大事项。强化地方政府的组织推动作用。各市、州、直管市、神农架林区政府要承担新能源汽车推广应用的主体责任，建立由主要负责同志负责、各职能部门参加的新能源汽车推广应用工作联席会议制度。细化支持政策和配套措施，分解落实工作任务，明确时限要求，有序有力推进新能源汽车推广应用。加强宣传引导和舆论监督。充分利用各类媒体，通过多种形式，大力宣传推广应用新能源汽车对降低能源消耗、治理大气污染的重要意义，组织业内专家解读新能源汽车的综合成本优势，提高全社会对新能源汽车的认知度和接受度。积极组织推广应用交流活动，及时总结成功经验，促进各地相互学习借鉴、共同提高。对损害消费者权益、弄虚作假等行为要进行曝光，形成有利于新能源汽车消费的良好氛围。 |

通过对湖北省新能源汽车核心指标的梳理可以看出，其核心指标具有以下几个特点：（1）核心指标较为全面，除"人才培养"这一指标缺失外，其余指标的内容均有所涉及；（2）指标所涉及的内容虽然全面，但是相关的配套政策和细化的政策没有能够及时跟进；（3）核心指标中高度重视技术路线、基础设施、配套措施、商业模式和组织领导这些指标，其阐述的较为详细，但是量化的不够。

### 四、湖北省新能源汽车产业政策实施的效果分析

结合湖北省新能源汽车产业发展现状，对其新能源汽车产业政策的实施效果分析详见表 4.3。

表 4.3　　　　湖北省新能源汽车产业政策实施效果分析一览表

| 核心指标 | 具体内容 | 完成情况（截至 2015 年） | 绩效评价 | 实际得分 |
|---|---|---|---|---|
| 发展目标（5 分） | 到 2015 年，汽车零部件配套能力达到 300 万辆，混合动力汽车保有量达到 10 万辆，具备纯电动汽车的产业化条件并形成 5 万辆的产销规模，节能与新能源汽车产量占全省乘用车产量的比重达到 20% | 截至 2015 年，湖北省新能源汽车保有量不到 3 万辆，新能源汽车产量占全省乘用车产量的比例不到 1%① | 截至 2015 年湖北省没有完成新能源汽车的发展目标，而且离目标相去甚远。这主要原因是对目标确定的不科学，对新能源汽车发展速度预测的不够准确。实际上，总体而言，湖北省就发展目标的完成情况而言，与全国的新能源汽车发展目标的完成情况是基本一致的 | 2 分 |
| 推广数量（10 分） | 2013—2015 年，新能源汽车推广应用试点城市武汉市、襄阳市新能源汽车推广应用的目标任务分别为 10000 辆与 5000 辆。鼓励武汉市、襄阳市之外的城市推广应用新能源汽车，具体数量及比例由各市、州、直管市、神农架林区人民政府确定 | 2015 年武汉市和襄阳市关于新能源汽车推广应用的目标均已完成。此外，十堰市，截至 2015 年 10 月，已生产纯电动物流车 2000 辆。2016 年 8 月，十堰市 30 辆本地产纯电动公交车正式投入到城区 3 条公交线路上营运。十堰市清洁能源和新能源公交车规模已占公交车总数的 48% | 这一目标得以完成，而且完成的情况较好。湖北武汉、襄阳两个城市外，十堰正成为省内第三大新能源汽车生产和使用的城市 | 9 分 |

① 2015 年湖北省乘用车产量为 158.6 万辆，新能源汽车产量为 1.4 万辆，新能源汽车与乘用车之比为 0.9%。

续表

| 核心指标 | 具体内容 | 完成情况（截至2015年） | 绩效评价 | 实际得分 |
|---|---|---|---|---|
| 技术路线（15分） | "十二五"期间完善与发展"二纵三横"（纯电动和插电式混合动力整车、车载能源、驱动系统、控制系统）的产业格局。以插电式混合动力汽车（含增程式）、纯电动汽车为主攻方向，以"三电"（电池、电机、电控）等关键零部件为突破口，加快抢占技术制高点和市场增长点 | 2015年湖北新能源汽车累计产量达1.4万辆，同比增长9.1倍。其中，东风汽车公司在鄂产量1.2万辆，同比增长约10倍；东风扬子江汽车公司产量2000辆，同比增长约8倍。一批重点骨干企业如湖北新楚风汽车股份有限公司、程力专用汽车股份有限公司、武汉九通汽车公司、武汉客车股份公司、世纪中远专用汽车公司、湖北精功科技有限公司、武汉市汉福专用车有限公司等纷纷进入新能源汽车领域，积极开发新能源汽车产品。武汉经开投资公司控股东风扬子江公司，收购武汉斯贝卡专用汽车公司和山东沂星汽车公司组建武汉东湖新能源汽车集团，开始新能源汽车全产业链布局。骆驼集团重组宇清科技公司，推出电池、电机一体化新能源汽车动力系统解决方案，进一步完善了产业链 | 湖北省"十二五"期间"二纵三横"（纯电动和插电式混合动力整车、车载能源、驱动系统、控制系统）的产业格局已经形成。"三电"（电池、电机、电控）等关键零部件的技术有所突破，但尚未抢占技术制高点，大量技术仍然依靠进口，拥有自主知识产权的技术相对缺乏 | 10分 |

续表

| 核心指标 | 具体内容 | 完成情况（截至 2015 年） | 绩效评价 | 实际得分 |
|---|---|---|---|---|
| 基础设施（10 分） | 将新能源汽车推广应用纳入城市公共交通规划和城市综合交通运输体系规划。将充电设施建设和配套电网建设与改造纳入城市规划。加快充电设施建设，制定充电设施发展规划，将充电设施建设和配套电网建设与改造纳入城市规划，保障建设用地供应。按照《国家发展改革委关于电动汽车用电价格政策有关问题的通知》（发改价格〔2014〕1668号）规定，落实电动汽车充换电设施用电扶持性电价政策，充电服务费实行政府指导价管理 | 据不完全统计，截至 2015 年，湖北共建成大型充换电站 20 余个，充电桩 1000 余个。2016 年湖北在全省将建快速充换电站 100 余座，共计 720 余个充电桩。其中，沪渝、福银、黄鄂等高速公路服务区续建、新建 76 座，武汉市主城区及新城区 22 座、襄阳市主城区 12 座、孝感、黄冈、黄石、鄂州、咸宁各 2 座，荆州城区、天门、潜江、仙桃共 5 座，恩施、十堰城区、汉川各 1 座，每座充换电站设有 8 个充电桩。湖北的新能源汽车基础设施建设已纳入了城市公共交通规划和城市综合交通运输体系规划。电力企业也加紧投资充换电站和充电桩的建设。截至 2015 年，国网湖北电力已建成 67 座充换电站、220 台直流充电机，完成充电量 728 万度。关于充换电站建设的财政补助也正陆续到位 | 湖北在基础设施的指标中并没有明确提出具体的数量目标。因此，难以对其实施效果评价。但就充换电站和充电桩的建设数量和布局而言（与其他省份相比较），其还是达到了较好的效果。相关的一些非量化的指标，如将新能源汽车推广应用纳入城市公共交通规划和城市综合交通运输体系规划、将充电设施建设和配套电网建设与改造纳入城市规划，保障建设用地供应等，有些城市武汉、襄阳等已在实施中，但大部分城市尚未实施 | 6 分 |

续表

| 核心指标 | 具体内容 | 完成情况（截至 2015 年） | 绩效评价 | 实际得分 |
| --- | --- | --- | --- | --- |
| 税收优惠（5 分） | 2014 年 9 月 1 日至 2017 年 12 月 31 日，对购置符合政策规定，并列入《免征车辆购置税的新能源汽车车型目录》的纯电动汽车、插电式（含增程式）混合动力汽车和燃料电池汽车免征车辆购置税。进一步落实《中华人民共和国车船税法》及其实施条例，研究完善节约能源和新能源汽车车船税优惠政策，并做好车船税减免工作。继续落实好汽车消费税政策，发挥税收政策鼓励新能源汽车消费的作用 | 能够落实国家关于新能源汽车的税收优惠政策。但本省的一些具体税收政策上没有出台，如在"研究完善节约能源和新能源汽车车船税优惠政策"上进展不大 | 鉴于税收法定而言，省级人大和政府关于税收的优惠政策权力有限。落实国家的关于新能源汽车的税收优惠是必须的，而研究出台本省关于新能源汽车的税收优惠则须在法定职权或授权范围内实施 | 3 分 |
| 财政补贴 15（分） | 对于购置使用省内企业生产的纯电动公共客车，除国家补贴外，省财政每辆一次性补助 20 万元。武汉市、襄阳市以外的地区可自行制定新能源汽车补助范围及标准。根据国家即将出台的"新能源汽车推广应用的财政支持政策（2016—2020 年）"，及时制定我省配套政策 | 湖北省为支持本省新能源汽车发展，对本省的新能源汽车生产企业给予省级财政补贴。武汉和襄阳出台了专门的新能源汽车地方补贴政策，其他城市尚没有系统出台 | 湖北省的新能源汽车财政补贴政策仅限于整车，没有扩充至零部件。省级财政补贴的配套政策没有出台，但武汉、襄阳对新能源汽车的地方财政补贴效果较好，十堰也出台了一些给予新能源汽车生产企业的优惠政策 | 10 分 |

续表

| 核心指标 | 具体内容 | 完成情况（截至 2015 年） | 绩效评价 | 实际得分 |
|---|---|---|---|---|
| 平台建设（10 分） | 依托东风汽车公司国家企业技术中心和新能源汽车技术研究所、东风扬子江（武汉）车辆有限公司新能源客车研究院、武汉新能源汽车工业技术研究院等新能源汽车研发机构，重点推进整车集成技术和公共平台技术的攻关与升级，加快我省纯电动公交车、乘用车批量生产 | 依托相关平台，湖北新能源汽车关键技术实现突破。东风风神 E30L 纯电动轿车、东风天翼纯电动城市客车在电机、电池、电控等关键技术上获得国家专利 102 项，天翼纯电动、插电式混合动力客车还实现了汽车光伏发电技术的嫁接。襄阳宇清传动科技有限公司承担的国家 863 科技计划项目"插电式商用车用电驱动自动变速驱动系统"顺利通过科技部验收，解决了插电式混合动力汽车整车控制策略、动力总成控制技术、电驱动控制技术、发动机和电机之间动力的转换和衔接技术等难题，实现了驱动系统集成化，技术达到国际先进水平 | 湖北高度重视各类平台建设，充分运用高校在新能源汽车技术研究上具有的优势，取得了一系列的研究成果，对促进新能源汽车技术的提升和应用，对整个新能源汽车产业的发展起到了良好的促进作用 | 8 分 |

续表

| 核心指标 | 具体内容 | 完成情况（截至2015年） | 绩效评价 | 实际得分 |
|---|---|---|---|---|
| 政府采购（5分） | 党政机关、公共机构更新车辆时，当年购买配备新能源汽车数量不低于年度更新车辆总量的30%，并逐年提高比例。在推行公车改革中，积极倡导公职人员购买使用新能源汽车。按照国家出台的有关政策要求，改革完善城市公交车成品油价格补贴政策。城市公交车行业是新能源汽车推广的优先领域，将新能源公交车纳入成品油价格补贴范围，同等享受城市公交车燃油补贴。加快全省新能源公交车替代燃油公交车步伐，促进城市公交行业健康发展 | 关于党政机关、公共机构更新车辆的情况目前没有相应的数据。出台了城市公交车成品油价格补贴政策。目前湖北省在公交市场上，绝大部分新能源客车来自扬子江，少部分来自东湖基金的山东沂星、东风电动、比亚迪与中通客车等。在纯电动出租车方面，目前主要是比亚迪、东风电动与特斯拉，其中比亚迪500台，东风系500台，特斯拉100台 | 虽然没有数据显示党政机关、公共机构更新车辆时，当年购买配备新能源汽车数量，但是可以断定，效果并不理想，因充电实施跟进不到位，政府采购新能源汽车意义不大。湖北在公共交通上上推广使用新能源汽车的情况较好，尤其是武汉、襄阳两座城市。十堰市新能源公交车的比例逐年增加，截至目前，十堰市共投入清洁能源和新能源公交车480辆，占城区公交车总数的48%。其中纯电动公交车达几十辆。但其他城市在公共交通上使用新能源汽车的比重较低 | 3分 |

续表

| 核心指标 | 具体内容 | 完成情况（截至2015年） | 绩效评价 | 实际得分 |
|---|---|---|---|---|
| 配套措施（10分） | 多渠道筹集汽车产业发展资金。重点支持新能源汽车技术研发、检验测试等项目。鼓励社会资本和企业参与新能源汽车研发、生产。支持符合条件的企业通过上市、发行债券、融资租赁等方式，拓宽企业融资渠道。实行差别化的交通管理措施。对新能源汽车实行差别化的通行便利。对新能源汽车独立分类注册登记，保险分类管理并给予优惠和便利。凡是在我省注册登记的新能源汽车，在省内享受停车费减半优惠。规范市场秩序。加强对新能源汽车市场的监管，推进建设统一开放、有序竞争的新能源汽车市场 | 湖北关于新能源汽车发展资金的支持力度是较大的，2015年年产1万辆的江淮汽车公司新能源汽车项目签约武汉蔡甸开发区，投资33亿元的长沙众泰汽车20万辆新能源汽车基地项目签约襄阳高新技术开发区，蓝时集团年产1万台套动力电池包项目和年生产4000台纯电动汽车项目和总投资10亿元的巴博士汽车改装基地项目将落户武汉。目前保险公司尚没有关于新能源汽车保险优惠的措施。新能源汽车在省内享受停车费减半优惠的政策没有全面推开。统一开放、有序竞争的新能源汽车市场没有形成 | 虽然，湖北在新能源汽车发展方面以优惠的政策争取了大量投资，但对新能源汽车技术研发、检验测试等项目的资金支持有待进一步加强。新能源汽车企业的融资渠道受到一些限制，与其他企业相比较没有优势。对新能源汽车实行差别化的交通管理措施的效果不明显。由于全省的新能源汽车产业发展处于起步阶段，关于新能源汽车市场监管的政策缺乏，关于如何建立新能源汽车市场的政策和规定缺乏 | 6分 |

续表

| 核心指标 | 具体内容 | 完成情况（截至2015年） | 绩效评价 | 实际得分 |
|---|---|---|---|---|
| 商业模式（10分） | 加快售后服务体系建设。进一步放宽市场准入，鼓励和支持社会资本进入新能源汽车充电设施建设和运营、整车租赁、电池租赁和回收等服务领域。积极鼓励投融资创新。鼓励银行业金融机构创新新能源汽车信贷管理和贷款评审制度，创新金融产品，满足新能源汽车生产、经营、消费等环节的融资需求，支持个人购买新能源汽车。发挥信息技术的积极作用。不断提高现代信息技术，在新能源汽车商业运营模式创新中的应用水平，鼓励互联网企业参与新能源汽车技术研发和运营服务，加快智能电网、移动互联网、物联网、大数据等新技术应用。 | 新能源汽车的售后服务体系主要体现在公共交通上。社会资本参与新能源汽车充电设施建设和运营、整车租赁、电池租赁和回收等服务领域不充分。银行业金融机构对新能源汽车信贷管理和贷款评审制度与传统能源汽车相比较没有明显的优势，在对新能源汽车生产、经营、消费及个人购买环节融资力度不够。新能源汽车的商业模式较为单一，现代信息技术没有充分运用到商业运营模式中。联网企业参与新能源汽车技术研发和运营服务不足。互联网企业进入新能源汽车整车制造领域的门槛较高，湖北省尚没有出现互联网企业与新能源汽车企业融合的情形。新能源汽车智能化研究与运用刚起步 | 商业模式的实施效果并不理想。新能源汽车的商业模式包括新能源汽车产品（含整车和零部件）生产制造的商业模式、销售（购买）的商业模式、使用的商业模式、充电等基础设施建设和运营的商业模式、电池租赁和回收的商业模式、投资融资的商业模式等。由于湖北省新能源汽车尚未进入产业化，其商业模式并不发达，关于商业模式的政策也不充分和完善。关于信息技术、互联网技术、大数据、云计算在新能源汽车技术研发和运营服务中的应用更是发展趋势和今后要加强的 | 5分 |

续表

| 核心指标 | 具体内容 | 完成情况（截至2015年） | 绩效评价 | 实际得分 |
|---|---|---|---|---|
| 组织领导（5分） | 加强组织推动作用，建立省新能源汽车推广应用工作联席会议制度，统筹协调全省新能源汽车推广应用工作的重大事项。强化地方政府的组织推动作用。细化支持政策和配套措施，分解落实工作任务，明确时限要求，有序有力推进新能源汽车推广应用。加强宣传引导和舆论监督。充分利用各类媒体，大力宣传推广应用新能源汽车的重要意义 | 湖北省及相关城市已经成立了新能源汽车推广应用工作联席会议制度。对新能源汽车的推广应用进行了部署和协调。但各地的效果不尽相同，发展不平衡。对新能源汽车的舆论引导和宣传方面尚有大量工作，一些细化的支持政策和配套措施没有出台。一方面关于新能源汽车宣传的声势较大，另一方面被广大消费者接受和付诸行动的比例不高。较高比例的人仍倾向于购买和使用传统能源汽车 | 政府及相关部门的组织领导不可谓不得力，舆论宣传不可谓不广泛，消费者的认知不可谓不相同。在新能源汽车充电不方便、续驶里程不够远、动力性能不够高、价格优势不够明显的情况下，组织领导所产生的效果是有限的。然而，缺乏有力的组织领导，湖北省新能源汽车的发展就不会顺利推进 | 3分 |
| 实际得分 | | | | 65分 |

通过以上分析可对湖北省新能源汽车产业政策作如下评价：湖北省新能源汽车产业政策实施的总体效果要好于全国的平均水平（全国的新能源汽车产业政策实施效果评价的实际得分为61分）。其实施效果较好地方面是在推广数量、技术路线、财政补贴和平台建设等方面。笔者认为，在推广数量方面之所以实施的效果较好主要原因之一是对推广

数量确定的目标较为合理，较好地实现了这一目标。湖北省新能源汽车政策实施效果较好的另一个指标是平台建设。这得益于湖北省具有良好的汽车产业发展基础、优越的人才资源和智力支撑。湖北的汽车企业高度重视新能源汽车的发展，特别是在研发上给予了重点投入，再加上与众多高校及研究机构的深度融合，取得了一批在国内领先的成果。其实是效果不甚理想的方面主要是发展目标、配套措施和商业模式。发展目标这一指标之所以不够理想主要是因为这一目标阐述的不科学、不全面，使得难以对实施的效果进行评价。配套措施和商业模式实施的效果不佳，其主要原因之一是这方面的政策本身缺乏，由于政策的缺乏使得配套措施和商业模式的进展较慢。此外，由于在以上的指标体系中缺乏人才培养这一项，使得对湖北省新能源汽车实施效果的评价有不周延之处。

### 五、对湖北新能源汽车产业政策完善的建议

针对湖北亲能源汽车发展现状及实施效果的评价情况，特提出如下完善湖北新能源汽车产业政策的建议：

1. 有必要出台湖北省新能源汽车产业发展的规划纲要

湖北省在国内既是汽车大省，又是汽车强省。要保持这一地位，有必要通过新能源汽车产业的发展带动整个汽车产业的转型升级以及湖北省国民经济和社会的发展。实际上，新能源汽车产业的发展本身超出了汽车产业，其将带动能源、环境、材料、电力等多个产业的发展，又可以实现节能环保的目标。因此，有必要制定专门的新能源汽车产业发展规划，明确未来5—10年湖北省新能源汽车的发展目标、指导思想、发展路径、保障措施等。该规划纲要的出台，势必会成为引导湖北省新能源汽车产业发展的纲领性政策。

2. 出台政策，继续保持湖北省在新能源汽车发展方面的优势

就实施效果而言，湖北省发展新能源汽车产业的主要优势在于技术

路线全面，平台建设富有成效。因此，应当出台政策进一步明确湖北省发展新能源汽车产业的技术路线图，这一点在 2016 年 6 月 23 日发布的《湖北省科技创新"十三五"规划》中已经有所体现。在整车方面，湖北省除了继续加大对纯电动汽车和混合动力汽车的研发与使用外，还应当重视对燃料电池汽车、天然气汽车等其他新能源汽车的推广应用，使得新能源汽车"百花齐放"。在零部件方面，应当着重提升其对核心技术的开发与掌握，不仅成为新能源汽车零部件供应大省，还成为掌握新能源汽车零部件核心技术的强省。技术的研发、标准的制订、检测的实施均依赖于平台的建设，因此，湖北应答出台专门的政策，扶持相关平台建设，保障平台所需的资金和条件，及时推广和应用平台产生的成果。

3. 出台政策，弥补湖北省新能源汽车产业发展的短板

第一，就政策本身而言，湖北省尚有一些新能源汽车产业政策缺失，如关于人才培养政策的缺失、配套措施和商业模式中一些政策缺失等，因此，有必要对缺失的政策予以择机出台；第二，可考虑出台政策加速互联网企业与新能源汽车企业的融合，加快新能源汽车智能化发展；第三，重点完善对新能源汽车基础设施建设的政策，鼓励社会资本参与新能源汽车基础设施建设，对基础设施建设给予一定的财政补贴，通过弥补基础设施建设这一短板，为加快新能源汽车产业的发展打下坚实的基础；第四，是逐步完善相应的配套措施。这些配套措施包括多渠道筹集汽车产业发展资金，降低进入新能源汽车产业的门槛，对新能源汽车给予保险、停车、通行等方面的优惠，积极推进新能源汽车市场秩序的建立和市场机制作用的发挥；第五，是重视新能源汽车商业模式的创新。虽然，新能源汽车发展阶段制约新能源汽车商业模式的创新，但通过商业模式的创新可以促进新能源汽车产业化的形成。需注意的是，由于商业模式内涵的丰富，商业模式的创新是全方位和全过程的。其包括新能源汽车产品（含整车和零部件）生产制造业模式的创新、新能源汽车销售（购买）模式的创新、新能源汽车使用模式的创新、新能

源汽车充电等基础设施建设和运营模式的创新、新能源汽车电池租赁和回收模式的创新、新能源汽车投资融资商业模式的创新、新能源汽车售后服务体系的创新等多个领域。

4. 区分不同地域适用不同的新能源汽车产业政策

就湖北新能源汽车产业政策本身而言，武汉与襄阳的政策是比较完善的。因此，就武汉与襄阳而言，其新能源汽车政策应当进一步形成体系化与系统化，向产业化方向发展，其他发展新能源汽车的城市应当考虑择机出台鼓励新能源汽车发展的政策，如十堰、随州、宜昌等地也具备了发展新能源汽车产业的一些条件。对于这些城市，第一是谋划好本地区新能源汽车的起步并出台相应的政策；第二是重点扶持和发展2~3项关于新能源汽车整车或零部件的项目；第三是着重在新能源汽车研发技术上做文章，特别是依托"互联网+"、大数据和云计算，开展技术创新，形成技术研发与创新平台；第四是尽快出台鼓励购买新能源汽车的地方政策，加大对新能源汽车的购买、使用和推广力度；第五是尽快出台鼓励当地新能源汽车基础设施建设的政策，为新能源汽车的推广，特别是私人使用新能源汽车创造好的条件。除十堰、随州、宜昌等城市外，其他城市尚不具有发展自身新能源汽车的条件。所以这些城市的重点应当是尽快出台本地推广使用新能源汽车的政策，以加快新能源汽车在公共交通、公务用车、物流、景点用车及私人使用的力度，使新能源汽车使用的市场占有率达到一定的比例。当然，鼓励新能源汽车基础设施建设的政策应当随之出台，否则新能源汽车的推广使用仍将难以实现。

湖北地处我国中心，其在我国发展中处于极端重要的位置。汽车产业一直以来都是湖北的支柱产业，湖北的汽车产业在国内一直以来处于前列。在当前，我国经济及汽车产业发展都进入新常态的情况下，汽车产业转型升级之路已是大势所趋，然而，转型升级的主要措施之一就是大力发展新能源汽车产业。湖北想要在全国的汽车产业中利于领先地位，只有加快对新能源汽车产业的发展。这就需要出台和完善相应的政策，在政策的支持和指引下发展新能源汽车产业，使之具有坚实的基础和好的发展态势。当新能源汽车发展进入产业化阶段后，可相应调整政策，注重市场机制作用的发挥，当前政府政策的支持作用要大于市场机制的作用，这是由全国及全省新能源汽车发展阶段决定的，在这一阶段，湖北理应走在全国的前列，唯有如此，湖北的汽车产业方可持续科学的发展。

# 第五章 武汉市新能源汽车产业政策绩效评价及完善研究

武汉的新能源汽车产业发展在湖北处于前列，其是湖北新能源汽车产业发展水平的标志。武汉新能源汽车产业政策具体且有针对性，对武汉新能源汽车产业政策进行绩效评价，并提出完善的建议，必将进一步推动武汉市新能源汽车产业和汽车产业的科学快速发展。

## 第一节 武汉市新能源汽车产业发展现状

武汉号称九省通衢，是中国内陆最大的水陆空交通枢纽，国家的经济地理中心；是仅次于北京、上海的中国第三大科教中心，内陆地区的金融、商业、贸易、物流、文化中心，被誉为世界开启中国内陆市场的"金钥匙"，经济发展的"立交桥"，具有承东启西、接南转北、吸引四面、辐射八方的区位优势。汽车产业一直是武汉的优势产业，截至2017年，武汉已拥有法国标致、雪铁龙、雷诺、本田、通用、东风风神六大汽车品牌、九大整车厂（含在建、筹建），整车产能将达240万辆，享有"中国车都"之称的武汉经济技术开发区是国家科技部授予的"国家863电动汽车产业化基地"。武汉的新能源汽车发展现状如下：

## 一、武汉新能源汽车发展取得的成绩

1. 新能源汽车产销量居试点城市前列

武汉近几年来在混合动力和纯电动公交车方面，已基本形成了全公路客车系列的产品，处于国内领先地位，截至 2014 年 6 月，武汉约 40 条线路上，有 700 多辆混合动力和纯电动公交车示范运营。在公交车领域，主要是东风扬子江和东湖新能源两家汽车企业从事新能源汽车的生产。2015 年，武汉市推广新能源车 3075 辆。截至 2015 年，武汉市已推广使用 3075 辆新能源车，已运营新能源公交车 200 辆。武汉市经发投集团、市公交集团将合资组建新能源汽车租赁公司，以融资租赁方式首批采购 800 辆新能源公交车，并租赁给市公交集团营运。截至 2016 年 5 月 25 日，武汉全市新能源车保有量已达 12144 辆。2016 年上半年，武汉新增 3124 台新能源车，比去年同期增长 295.44%。其中，纯电动 2960 台，插电式混合动力 164 台。

2. 新能源整车企业在竞争中发展

当前，武汉的主要新能源汽车生产企业有：东风电动车股份公司、东风扬子江公司、神龙汽车公司、比亚迪公司、南京金龙公司等。东风电动车股份有限公司的主要产品包括 E30EV，A60EV 等乘用车，混合动力、纯电动、插电式混合动力等公交产品，另外还有纯电动特种车型。东风扬子江汽车有限公司，主要生产纯电动大巴、中巴、商务客车、物流车等。东风扬子江隶属于东湖新能源汽车有限公司，它是中国首家依托循环产业投资基金而成立的新能源汽车投资公司，包括三个汽车品牌：东风扬子江、山东沂星、斯贝卡专用汽车与一个电动汽车研发中心。2015 年 4 月 15 日，比亚迪武汉新能源客车、专用车生产基地正式动工，整个工程共投资 50 亿元，分三期建设，建成后纯电动客车年产能将达 3000 台、纯电动专用车年产能将达 5000 台，总产值预计将达到 100 亿元。2016 年 3 月 2 日，南京金龙武汉新能源基地在汉南区通航产业开工，计划实现产能 1 万台，核心零部件配套 5000 套，总投资 51 亿元，销售规模 200 亿元。神龙汽车有限公司确立了到 2020 年，新能源汽车在销量中占比超过 30%的目标。

3. 不同种类的新能源汽车产品协同发展，产业链初具规模

武汉的新能源汽车产品就整车而言主要混合动力客车、混合动力轿车、天然气汽车、纯电动汽车、燃料电池电动汽车等。武汉在混合物动力客车方面一直位居全国前列，其已基本形成了全公路客车系列的产品，通过大量示范运营，混合动力客车产品性能不断提高，通过多年的积累和建设，其混合动力客车的工艺、采购、改装、质检、整车调试等体系已基本固化。混合动力轿车方面，已经掌握从重型到轻型各种混合动力轿车开发技术。随着相关公司自主品牌轿车项目的实施，混合动力轿车基础平台车也得到了落实。已生产出自主品牌——东风风神 S30 基础上改进的 BSG 级混合动力轿车。实际上，东风公司从 2012 年起，已经投入专项资金 30 亿元，用于节能和新能源汽车产品技术开发和产业化建设，东风的混合动力汽车保有量在不断提升，纯电动轿车也已经销售。在纯电动汽车研发和产业化方面武汉也取得了重大进展，2010 年 4 月，武汉市科技局、武汉市水务局联合在汉口江滩举办了"小型纯电动清扫车、纯电动游览车投放仪式"，30 多辆小型纯电动警车、纯电动清扫车和纯电动游览车投入使用。早在 2002 年东风汽车公司就与武汉理工大学合作，启动了燃料电池电动汽车研究项目，目前已先后开发了燃料电池中巴车、燃料电池轿车以及摩托车、高尔夫球车等的燃料电池开发研制及整车设计。在燃料电池核心组件膜电极（MEA）的研发及产业化方面取得了突破性进展。当前，武汉新能源汽车已经形成了整车、主机、总成、零部件等 10 多个类别的产品系列，100 多家汽车零部件生产企业与之配套。产品研发、生产、销售、仓储、物流等行业一应俱全。汽车产业链基本成型并初具规模。武汉经济技术开发区、东湖新技术开发区、汉阳区、东西湖区、江夏区等地区初步形成了一定规模的汽车及零部件产业集群，其中尤以武汉经济技术开发区的产业链最

长、企业群最密集。武汉市将形成新能源汽车产业集群。

4. 基础设施建设相对完善，为新能源汽车推广应用创造了条件

据统计，2011 年，武汉市已建成 20 座充换电站，其中，大型充换电站 1 座，中型充换电站 2 座，集中式充换电站 1 座，小型标准充换电站 16 座，安装交流充电桩 150 个，累计服务各种节能与新能源汽车1.98 万车次，累计充电量 450000kWh。而 2015 年，武汉已建成了三角湖充换电站、佛祖岭充换电站、车城北充换电站、东荆河充换电站等 4 座大中型充换电站，此外，武汉供电公司为此将投入 4430 万元建设 1280 个充电桩，打造 5 千米半径快充服务网络。同时，武汉市还硬性规定，城市新建的小区和公用大型停车场按 20% 的比例规划和配置新能源汽车充电设施。武汉市的新能源汽车充电设施建设用地将纳入土地利用总体规划和年度用地计划，在用地指标、土地预留、土地征用、土地供应等方面按照电网项目建设用地给予保障和优惠。为吸引社会投资，武汉将采取公开招标采购的方式，对于验收合格的交（直）流充电桩，按设备投资额的 20% 给予一次性补贴，最高补贴金额不超过 300 万元。武汉将建设统一的智能充电管理服务平台，实现充电停车位信息实时发布和导引、充电预约、充电信息查询以及远程控制的协调。除充换电站、充电桩外，武汉还建立了大量的加气站，主要用于出租车的运营。基础设施的日益完善，为新能源汽车推广应用创造了条件。

5. 高校与企业联合，新能源汽车技术处于全国领先地位

在新能源汽车领域，武汉大学、华中科技大学、武汉理工大学等在高性能电池的研制与开发，电机及其控制的研制，燃料电池技术及整车系统分析及优化和电动车辆开发与运营示范等方面，均在国内处于领先地位。武汉从事新能源汽车整车生产的企业主要有东风汽车公司、东风扬子江汽车有限公司、东湖新能源汽车公司和武汉九通汽车厂等。东风汽车公司通过自主和联合科研院所、大专院校在多种动力的控制混合技术，整车的匹配和标定，整车的试验和测试技术，电池电机等关键总成零部件的相应技术等一批新动力汽车整车及相关总成零部件的核心技术

进行了开发，形成了混合动力与纯电动乘用车、商用车的整车技术平台，油电、气电混合动力客车，混合动力轿车，混合动力 MPV 等从微混、中混到重度混合各种混合度的动力系统技术平台，以及纯电动客车、纯电动微卡、微面等纯电动动力系统技术平台，为大力推广和发展新能源汽车产业奠定基础。在电动车研发方面，武汉已居全国目前列，在工艺方面大量运用国际先进的加工技术及工艺，使新能源汽车产品更具使用性。此外，武汉新能源汽车研究院、东风新能源研发中心等一批科研机构的建立，与武汉理工大、湖北工业大学等高校的合作进一步开展，产学研一体化将力推新能源汽车事业的发展。

6. 武汉促进新能源汽车产业发展的政策相对比较完善

武汉作为国家首批电动汽车示范运营城市，自 2003 年起就开始混合动力城市客车的示范运营工作。2009 年，武汉被纳入了全国"十城千辆"电动汽车试点城市，新能源汽车推广走在全国前列。所以武汉一直享有国家规定的发展新能源汽车的优惠政策。此外，武汉市也出台了一些地方政策鼓励新能源汽车的发展，如 2014 年 5 月 19 日，武汉市政府以常务会议的形式决定，在 2016 年 6 月 30 日前，凡购买新能源汽车的单位和个人，将获得一系列优惠。除按国家补贴标准的 1∶1 给予地方配套补贴（两级补助总额不超过车辆售价 60%）外，新能源汽车上路可免交路桥隧费；在指定公共充电区充电免费；新能源汽车在市内行驶不受尾号限制；对从事配送的新能源物流车，则可凭通行证在三环线内按核定线路通行；专门从事新能源汽车运营或租赁服务的企业，对其缴纳的增值税和企业所得税，按市本级地方留成部分等额标准给予全额补贴。新能源汽车纳入政府采购范围，武汉市政府公务、公安司法、公交、环卫绿化等部门的车辆更新，50% 须采购新能源汽车，资金列入当年财政预算。2015 年 2 月出台了《武汉市人民政府关于鼓励新能源汽车推广应用示范若干政策的通知》，2015 年 4 月出台了《新能源汽车充电设施建设规划》。这些地方政策的出台，有力地促进了武汉新能源汽车的推广和发展。

#### 7. 人才优势明显，不同层次人才易于获得

武汉高校密集，不同层次人才供应充足，无论是研发人才，还是管理人才、销售人才或服务人才，就新能源汽车企业而言均较为容易获得。人才的储备为武汉新能源汽车产业的发展提供了智力支撑。

### 二、武汉新能源汽车发展存在的不足

虽然武汉新能源汽车发展取得多项令人瞩目的成就，但也存在一些不足，主要体现在以下几个方面：（1）新能源汽车的零部件缺乏知名品牌和核心技术。虽然，武汉汇聚了一些知名的新能源汽车零部件企业，但在电池利用率、使用寿命方面依旧存在明显缺陷，价格也比较高，攻克电池、控制系统、轻量化等关键技术难题以提高续航里程是面临的紧迫课题。此外，据了解，武汉本地主机厂新能源车用电机产品大部分来自国内知名电机品牌，如大洋、精进、大地和等，这些品牌均不在武汉本地生产①。且虽然政策规定主机厂必须使用自己的电机，但主机厂却很少使用自己设计的电机。（2）在私人购买和使用新能源汽车上数量不足。武汉，作为"中国车都"，新能源汽车的私人保有量偏低，在对私人的推广应用上有着巨大的潜力。（3）新能源汽车产业化发展不足。虽然武汉的新能源汽车在产品和生产上具有一定的优势，但在销售、售后服务等方面却没有跟上，没有形成较为完善的体系。（4）新能源汽车的技术路线尚未得到明晰的确定。就武汉目前的主要新能源汽车产品而言，其在新能源客车上具有领先的优势，但在新能源乘用车方面并不处于国内领先地位。武汉如何全方位发展新能源汽车需要一个较为清晰的技术路线。（5）基础设施及配套服务建设相对滞后。武汉市在充电基础设施建设方面还属起步阶段，在推广运用新能源汽车前，

---

① 武汉本地的动力电池厂家主要是骆驼蓄电池，但骆驼主打产品依旧是传统铅酸电池，锂电厂家主要有天津力神武汉基地、安徽国轩高科武汉基地等。

要建设足够的充电基础设施、氢燃料补给基础设施、氢燃料生产系统、配件及维修保养服务站等。充换电站、加氢站、加气站的数量和质量及其运行成本的高低决定着新能源汽车的发展速度①。(6) 虽然武汉市新能源汽车产业政策较多，但缺乏系统性，一些地方仍需进一步完善，使之成为引导武汉新能源汽车产业发展的重要保障。(7) 新能源汽车产业人才缺口仍然较大。虽然武汉具有得天独厚的人才资源优势，但是仍不能满足对新能源汽车产业发展的需求。据湖北省人力服务局、机械行业联合会共同发布的湖北省新能源汽车产业人才队伍现状和"十三五"期间人才需求报告指出，"十三五"期间，湖北省新能源汽车产业将增加岗位需求5.42万个，而目前全省68家新能源汽车领域企事业单位中仅有1.64万从业人员②。但问题的关键是新增的5.42万个岗位的新能源汽车人才却没有着落。

### 三、对武汉新能源汽车产业发展的建议

针对武汉新能源汽车产业发展现状，并结合今后的发展规划，特提出如下建议：

1. 尽快制定和出台武汉市新能源汽车产业发展规划，并以规划为统领，不断完善新能源汽车产业政策

武汉作为全省新能源汽车产业发展的"领头羊"应当对全市的新能源汽车产业发展进行科学规划，规划期至少应当是5~10年。只有确立了今后发展的规划，才能够分部分期的加以实施。有了总体规划，各个政策间就不会出现矛盾，政策的功能和效用就会发挥到最大。对各个具体政策的完善就会有依据。关于这一点的详细论处将在后续展开，在

---

① 吴强，应保胜，南琼，金杭，许小伟. 武汉新能源汽车产业关键技术及路线选择 [J]. 交通企业管理，2016 (3)：42-45.

② 龙华. 湖北新能源汽车产业人才服务联盟成立 [N]. 湖北日报，2016-05-27.

此，不再赘述。

**2. 需进一步明晰武汉市新能源汽车产业发展的技术路线**

徐成鹏（2013）指出，燃料电池汽车因燃料供应和对公共基础设施要求较高的难题，产业化在短期内难以实现，国内外纯电动汽车的发展方向主要是小型汽车和公交、市政、邮政等公共车辆及特种车辆①。还有一种观点认为，插电式混合动力汽车和锂电池驱动的纯电动车是武汉重点发展对象，在自主研发的基础上合作开发，国际技术开发能够有效地改善技术水平，到达一个新的高度②。笔者认为，"三横"、"三纵"的技术路线是适合武汉新能源汽车发展实际的，虽然目前在纯电动汽车、插电式混合动力汽车、电控系统方面武汉市发展的较好，但却不能忽略对燃料电池汽车、电机和电池方面的发展。尤其是对燃料电池汽车的研发更应当引起重视，燃料电池汽车有可能成为未来一段时间后的主流新能源汽车。武汉不应当在燃料电池汽车上落后，特别是在对燃料电池汽车普遍没有进行实质性开发时期对其进行研究，无疑为今后走在前列打下良好的基础。

**3. 进一步重视对新能源汽车技术的研发**

南琼（2016）对武汉新能源汽车产业的发展出建议如下：（1）形成研发技术联盟，建立核心技术消化吸收再创新机构。（2）构建集约运行开放式创新知识共享产业技术平台。（3）建成高效互补产学研基地，加快突破新能源汽车关键技术。并进一步指出，在攻克新能源关键技术问题方面，最关键的一环车用动力电池，除继续攻克锂离子等主流动力电池难题外，积极发展锌空气、质子交换膜等电池技术，促使动力电池多元化发展，同时，需着重研究电池及其控制系统的安全性、可靠性和轻量化，集中力量突破一批长远发展的关键共性技术。此外，加强新能源汽车关键零部件研发，包括电机及其控制系统等，重点支持驱动

---

① 徐成鹏，石肖韩. 新能源汽车［J］. 地理教育，2013（5）：63.
② 赛迪顾问. 2009—2011年中国新能源产业发展研究年度汇报.

电机系统及核心材料、电动化附件的研发等①。以上均是对武汉新能源汽车技术提出的建议。笔者认为，当前制约武汉新能源汽车产业发展的主要因素之一就是核心技术缺乏。正是由于缺乏核心技术，新能源汽车产品的性能及安全性有待提高，价格有待降低，更重要的是自主的新能源汽车知名品牌难以确立。因此，当务之急，武汉新能源汽车发展的关键是解决新能源汽车的技术问题。

4. 有步骤地实施新能源汽车的基础设施建设工程

2015 年 4 月，武汉市出台了《新能源汽车充电设施建设规划》，该规划对 2015 年建设新能源汽车基础设施提出了具体的规划和要求，但是却缺乏对未来 5~10 年的新能源汽车基础设施的规划。笔者认为，武汉市未来 5~10 年的新能源汽车基础设施的规划应当尽早出台，然后有步骤的加以实施。只有将新能源汽车基础设施建设置于优先发展地位，武汉才能实现新能源汽车发展的整体规划。当然，武汉市新能源汽车的基础设施的建设需要政府的扶持和社会资本的介入，更为重要的是建成后其功能和作用的发挥。

5. 逐步建立新能源汽车的新的商业运行机制和服务体系

笔者认为，今后随着武汉市新能源汽车销售数量和保有量的增加，新能源汽车的商业运行机制和服务体系越来越会成为影响新能源汽车发展的重要因素。甚至一些品牌的新能源汽车或将由于商业运行机制的变革推动新能源汽车的销售。新能源汽车的销售量和保有量达到一定程度时，对其售后服务体系会提出更高的要求。这些都是新能源汽车生产企业要提前应对的；否则，将会出现销售新能源汽车加上政府补贴是赚钱的，但有可能在售后服务上导致亏损。

6. 大力培养新能源汽车各类人才

前已述及，武汉市新能源汽车产业的人才是紧缺的，对如何培养

---

① 南琼，应保胜，吴强，金杭，许小伟．基于关键技术视角下的地方新能源汽车发展研究［J］．汽车科技，2016（4）：71-77．

新能源汽车产业人才的建议如下：（1）有针对性的培养人才，既要培养新能源汽车的技术人才，还要培养管理人才和服务人才；（2）有层次的培养新能源汽车人才，兼顾高、中、低人才需求情况进行培养；（3）通过校企联合，充分发挥武汉高校资源优势培养新能源汽车人才；（4）将培养人才与引进人才相结合。武汉在人才引进上具有优势，不仅可以提供新能源汽车人才较好的待遇，而且还能为他们提供科研和实践的平台。关键是要落实人才引进的政策，充分发挥人才的优势。如 2011 年武汉开发区推出了"高端人才集聚工程"，围绕区内先进制造业、高新技术产业引进人才，并对入选人才最高给予 500 万元鼓励支持政策。

综上，对武汉新能源汽车产业发展提出的建议是为加快武汉新能源汽车产业化的进程，实现其产业化服务的。武汉作为"中国车都"，应当在新能源汽车产业化方面走在全国的前列。武汉率先实现了新能源汽车的产业化，也为其整个汽车产业的转型升级和发展创造了条件。

## 第二节　武汉市新能源汽车产业政策的绩效评价与完善研究

2013 年 11 月，武汉就入选全国首批新能源汽车推广应用城市。武汉作为全国第一批新能源汽车示范推广的城市，有着一系列的政策促进新能源汽车产业的发展，现对这些政策梳理分析如下：

### 一、武汉市新能源汽车发展政策的梳理

近两年，武汉市出台的关于鼓励和扶持新能源汽车发展的政策主要有：2014 年 1 月 21 日发布的《武汉市新能源汽车推广应用示范工

作实施方案》，该方案指出：（1）在工作目标上，到 2015 年，健全新能源汽车示范应用推广组织管理体系，在公交、出租、公务、环卫、邮政、物流、通勤等公共服务领域推广应用 4300 辆新能源汽车，在社会（单位及个人）购车领域推广应用 6200 辆新能源乘用车，达到 10500 辆的应用推广规模。通过新能源汽车的应用推广，推进新能源汽车整车和关键部件的自主研发和产业化，形成年产 10 万辆新能源汽车的产业规模，优化调整我市汽车产业结构，实现汽车产业的创新发展。（2）在车辆推广计划上，到 2015 年，选择 50 条公交线路，投放新能源公交车 1000 辆；在特定城区（以武汉东湖新技术开发区、武汉经济技术开发区和各新城区为主）投放新能源出租车 1000 辆；政府采购新能源公务车 500 辆、纯电动环卫车 300 辆；扩大新能源汽车应用推广领域，投放纯电动通勤车 500 辆、纯电动物流车 1000 辆；在社会购车领域推广新能源乘用车 6200 辆，总体达到 10500 辆的推广规模。（3）在基础设施建设上，加强新能源私家车充电设施建设，新能源公交车充电设施建设，公共服务领域新能源汽车充电设施建设，新能源出租车充电设施建设。（4）在主要工作任务上，2015 年，在社会购车领域大面积推广新能源乘用车；深入推进新能源汽车在物流、通勤与环卫领域的推广应用；完善充电桩、充换电站、移动充电线网和整流站、集成充电设备网络建设。（5）在推广应用新能源汽车的保障措施上，继续执行《市人民政府关于进一步推动我市节能与新能源汽车应用示范和产业化发展的若干意见》（武政规〔2012〕8 号）相关政策，并进一步完善新能源汽车购置、车辆运营、配套设施建设等方面的扶持政策，完善财政补贴政策，出台新能源汽车进入家庭的激励政策，完善公共服务领域推广应用新能源汽车的激励政策，完善配套设施建设及运营的扶持政策，完善产业化扶持政策等。

2014 年 6 月 6 日发布的《武汉市人民政府关于鼓励新能源汽车推广应用示范若干政策的通知》，该通知指出，在 2016 年 6 月 30 日之前，新能源汽车享受下列政策扶持：(1) 新能源汽车纳入政府采购范围，政府公务（含司法部门）、公交、环卫绿化等公共服务部门更新或者新增车辆的50%必须采购新能源汽车，采购资金列入当年的财政预算，远城或新城区新增出租车辆，也被鼓励全部采用新能源汽车。(2) 单位及个人购买使用新能源汽车，按照国家补贴标准1：1的比例给予地方配套补贴，国家和地方财政补助总额最高不超过车辆销售价格的60%。(3) 落实国家新能源汽车免征车船税有关政策；免收新能源汽车城市道路桥梁隧道车辆通行费；新能源汽车免费在指定的公共充电设施场所充电。(4) 新能源汽车在市内行驶时不受尾号限制。对从事城市配送的新能源物流车发放通行证，三环线内按照核定线路通行。(5) 专门从事新能源汽车运营或者租赁服务的企业，按照其所缴纳的增值税和企业所得税市本级地方留成部分等额标准给予全额补贴。(6) 积极引导在固定区域推广应用新能源出租汽车，新城区新增出租车辆全部采用新能源汽车。

2014年11月2日发布的《武汉市鼓励单位和个人购买使用新能源汽车地方配套补贴实施办法（暂行）》，该办法指出，纳入补贴的新能源汽车，是指符合《财政部、科技部、工业和信息化部、国家发展改革委关于继续开展新能源汽车推广应用工作的通知》文件精神，纳入中央财政补贴范围的新能源汽车车型，包括纯电动汽车、插电式混合动力（含增程式）汽车和燃料电池汽车。新能源汽车应在本市购买、开具购车发票、按国家规定办理免征车辆购置税手续，取得购车发票后3个月内在本市车辆管理所完成注册登记。在中央财政专项资金补贴的基础上，地方财政（省、市、区）对单位和个人购买新能源汽车，按国家补贴标准的1：1给予地方配套补贴，国家和地方财政补贴总额最高不超过车辆销售价格的60%。具体补贴标准见表5.1和表5.2。

表 5.1　武汉市新能源汽车种类 2015 年补贴标准（价格单位：万元）

| 车辆类型 | | 纯电续航里程（千米） | | | |
|---|---|---|---|---|---|
| | | 80≤续航里程<150 | 150≤续航里程<250 | 250≤续航里程 | 50≤续航里程 |
| 纯电动乘用车 | 国家补贴 | 3.15 | 4.5 | 5.4 | — |
| | 地方补贴 | 3.15 | 4.5 | 5.4 | — |
| | 合计补贴 | 6.3 | 9.0 | 10.8 | — |
| 插电式混合动力乘用车（含增程式） | 国家补贴 | — | — | — | 3.15 |
| | 地方补贴 | — | — | — | 3.15 |
| | 合计补贴 | — | — | — | 6.3 |

表 5.2　武汉市部分品牌新能源汽车 2015 年补贴情况一览表（价格单位：万元）

| 车型 | 原始价格 | 纯电动续航里程 | 国家补贴 | 地方补贴 | 补贴合计 | 补贴后价格 |
|---|---|---|---|---|---|---|
| 北汽新能源 E150EV | 22.08~23.08 | 200km | 4.50 | 4.50 | 9.0 | 13.08~14.08 |
| 北汽新能源 EV200 | 22.69~24.69 | 245km | 4.50 | 4.50 | 9.0 | 13.69~15.69 |
| 北汽新能源 ES210 | 34.69 | 210km | 4.50 | 4.50 | 9.0 | 25.69 |
| 北汽威旺 306 电动版 | 19.00 | 150km | 4.50 | 4.50 | 9.0 | 10.0 |
| 比亚迪 e6 | 30.98~36.98 | 300km | 5.40 | 5.40 | 10.8 | 20.18~26.18 |
| 比亚迪秦 | 18.98~20.98 | 70km | 3.15 | 3.15 | 6.3 | 12.68~14.68 |
| 东风日产启辰晨风 | 26.78~28.18 | 175km | 4.50 | 4.50 | 9.0 | 17.78~19.18 |

续表

| 车型 | 原始价格 | 纯电动续航里程 | 国家补贴 | 地方补贴 | 补贴合计 | 补贴后价格 |
|---|---|---|---|---|---|---|
| 江淮和悦 iEV | 16.98 | 200km | 4.50 | 4.50 | 9.0 | 7.98 |
| 陆地方舟 陆风 | 29.80 | 180km | 4.50 | 4.50 | 9.0 | 20.80 |
| 荣威 550 Plug-in | 24.88~25.98 | 58km | 3.15 | 3.15 | 6.3 | 18.58~19.68 |
| 荣威 E50 | 23.49 | 120km | 3.15 | 3.15 | 6.3 | 17.19 |
| 腾势 | 36.90~39.90 | 300km | 5.4 | 5.4 | 10.8 | 26.10~29.10 |
| 众泰知豆 | 10.88 | 120km | 3.15 | 3.15 | 6.3 | 4.58 |
| 华晨宝马 之诺 1E | 仅租赁 | 150km | — | — | — | — |
| 华晨 宝马 530Le | 69.86 | 58km | 3.15 | 3.15 | 6.3 | 63.56 |
| 众泰云 100 | 15.89 | 150km | 4.50 | 4.50 | 9.0 | 6.89 |
| 奇瑞 eQ | 15.99~16.49 | ≥200km | 4.50 | 4.50 | 9.0 | 6.99~7.49 |
| 广汽传祺 GA5 增程式电动 | 19.93~21.93 | 80km | 3.15 | 3.15 | 6.3 | 13.63~15.63 |

2015年10月22日，武汉市科技局和财政局出台了《武汉市鼓励单位和个人购买使用新能源汽车地方配套补贴实施办法（暂行）》。办法规定：新能源汽车产品及其汽车生产、销售企业应符合下列条件：（1）企业销售的新能源汽车被纳入国家公布的《节能与新能源汽车示范推广应用工程推荐车型目录》。（2）汽车整车和动力电池等关键零部件生产企业具备一定的产能规模和完善的售后服务体系，对动力电池等关键零部件提供不低于5年或10万千米的质保。（3）汽车生产企业应对示范运行的新能源汽车安装远程监控装置，

对整车、动力电池、电机及其他安全系统的日常运行状态进行监控、采集、统计和分析运行数据。在本市建立维护保养和应急维修网点。(4)汽车生产企业应向消费者公布新能源汽车市场指导价,以及可申请的中央和地方补贴资金金额。(5)销售新能源汽车的企业和产品,应向市科技局备案。单位和个人直接向本地汽车生产企业或销售机构(包括销售公司和4S店)购买的非经营性新能源汽车,地方财政对汽车生产企业或销售机构给予补贴,汽车生产企业或销售机构按扣除补贴后的价格销售新能源汽车。单位向本地汽车生产企业或销售机构购买的经营性新能源汽车,地方财政对经营性单位给予补贴。在中央财政专项资金补贴的基础上,地方财政(省、市、区)对单位和个人购买新能源汽车,按国家补贴标准的1:1给予地方配套补贴,国家和地方财政补贴总额最高不超过车辆销售价格的60%。单位购买经营性新能源汽车开展业务,视其持续经营状况,地方购车补贴采取分期拨付方式。申请补贴的流程是向科技局申请补贴资金,由市科技局核定补贴资金,并向市财政局提出资金拨付申请报告。这一实施方案自发布之日起施行,有效期至2016年6月30日。

2015年4月,武汉市还出台了《新能源汽车充电设施建设规划》,规划指出,根据《武汉市新能源汽车推广应用示范实施方案》提出的2015年新能源汽车的发展规模和充电设施布局要求,适度超前、合理规划新能源汽车充电设施,形成与武汉市新能源汽车推广使用相适应,布局合理、规模超前、体系完善的充电设施规划布局。规划2015年率先在主城区以及两个开发区的范围形成充电网络,其他区域根据实际需求进行布局,包括独立式充换电站、散布式充电桩群,其中,公交、环卫、物流等车辆主要利用在其专用的场站设施内建设的充电桩进行充电,私家车、公务车等则利用单位、居住区、商业中心、政府机关配建停车场内建设的充电桩充电,出租车主要利用公共停车场内配建的充电桩进行充电。为实现2015年推广10500台新能源汽车的发展目标,鼓励社会购车,需超前建设充电桩,尽快形成新能源汽车充电网络。2014年完成具备建设条件的为公交、环卫、物流、公务、通勤车辆服务的3200个充电桩，并在新建的23座公共停车场建设435个充电桩。在大型商圈、商业设施、大专院校、城市公园、体育中心、文化中心停车场内以及有新能源汽车用户的居住小区开展充电桩建设，共建设4000个充电桩。2015年建设完成杨春湖等独立式充换电站，并投入使用，续建充电桩，在新建的30座公共停车场内建设565个充电桩，继续在大型商圈、商业设施、大专院校、城市公园、体育中心、文化中心内的现有停车场内以及有新能源汽车用户的居住小区配件3440个充电桩。

武汉市政府还通过决议，凡购买新能源汽车的单位和个人，出获得国家和地方两级补贴外，还享有其他一些鼓励措施，如新能源汽车上路可免交路桥隧费；在指定公共充电区充电免费；新能源汽车在市内行驶不受尾号限制；对从事配送的新能源物流车，则可凭通行证在三环线内按核定线路通行；专门从事新能源汽车运营或租赁服务的企业，对其缴纳的增值税和企业所得税，按市本级地方留成部分等额标准给予全额补贴等。此外，积极引导在固定区域推广应用新能源出租车，新城区新增出租车辆全部采用新能源汽车。新能源汽车充电设施建设用地纳入土地利用总体规划和年度用地计划，在用地指标等方面按照电网项目建设用地给予保障和优惠。城市新建的小区和公用大型停车场按20%比例规划和配置新能源汽车充电设施。社会力量采取公开招标采购，并验收合格的交（直）流充电桩，按设备投资额的20%给予一次性补贴，最高补贴金额不超过300万元。在如此优惠政策的扶持下，武汉确立的2015年新能源汽车在全市推广应用1.05万台新能源汽车的目标。

经过对武汉新能源汽车产业政策的梳理可知，武汉市新能源汽车产业政策具有如下几个方面的特征：（1）武汉新能源汽车产业政策紧跟国家的相关政策，国家相关政策出台后，武汉随之出台政策跟进，确保新能源汽车发展的连续性；（2）武汉同时也出台了一些优于国家的新能源汽车产业政策，对本地新能源汽车产业的发展起到了积极的推动作用；(3)武汉在确定新能源汽车发展的目标时，大多较为具体，且有详细的部署，具有较强的可操作性，也具备了对其实施效果进行评估的条件。

## 二、武汉市新能源汽车产业政策的核心指标

为便于对武汉新能源汽车产业政策实施的效果评价，特归纳出如下核心指标，详见表5.3。

表5.3　武汉市新能源汽车产业政策核心指标及主要内容

| 核心指标 | 主　要　内　容 |
| --- | --- |
| 发展目标 | 武汉市"十三五"规划纲要指出：汽车产业以自主创新、打造品牌为重点，支持整车企业发展壮大，加快发展新能源汽车，推动整车轻量化，在动力系统、前端集成系统等领域培育一批专业化、系列化、模块化的汽车零部件企业。推动车联网和智能汽车研发和产业化，打造世界级汽车之都。到2020年，汽车产能达到350万辆，占全国10%，汽车产业产值7000亿元 |
| 推广数量 | 到2015年，选择50条公交线路，投放新能源公交车1000辆；在特定城区（以武汉东湖新技术开发区、武汉经济技术开发区和各新城区为主）投放新能源出租车1000辆；政府采购新能源公务车500辆、纯电动环卫车300辆；扩大新能源汽车应用推广领域，投放纯电动通勤车500辆、纯电动物流车1000辆；在社会购车领域推广新能源乘用车6200辆，总体达到10500辆的推广规模 |
| 技术路线 | 没有专门的阐述。笔者认为武汉市新能源汽车发展的技术路线同国家的"三横"、"三纵"相一致。此外，武汉还可探索氢能、乙醇等新能源汽车的研发和运用 |

续表

| 核心指标 | 主 要 内 容 |
|---|---|
| 基础设施 | 2015年建设完成杨春湖等独立式充换电站，并投入使用，续建充电桩，在新建的30座公共停车场内建设565个充电桩，继续在大型商圈、商业设施、大专院校、城市公园、体育中心、文化中心内的现有停车场内，以及有新能源汽车用户的居住小区配件3440个充电桩。新能源汽车充电设施建设用地纳入土地利用总体规划和年度用地计划，在用地指标等方面按照电网项目建设用地给予保障和优惠。城市新建的小区和公用大型停车场按20%比例规划和配置新能源汽车充电设施。社会力量采取公开招标采购，并验收合格的交（直）流充电桩，按设备投资额的20%给予一次性补贴，最高补贴金额不超过300万元 |
| 税收优惠 | 落实国家新能源汽车免征车船税有关政策；免收新能源汽车城市道路桥梁隧道车辆通行费。专门从事新能源汽车运营或者租赁服务的企业，按照其所缴纳的增值税和企业所得税市本级地方留成部分等额标准给予全额补贴 |
| 财政补贴 | 在中央财政专项资金补贴的基础上，地方财政（省、市、区）对单位和个人购买新能源汽车，按国家补贴标准的1:1给予地方配套补贴，国家和地方财政补贴总额最高不超过车辆销售价格的60% |
| 平台建设 | 武汉新能源汽车研究院、东风新能源研发中心等一批科研机构建立。企业与高校的合作机制正在形成 |
| 政府采购 | 政府部门新增或更新公务用车中，新能源汽车比例不低于50%。公交、环卫等行业优先使用新能源或清洁能源汽车，新增或更新的出租车应使用新能源或清洁能源，到2015年，城区公交车新能源和清洁能源车的比例达到65%以上，新能源汽车累计推广量不低于1万辆。积极引导在固定区域推广应用新能源出租汽车，新城区新增出租车辆全部采用新能源汽车 |
| 配套措施 | 成立了武汉市节能与新能源汽车示范推广工作领导小组。新能源汽车在指定公共充电区充电免费；新能源汽车在市内行驶不受尾号限制；对从事配送的新能源物流车，则可凭通行证在三环线内按核定线路通行 |
| 人才培养 | 没有具体阐述。笔者认为应当通过政、产、学、研合作，大力培养各类别和各层次的新能源汽车产业人才 |

续表

| 核心指标 | 主 要 内 容 |
|---|---|
| 推广应用 | 在推广应用新能源汽车的保障措施上，继续执行《市人民政府关于进一步推动我市节能与新能源汽车应用示范和产业化发展的若干意见》（武政规〔2012〕8号）相关政策，并进一步完善新能源汽车购置、车辆运营、配套设施建设等方面的扶持政策，完善财政补贴政策，出台新能源汽车进入家庭的激励政策，完善公共服务领域推广应用新能源汽车的激励政策，完善配套设施建设及运营的扶持政策，完善产业化扶持政策等 |

通过对武汉市新能源汽车核心指标的梳理可以看出，其核心指标具有以下几个特点：(1) 核心指标量化的较多；(2) 核心指标较为全面，基本涵盖新能源汽车产业发展的各个方面；(3) 核心指标中，主要的时间截点为2015年，对2016年以后的规划涉及的较少。

### 三、武汉市新能源汽车产业政策实施的效果分析

结合武汉市新能源汽车产业发展现状，对其新能源汽车产业政策的实施效果分析详见表5.4。

表5.4　武汉市新能源汽车产业政策实施效果分析一览表

| 核心指标 | 具体内容 | 完成情况（截至2015年） | 绩效评价 | 实际得分 |
|---|---|---|---|---|
| 发展目标（5分） | 没有提出具体的关于新能源汽车的发展目标，仅笼统的提出到"十二五"末加快发展新能源汽车，推动车联网和智能汽车研发和产业化 | 武汉拥有6家新能源汽车整车企业，新能源汽车产品就整车而言主要混合动力客车、混合动力轿车、天然气汽车、纯电动汽车、燃料电池电动汽车等。新能源汽车产业链初具规模 | 武汉虽然没有提出明确的到2015年的新能源汽车发展目标，但总的发展情况良好，处于国家新能源汽车推广应用城市的中上游水平 | 3分 |

续表

| 核心指标 | 具体内容 | 完成情况（截至2015年） | 绩效评价 | 实际得分 |
|---|---|---|---|---|
| 推广数量（5分） | 到2015年，总体达到10500辆的推广规模 | 2015年武汉市推广新能源车3075辆。截至2016年5月25日，武汉全市新能源车保有量已达12144辆。2015年一共办理新能源车免税车辆11630辆，略超过年初制定实现10500辆的目标 | 就新能源汽车保有量而言，已经实现了目标。特别是在混合动力和纯电动公交车方面，处于国内领先地位 | 5分 |
| 技术路线（15分） | 没有专门的阐述。笔者认为武汉市新能源汽车发展的技术路线同国家的"三横"、"三纵"相一致 | 武汉新能源汽车整车和零部件均发展的较好，武汉新能源汽车已经形成了整车、主机、总成、零部件等10多个类别的产品系列，100多家汽车零部件生产企业与之配套。产品研发、生产、销售、仓储、物流等行业一应俱全。电机及其控制的研制，燃料电池技术及整车系统分析及优化和电动车辆开发与运营示范等方面，均在国内处于领先地位 | 武汉虽然没有明确提出新能源汽车的技术路线，但实际走的是一个全方位发展的技术路线。在整车有些产品和有些零部件上已经形成了一定的优势，但也存在不少发展不足的地方。如在电机、电池、控制系统、轻量化等方面与世界先进水平相比较有较大差距 | 13分 |

续表

| 核心指标 | 具体内容 | 完成情况（截至 2015 年） | 绩效评价 | 实际得分 |
|---|---|---|---|---|
| 基础设施（10 分） | 2015 年建设完成杨春湖等独立式充换电站，并投入使用，续建充电桩，在新建的 30 座公共停车场内建设 565 个充电桩，继续在大型商圈、商业设施、大专院校、城市公园、体育中心、文化中心内的现有停车场内以及有新能源汽车用户的居住小区配件 3440 个充电桩 | 2015 年武汉已建成了三角湖充换电站、佛祖岭充换电站、车城北充换电站、东荆河充换电站等 4 座大中型充换电站，武汉市截至 2015 年已建成充换电站 17 个，可使用的充电桩数量约为 700 多个（有些充电桩虽然建成了，但却没有电）。但 2015 年武汉私家车、公交、公务等所需充电桩数量总数为 11640 个，其中私家车为 7440 个 | 就充换电站和充电桩的数量而言，武汉显然没有实现目标。但新建充换电站和充电桩给予一定的补贴，在指定的公共充电设施场所充电是免费的 | 5 分 |
| 税收优惠（10 分） | 落实国家新能源汽车免征车辆购置税和车船税有关政策；免收新能源汽车城市道路桥梁隧道车辆通行费。专门从事新能源汽车运营或者租赁服务的企业，按照其所缴纳的增值税和企业所得税市本级地方留成部分等额标准给予全额补贴 | 这些税收优惠正在实施中，作为地方政府已经用尽了其职责范围的税收优惠 | 就其自身能力范围而言，实施情况较好 | 8 分 |

续表

| 核心指标 | 具体内容 | 完成情况（截至 2015 年） | 绩效评价 | 实际得分 |
| --- | --- | --- | --- | --- |
| 财政补贴 15（分） | 具体内容详见《武汉市鼓励单位和个人购买使用新能源汽车地方配套补贴实施办法（暂行）》、《武汉市人民政府关于鼓励新能源汽车推广应用示范若干政策的通知》 | 目前尚没有关于武汉市新能源汽车财政补贴具体数额的公布。但在获取补贴的过程中存在着补贴难得情形，如新能源汽车财政补贴的周期过长，3 个月提交一次资料，第 4 个月才给补贴，如此长的周期使得汽车经销商占用了大量的资金。此外，由于补贴不是一次性到位的，想要申请领取后续部分补贴也较难 | 当前财政补贴是促进新能源汽车销售的非常重要的措施之一。或许是收到骗补的影响，地方政府在给予地方补贴时进行了严格审核，周期也较长。这在客观上影响了新能源汽车的销售 | 8分 |
| 平台建设（5分） | 武汉新能源汽车研究院、东风新能源研发中心等一批科研机构建立 | 一些新能源汽车企业有自己的研究院，新能源汽车企业与高校结合紧密，如武汉大学、华中科技大学、武汉理工大学等在高性能电池的研制与开发，电机及其控制的研制，燃料电池技术及整车系统分析及优化和电动车辆开发与运营示范等方面，均在国内处于领先地位。企业与高校的合作机制正在形成 | 武汉的高校在新能源汽车技术研究上具有雄厚的势力，在高校与企业的联合研发上具有良好的传统和得天独厚的优势。平台运用得较好 | 4分 |

续表

| 核心指标 | 具体内容 | 完成情况（截至 2015 年） | 绩效评价 | 实际得分 |
|---|---|---|---|---|
| 政府采购（5 分） | 政府部门新增或更新公务用车中，新能源汽车比例不低于 50%。公交、环卫等行业优先使用新能源或清洁能源汽车，新增或更新的出租车应使用新能源或清洁能源，到 2015 年，城区公交车新能源和清洁能源车的比例达到 65%以上。积极引导在固定区域推广应用新能源出租汽车，新城区新增出租车辆全部采用新能源汽车 | 截至 2015 年底，武汉市已推广使用 3075 辆新能源车，已运营新能源公交车 200 辆。市经发投集团、市公交集团将合资组建新能源汽车租赁公司，以融资租赁方式首批采购 800 辆新能源公交车，并租赁给市公交集团营运 | 统计数据仅对城市公交采用新能源汽车的情况进行了说明，没有提供党政机关公务用车新增新能源汽车的情况，但可以断定，效果并不理想，因充电实施跟进不到位，政府采购新能源汽车意义不大。但武汉的新增出租车基本采用的是新能源汽车 | 3 分 |
| 配套措施（10 分） | 成立武汉市节能与新能源汽车示范推广工作领导小组。新能源汽车在指定公共充电区充电免费；新能源汽车在市内行驶不受尾号限制；对从事配送的新能源物流车，则可凭通行证在三环线内按核定线路通行 | 成立了武汉市节能与新能源汽车示范推广工作领导小组。据测算，在武汉，新能源汽车每年可省桥梁隧道 ETC 年票 2100 元，车船税 450 元，折合下来，百千米运行成本只有汽油车的 1/5 | 武汉关于新能源汽车的配套措施中没有提及新能源汽车发展基金的建立，这主要是因为武汉发展新能源汽车"不差钱"，其具有较为雄厚的资金实力。武汉市缺乏关于动力电池循环利用和回收管理的规定。武汉新能源汽车配套措施的重点是给新能源汽车的使用者提供便利，就此而言，这一目标基本实现 | 7 分 |

续表

| 核心指标 | 具体内容 | 完成情况（截至 2015 年） | 绩效评价 | 实际得分 |
|---|---|---|---|---|
| 人才培养（10 分） | 武汉市缺乏对新能源汽车人才培养的具体目标及专门和系统规划 | 武汉市在 2006 年就启动"制造业创新拔尖人才"评选，培养大批服务于制造产业的创新拔尖人才（含新能源汽车人才）。2011 年武汉开发区推出"高端人才集聚工程"，围绕区内先进制造业、高新技术产业引进人才，并对入选人才最高给予 500 万元鼓励支持政策 | 武汉市不缺乏中低端的新能源汽车人才，其缺乏的是新能源汽车的高端人才。因此，在政策上重点引入高端人才是合理的。需注意的是，关于新能源汽车产业的高端人才不应当仅限于技术人才，还包括政策人才、管理人才、营销人才与服务人才等 | 6 分 |
| 推广应用（10 分） | 进一步完善新能源汽车购置、车辆运营、配套设施建设等方面的扶持政策，完善财政补贴政策，出台新能源汽车进入家庭的激励政策，完善公共服务领域推广应用新能源汽车的激励政策，完善配套设施建设及运营的扶持政策，完善产业化扶持政策等 | 没有出台具体的新能源汽车进入家庭的激励政策。规定了新能源汽车市内行驶不受尾号限制，免桥梁隧道 ETC 通行费等，促进了新能源汽车的推广应用。关于新能源汽车产业化的政策相对缺乏，特别是市场化和商业化的政策缺乏 | 武汉市出台了一些鼓励单位和个人推广使用新能源汽车的一些政策，取得了一定效果。但新能源汽车进入家庭的激励政策，公共服务领域推广应用新能源汽车的激励政策，配套设施建设及运营的扶持政策，新能源汽车产业化扶持政策等均不够完善 | 5 分 |
| 实际得分 | | | | 67 分 |

通过以上分析可对武汉新能源汽车产业政策作如下评价：武汉市新能源汽车产业政策实施的总体效果要好于全国的平均水平（全国的新

能源汽车产业政策实施效果评价的实际得分为 61 分）和湖北省的平均水平（湖北的新能源汽车产业政策实施效果评价的实际得分为 65 分）。其实施效果较好的方面是在推广数量、技术路线上、税收优惠与平台建设上，实施效果相对不明显的是基础设施建设、财政补贴、推广应用等方面，这些方面是今后应当重点加强的。需要进一步说明的是，衡量一个城市新能源汽车产业政策实施的效果，关键是看其政策确定目标的实现情况及新能源汽车产业的发展情况。应当将，武汉的新能源汽车产业发展情况要优于襄阳，但是其政策的制订与实施的总体情况却不优于襄阳。这说明政策仅是促进新能源汽车产业发展的一个重要因素，影响新能源汽车产业发展的还有非政策的因素，如市场因素等。即使是在政策因素较弱，但市场因素较强的情况下，亦可以推动新能源汽车产业的发展。当然，如果能够协调好政策与市场两方面的因素，做到"双轮驱动"，则是最好的。就此意义而言，武汉的新能源汽车产业政策应当进一步加强其科学研究，充分发挥其应有的功能。

### 四、完善武汉市新能源汽车产业政策的建议

就政策文本而言，武汉市新能源汽车产业政策主要存在如下几个方面的问题：（1）武汉市缺乏对新能源汽车产业发展的专门的整体规划，对今后 5~10 年的发展目标、技术路线、主要途径、保障措施等缺乏系统谋划。（2）武汉市关于新能源汽车产业发展的一些配套措施没有出台，如虽然在《武汉市新能源汽车推广应用示范工作实施方案》中提出了要进一步完善新能源汽车购置、车辆运营、配套设施建设等方面的扶持政策，出台新能源汽车进入家庭的激励政策，完善公共服务领域推广应用新能源汽车的激励政策，完善配套设施建设及运营的扶持政策，完善产业化扶持政策等。然而，这些配套政策却没有出台。（3）武汉市关于新能源汽车产业政策中有些内容缺失，如关于动力电池循环利用和回收管理的政策缺失，关于新能源汽车商业模式的政策缺失，关于新

能源汽车产业人才培养与引进政策缺失等。（4）武汉市关于新能源汽车产业政策中有些目标的确定不尽科学，如关于 2015 年新建充换电站和充电桩数量的目标就没有完成，而且相差较大。事实上，笔者并不完全赞同完成了计划，或超额完成目标就一定是实施的效果好。目标的确定应当适度略高一些，以此起到激励的作用，只要是接近完成计划，就视为实施效果好。当然，若离目标相去甚远或超额过多，则说明目标订立的不够科学。

针对武汉市新能源汽车产业政策文本本身存在的问题，结合政策实施的效果情况和武汉市新能源汽车产业发展的现状和需求，特提出如下进一步完善武汉市新能源汽车产业政策的建议如下：

1. 尽快出台武汉市新能源汽车产业发展规划

这一规划应当是未来 5~10 年的规划，规划的内容应当涉及指导思想、基本原则、技术路线、核心目标、主要路径、保障措施等。这一规划既可以专门制定何谓出台，也可以融入到武汉市汽车产业发展规划中。有了此规划，就为武汉市发展新能源汽车产业指明了方向，提供了纲领，也为后续相关配套政策的出台提供了依据。

2. 尽快出台在新能源汽车产业发展方面缺失的政策

在新能源汽车产业发展方面，有些政策是必要的，对这些必要但尚未出台的政策，应当加快制定和出台的进度，如关于动力电池循环利用和回收管理的政策，关于新能源汽车商业模式的政策，关于新能源汽车产业人才培养与引进的政策等应当尽快制定和出台。

3. 应当继续延续武汉市新能源汽车产业中已有的优势政策

这些政策包括财政补贴政策、税收优惠政策、平台政策、政府采购政策、基础设施建设政策、配套措施及推广应用政策等。关于财政补贴政策，需要重点关注的是对该政策的执行。实际上，武汉市关于新能源汽车财政补贴政策是较为优惠和完善的，之所以实施效果不理想的主要原因是执行的情况不令人满意，因此要改善执行的流程，提高执行的效率。好的政策不应因为执行的问题而没有起到应有的效果。

**4. 重点完善武汉市新能源汽车技术路线、基础设施建设、推广应用等方面的政策**

虽然在技术路线上，武汉市新能源汽车产业政策实施的效果较好，但其主要原因得益于市场因素。武汉市尚未出台系统的新能源汽车技术路线的政策。一些专家和学者提出了关于武汉市新能源汽车技术路线的建议，如吴强（2016）就分别提出了车用动力电池技术路线、电机控制系统技术路线、混合动力汽车技术路线、纯电动汽车的技术路线、燃料电池汽车技术路线、其他新能源汽车技术路线等①。南琼（2016）则提出，武汉市新能源汽车技术路线上关键的一个环节是车用动力电池，除继续攻克锂离子等主流动力电池难题外，积极发展锌空气、质子交换膜等电池技术，促使动力电池多元化发展，同时需着重研究电池及其控制系统的安全性、可靠性和轻量化。此外，加强新能源汽车关键零部件研发，包括电机及其控制系统等，重点支持驱动电机系统及核心材料，电动化附件的研发等也是十分重要的②。笔者认为，武汉市新能源汽车发展的技术路线同国家的"三横""三纵"相一致。在整车上注重重点发展与全面发展相结合，在对纯电动汽车、插电式混合动力汽车、燃料电池汽车重点发展的同时，应当集中力量研发天然气汽车、乙醇汽车等新能源汽车。在零部件上，重点是补短板，即出台政策重点扶持对在电机、电池、控制系统、新能源汽车轻量化、智能化方面的研发与生产运用。

在基础设施建设上，除继续推行已有的优惠政策外，应当鼓励采取PPP模式加快基础设施的建设。当然，也要防止对已建成的基础设施应用率低的问题。应当同时出台政策鼓励新能源汽车使用者充分运用基础实施。在推广应用方面，新能源汽车购置、车辆运营、配套设施建设

---

① 吴强，应保胜，南琼，金杭，许小伟.武汉新能源汽车产业关键技术及路线选择［J］.交通企业管理，2016（3）：42-45.

② 南琼，应保胜，吴强，金杭，许小伟.基于关键技术视角下的地方新能源汽车发展研究［J］.汽车科技，2016（4）：71-77.

等方面的扶持政策，新能源汽车进入家庭的激励政策，公共服务领域推广应用新能源汽车的激励政策，配套设施建设及运营的扶持政策，新能源汽车商业模式、产业化扶持政策等应当尽快出台或细化。

5. 进一步完善人才培养与引进政策，鼓励研究人员对新能源汽车技术的研发与创新

武汉市虽然有"高端人才集聚工程"，但缺乏对新能源汽车人才培养的具体目标及专门和系统规划。事实上，这一政策是非常重要的，其对新能源汽车产业的发展起着巨大的支撑作用。尽管武汉不缺乏汽车人才，但新能源汽车的人才还是缺乏的，与北上广等一线城市相比较，其吸引人才的政策和环境是需要提升的。在对新能源汽车研发和核心技术开发方面，可考虑给研发人员政策的鼓励与扶持，提高其积极性。

武汉作为"中国车都"面临着汽车产业的转型升级，而新能源汽车产业的发展又是促进武汉市汽车产业转型升级的重要推动力，还是实现武汉市能源发展目标的重要环节。而且武汉市的新能源汽车发展在全省处于前列，在全国处于中上游水平。因此，通过进一步完善政策，充分发挥政策与市场的作用，力争早日实现新能源汽车产业化的目标是可行的。

# 第六章 襄阳市新能源汽车产业政策绩效评价及完善研究

近几年,襄阳市新能源汽车产业发展取得了令人瞩目的成绩,且襄阳新能源汽车产业发展的势头较好。这主要得益于襄阳市委、市政府高度重视新能源汽车产业的发展,出台了一系列鼓励和扶持新能源汽车产业发展的政策,并提出了打造"新能源汽车之都"的目标。对襄阳新能源汽车产业政策实施效果进行评价,并提出完善建议,必将进一步促进襄阳市新能源汽车产业的科学布局和又好又快的发展。

## 第一节 襄阳市新能源汽车产业发展现状

襄阳市位于湖北汽车走廊的中部,是国家火炬计划汽车动力与部件产业基地,设有国家汽车质检中心、国家动力电池产品质检中心、国家汽车零部件检测重点实验室,被湖北省列为新能源汽车推广试点城市和新能源汽车产业制造基地。襄阳也是我国中部地区重要的"汽车城",是全国重要的汽车及零部件制造基地,是湖北省重要的汽车产业基地,是东风公司重要的研发和生产基地,发展新能源汽车产业基础很好、优势比较明显。近几年,襄阳新能源汽车产业发展迅速,2015年1月,襄阳市正式提出:打造"中国新能源汽车之都"。

## 一、襄阳新能源汽车发展历程

早在 2002 年,襄阳便开始了新能源汽车磷酸铁钒锂电池和永磁直流驱动电机的研发。2009 年 9 月 12 日,襄阳市委、市政府于出台了《关于发展新能源汽车产业的意见》,成立了新能源汽车产业发展领导小组,设立办公室和技术委员会,建立新能源汽车产业发展专项基金。襄阳市汽车产业办成立了新能源汽车专家委员会,拥有包括清华大学在内的产学研方面的专家,并已制定了《襄阳市新能源汽车产业发展规划》。2009 年 12 月,襄阳开通了新能源城市公交客车线路,并投放首批进行示范营运。投入示范运营的东风天翼纯电动城市公交客车和插电式混合动力城市公交客车整车,以及驱动系统、控制系统、发动机、车桥等主要部件,全部由襄阳企业开发和制造,拥有完全自主知识产权。2010 年 1 月,襄阳市政府与国家电网公司签订战略合作协议,国家电网湖北省电力公司在 2010 年投资 1600 万元,在襄阳市建设 2 座充换电站及 30 个充电桩。凭借完善的新能源汽车产业资源,2013 年,襄阳市成功入围国家 25 个新能源汽车示范推广试点城市。2013 年 6 月,襄阳市质监局和汽车产业办联合承办了全国电动汽车用动力蓄电池标准研究工作组二届二次会议。2014 年 11 月 17 日,经湖北省质监局批复同意,湖北省新能源汽车标准创新联盟(以下简称创新联盟)在湖北襄阳成立。创新联盟成立以后,正不断整合省内整车、零部件、高校和研究院等优势资源,实现联盟企业间的资源共享、人才互补,以及技术、资金和产品的合作,逐步提高联盟的社会影响力和整体实力,促进省内新能源汽车产业在生产、流通、销售等环节的合作,降低新能源汽车产品制造与生产成本,加快新能源汽车整车及零部件产业整合,实现产业化和规模化。2015 年 1 月,襄阳市正式提出:打造"中国新能源汽车之都"。2015 年襄阳市新能源汽车产业总产值达 71.8 亿元,同比增长

63.1%；整车产量达 13017 辆（含底盘），是 2014 年的 7.2 倍。2016 年 7 月，由襄阳制造的首款纯电动轿车东风俊风 ER30 正式下线。至此，襄阳新能源汽车整车产品从新能源商用车、专用车拓展到了新能源乘用车。同期，襄阳雅致新能源汽车有限公司正式开工。该项目投资 50 亿元，将建设年产能 50 万辆的新能源电动车生产线。预计 2016 年襄阳新能源汽车产量有望达到 3 万台，到 2020 年，新能源汽车产业产业产值有望突破 1000 亿元。

## 二、襄阳新能能源汽车发展现状

2015 年，全国新能源汽车整车产量 34.26 万辆，襄阳约占全国的 3.8%。目前，襄阳新能源汽车整车企业已发展到 12 家，配套核心企业发展到近 60 家，相关配套企业共计 200 余家，一些主要新能源汽车企业情况详见表 6.1。从事新能源汽车研发生产的企业及院所达 30 多家，拥有 200 多项专利和实用技术，初步形成了新能源汽车"两纵三横"（纯电动汽车、混合动力汽车，动力电池、驱动系统、控制系统）的产业形态。2015 年，襄阳市新能源汽车产业总产值达 71.8 亿元，同比增长 63.1%；整车产量达 13017 辆（含底盘），是 2014 年的 7.2 倍。拥有 3 座大型充换电站，18 个直流充电桩，30 个交流交电桩。襄阳已初步成为集整车制造、关键零部件制造和汽车研发检测于一体的"新能源汽车之都"。涌现了以东风襄阳旅行车股份有限公司、高新青山电动车有限公司、襄阳宇清电动车有限公司为整车生产企业代表，以京远高科技有限公司、骆驼蓄电池股份有限公司为动力电池生产企业代表，以追日新能源有限公司为充电机生产企业代表的一大批新能源汽车整车和零部件企业。以襄阳高新区为例，其 2015 年新能源汽车关键部件产业集群实现产值 280 亿元。

表 6.1　襄阳市部分新能源汽车企业主营业务和主要业绩一览表

| 企业名称 | 主营业务和主要业绩 |
| --- | --- |
| 东风汽车股份有限公司 | 纯电动、混合动力城市公交客车和商用车的研发生产主体,该公司投资 16.5 亿元实施新能源客车项目 |
| 东风襄阳旅行车公司 | 是国内第一家同时获得混合动力汽车和纯电动汽车生产资质的企业,该公司利用自主研发的 17 项电动车专利技术,整合国内相关资源,开发和应用一系列车身和底盘电动化关键技术,通过传统客车与纯电动客车生产工艺共性与差异性的研究,形成纯电动客车和混合动力客车的制造工艺,实现纯电动客车与传统客车共线柔性化生产,成为东风公司的新能源汽车主要生产阵地 |
| 湖北超亿科技有限公司 | 公司的前身为襄樊越红机电设备有限公司,成立于 1993 年,与武汉理工大学等科研院所建立了紧密的产学研合作关系,产品主要有汽车零部件、机车零部件、高低压电气设备、纯电动新能源整车四大类 |
| 襄阳中大青山电动汽车公司 | 从事动力蓄电池、驱动电机的研发和生产,该公司投资 5.5 亿元,新建 30 条生产线,形成年产 10 亿 AH 的生产能力,产值过百亿元 |
| 湖北骆驼蓄电池股份有限公司 | 是国内生产规模最大的汽车蓄电池生产企业,"骆驼商标"被国家工商总局认定为全国驰名商标,并在英国、意大利等国建立了销售渠道。该公司除开发、生产、销售铅酸汽车蓄电池外,在开发 30、50 和 100Ah 锂电池上也取得了一定成果。该公司投资 10 亿元,正在建设高性能车用动力锂电池项目。此外,骆驼电池还争取到乐"国家动力电池检验中心"这一授权 |
| 湖北京远科技有限公司 | 公司于 2010 年 8 月在湖北省襄阳市高新区注册成立,注册资本 2 亿元人民币。公司致力于大容量锂离子动力电池及其管理系统的研发与产业化生产,开发生产的磷酸铁锂动力电池,主要技术指标和安全性能均居国内领先水平。已形成系列化大容量磷酸铁锂电池的研发和生产能力,能够为各种纯电动和混合动力新能源汽车提供性能优良、安全可靠的动力电池、电池包和管理系统 |

续表

| 企业名称 | 主营业务和主要业绩 |
| --- | --- |
| 东风汽车电气有限公司 | 该公司是东风汽车全资子公司。主要开发、生产、经营汽车电机电器和电子产品（包括新能源汽车），是东风汽车公司电气产品的开发生产基地 |
| 襄阳特种电机有限公司 | 是国内专门从事电机生产的企业，也是国内生产纯电动和混合动力驱动电机的骨干企业。该公司产品已在全国各地运用于新能源汽车，已经与国内多家大型整车制造公司如宇通、恒通、扬子江、申沃、东风、安凯、黄海等公司紧密合作，该公司产品所配套车辆已经成功在北京、上海、杭州、深圳、武汉、昆明、郑州、无锡、广州、合肥、西安、洛阳、重庆、台北等国内多个城市运行 |
| 襄阳宇清电动汽车有限公司 | 主要从事纯电动和混合动力汽车自动变速驱动系统及其零部件的设计、开发、和制造，该公司自主研发的电驱动变速同步驱动系统（即EMT系统控制技术）为国内首创，插电式混合动力系统汽车节油率可达60%以上，已经达到国际先进水平，该公司投资5亿元，正在建设电动汽车动力动力系统及检测线项目，产能10万台套，产值20亿元 |
| 追日新能源公司 | 先后开发出有源电力滤波装置、光伏电站并网逆变装置、户用光伏逆变装置、光伏离网控制装置、无谐波蓄电池充放电装置，以及技术独创、具有毫秒级快速响应的大容量动态无功补偿系列装置，其技术水平在国际领先。该公司研制的电动汽车光伏智能充换电站系统，属国内首创 |

襄阳早在2009年12月开通新能源城市公交客车线路，并投放首批进行示范营运。投入示范运营的东风天翼纯电动城市公交客车和插电式混合动力城市公交客车整车，以及驱动系统、控制系统、发动机、车桥等主要部件，全部由襄阳企业开发和制造，拥有完全自主知识产权。目前，襄阳市的新能源公交车458台，占全市公交车总数的35%，累计搭载乘客超1亿人次，平均每公里耗电0.8度，节能水平全国领先。

襄阳现已初步形成以整车制造为龙头，涵盖电池、电机、控制系统等核心关键技术的完整产业链，形成涵盖纯电动汽车、混合动力汽车及动力电池、电动机、控制系统三大核心配件的"两纵"（纯电动汽车、混合动力汽车）"三横"（动力电池、驱动系统、控制系统）产业格局。以东风襄阳旅行车、宇清电动、国通青山、骆驼集团为主体的新能源汽车产业的研发与产业化步伐不断加快，在纯电动汽车、混合动力汽车和关键零部件等方面优势十分明显，获得国家授权专利和技术认证80多项，已形成了从电池、电机、控制器、新能源客车底盘、驱动系统到整车较为完整的产业链。在电动汽车领域技术研发上取得一批重要科技成果，拥有20多项专利，部分核心技术达到国际先进水平。聚集电池、电机、控制器、驱动系统到整车10多家生产企业，还有一批企业具备研发制造新能源汽车零部件的能力。襄阳市新能源汽车已经具备了产业化的基础，其产业链已经初具规模。其新能源整车生产企业有东风汽车股份有限公司特种车事业部（主要生产新能源特种车）、东风襄阳旅行车（主要生产新能源客车）、湖北超亿科技有限公司（主要生产新能源乘用车）。其新能源电池生产企业有湖北京远科技有限公司（主要生产锂离子动力电池）、湖北骆驼特种电源有限公司（主要生产锂离子动力电池）。其新能源电机、电控系统的生产企业有东风汽车电气有限公司（主要生产新能源乘用车和商用车电机）、襄阳宇清传动科技有限公司（主要生产集成式电驱动系统）、襄阳南车电机技术有限公司（主要生产交流异步电机和永磁电机）。其新能源充放电设备生产企业有湖北追日新能源科技有限公司（主要生产电动汽车智能充电机）、湖北德普电气股份有限公司（主要生产充放电设备、管理控制系统）。其新能源电气系统生产企业有襄阳群龙汽车股份有限公司（主要生产整车电气系统）、襄阳乐泰机电有限公司（主要生产模块化电动空调）、湖北凯希科技有限公司（主要生产新能源车空调）。新能源汽车车载信息系统的生产企业是襄阳新长征科技有限公司（主要生产车载运行监控系统）。新能源汽车示范运营的公司是襄阳绿捷新能源汽车有限公司，负责新能源汽车的运营。此外，襄阳还建有国家动力电池产品质量监督检验中心，对新能源核心零部件开展相关产品检验方法研究、检验及产品标准制（修）定和产品研发等科研攻关等。襄阳市提出，力争到"十三五"期末，实现新能源汽车产业产值达到1000亿元的目标。设立了产业发展专项基金，用于支持新能源汽车企业投资布局、固定资产投资、科研技术开发等。

### 三、襄阳新能源汽发展特点

经过襄阳新能源汽车发展现状分析，可以对襄阳新能源汽车发展现状归纳出以下几个特点：

1. 襄阳市政府高度重视新能源汽车产业的发展

襄阳市政府致力将襄阳打造为全国的"新能源汽车之都"。这一重视不仅体现在政策上，而且更加体现在政府的行为上。襄阳市政府将新能源汽车的发展作为"一把手"工程，由市长协调并督促落实，有了较快的发展速度。尤其是重点在高新区内发展新能源汽车产业，集中精力将襄阳高新区朝着建成"以整车研发、生产—检测基地—动力电池—驱动、控制系统—充电器生产和充电辅助系统—教育（培训）基地—示范运行—推广应用—售后服务等新能源汽车产业链"的方向推进，取得了显著成效。

2. 襄阳的新能源汽车已具备产业化的良好条件

具体体现如下：（1）襄阳新能源汽车产量具备一定的规模化。2015年，襄阳的新能源汽车产量约占全国的3.8%（全国新能源汽车产量为34.26万辆），湖北省的70%以上。2016年，襄阳新能源汽车产量或将达到3万台，2020年，新能源汽车产业产值将突破1000亿元。（2）襄阳市新能源汽车基础设施建设较好，特别是充电设施建设走在了湖北省的前列。今后，襄阳规划在5年内建设各类充换电站77座、充电桩4625个，以满足全市电动轿车的充电需求。并要求新建住宅配建停车位应 100% 建设充电设施或预留建设安装条件。鼓励在现有住宅小区内的停车场、车库配建充电设施。在具备条件的政府机关、公共机构和企事业单位配建停车场建设充电设施或预留建设安装条件的车位比例不低于 10%。（3）襄阳新能源汽车产品种类齐全，整车制造、关键零部件制造和新能源汽车研发检测体系均具备。（4）襄阳拥有"国家动力电池产品质量监督检验中心"，该中心是国家质检总局批准的全国唯一一个专业检验、测试、研发新能源汽车及其五大关键零部件的国家级检验中心。这就使得襄阳在检验、测试、研发，以及制定行业标准等领域具有了条件。（5）目前，襄阳市的新能源公交车 458 台，占全市公交车总数的 35%，累计搭载乘客超 1 亿人次，平均每千米耗电 0.8 度，节能水平全国领先。

3. 襄阳新能源汽车发展态势好

进入 2016 年，襄阳加快了新能源汽车的发展速度，有着很好的发展态势。如襄阳雅致新能源汽车有限公司正式开工建设。该项目投资 50 亿元，将建设年产能 50 万辆的新能源电动车生产线，着力建设世界一流的新能源汽车及零部件研发、生产、销售的新能源汽车产业基地。国能电池有限公司将投资 25 亿元生产高性能动力电池生产线项目，预计可实现年产值 36 亿元，带动相关产业产值 20 亿元。骆驼集团新能源电池有限公司将投资 20 亿元生产新能源汽车锂离子电池，2018 年项目全部达产后产值将达到 50 亿元。此外，骆驼集团成立了驼峰投资公司，整合宇清传动科技公司，并通过资本市场募资，投资锂离子动力电池生产线、废旧铅酸蓄电池回收、电子商务平台及新能源汽车融资租赁等项目，逐步转型为基于互联网平台的涵盖"启动用铅酸蓄电池生产+回收"和"新能源电池电机生产+新能源汽车租赁"业务的汽车市场综合服务提供商。

4. 襄阳注重新能源汽车人才的培养

2015 年 8 月《襄阳市新能源汽车产业与职业教育报告》发布，报告对襄阳新能源汽车产业发展概况、襄阳市新能源汽车产业人才需求状况（含人才需求数量、需求类型等）进行了分析，指出经劳动部门测算，襄阳市新能源汽车产业的设计、研发、生产管理、检测分析等人才缺口将达近 3500 人，其中，新能源汽车电子高技能（含汽车服务企业）人才每年的需求在 1000 人以上。襄阳市新能源汽车产业对各类相关的高端人才将有持续的大量需求，具体包括以下三类 12 个领域的人才：第一是整车和零部件类，包括新能源汽车整车系统研发人才、新能源汽车相关附件研发人才和新能源汽车专用电器研发人才等 7 个领域；第二是试验、检测分析类，主要是新能源汽车整车及零部件试验检测人才；第三是产业规划和运行服务类，包括新能源汽车产业发展规划、策划及政策研究人才、新能源汽车市场专业营销人才和新能源汽车监控管理、运行服务及售后维修服务人才等 4 个领域。报告提出要建立新能源汽车专业人才培养机制：襄阳市相关企业与有关院校需进一步加强沟通交流，共建新能源汽车研发与工程技术中心，建设产学研一体化的校企培训和实习基地，有目标、有计划地培养和储备产业人才。每年提供一定的课题与活动经费，鼓励专业人才携课题参加企业、院校、襄阳市新能源技术委员会等的技术研发、技术交流等活动，对其论文和课题在国内外获奖者予以奖励。另外，有关部门、企业可设立专项人才资金，专门用于解决人才引进和使用过程中相关问题。

### 四、襄阳市新能源汽车发展存在的主要问题

襄阳新能源汽车的发展虽然有着良好的条件和发展态势，但也存在一些问题。左继宏、陈良显指出，襄阳新能源汽车产业起步晚、产能较小、关联度较低；人才储备短缺、人才结构不合理、整体素质偏低，高级人才匮乏；资金制约因素严重①。任征宇指出，襄阳新能源汽车科技

---

① 左继宏，陈良显. 襄阳新能源汽车产业发展的 SWOT 分析［J］. 科技管理研究，2011（21）：119-123.

含量和技术水平有待提高，新能源汽车售价较高导致普及困难，新能源汽车基础设施不完善①。王利军，胡树华，牟仁艳指出，襄阳新能源汽车产业的主要劣势是关键技术不足，技术创新能力薄弱，基础设施配套不足，市内产业资源集成能力差等②。笔者认为，襄阳新能源汽车产业的发展主要存在以下几个方面的问题：一是虽然襄阳市政府高度重视新能源汽车产业的发展，但是在政策上关于新能源汽车产业的政策缺乏系统性和创新性；二是虽然襄阳的新能源汽车已具备产业化的良好条件，但是其产业化进程却推进的不是很顺利。这主要体现在：（1）襄阳新能源汽车的整车和零部件技术急需提升；（2）襄阳有着著名的新能源电池品牌——骆驼牌，但却缺乏新能源汽车整车的知名品牌，这与"新能源汽车之都"的称号不相适应；（3）襄阳新能源汽车推广普及度不高，虽然在公共交通上有所推广，但在私人购买上却较为有限，当然，这主要受制于新能源汽车较高价格因素的制约，其与传统能源汽车比较起来，缺乏价格和使用上的优势，以 12 米长的新能源大客车为例，一台纯电动大巴出厂价为 130 万元，而传统燃油车却不到 40 万元，在中央及地方补贴 100 万元后，新能源汽车才有市场优势；（4）襄阳新能源汽车的基础设施建设还不能满足发展新能源汽车的需求；（5）襄阳的新能源汽车研究机构——湖北省新能源汽车标准创新联盟的作用没有得到很好的发挥；三是虽然襄阳新能源汽车发展态势好，但是发展现状却不容乐观，后续的资金较为匮乏，融资的途径较为单一，在新能源汽车尚未真正进入产业化阶段，大规模的扩充新能源汽车的产能是有较大风险的；四是虽然襄阳注重新能源汽车人才的培养，但目前却存在着专门人才和高端人才缺乏，技术人才、管理人才和服务人才严重不足的

---

① 任征宇. 浅析襄阳市新能源汽车产业发展现状、存在的问题与对策 [J]. 经营管理者，2016（2）：150.

② 王利军，胡树华，牟仁艳. 基于期望效用理论的 SWOT 方法改进 [J]. 武汉理工大学学报（信息与管理工程版），2013（4）：591-594.

局面，存在着对新能源汽车产业人才培养途径不畅，效果不是很理想的情形。

**五、发展襄阳新能源汽车产业的建议**

针对襄阳新能源汽车产业发展现状、存在的主要问题及将来的发展定位，特提出如下建议：（1）确立襄阳市新能源汽车产业发展的目标定位，即紧紧围绕着打造"新能源汽车之都"发展新能源汽车产业；（2）梳理已有的新能源汽车政策，从新能源汽车产业化的角度修订、完善和出台新能源汽车产业政策，为实现打造"新能源汽车之都"的目标提供政策上的扶持、引导语监管；（3）在新能源汽车产业发展中，着重打造2~3家新能源汽车零部件和整车的全国知名品牌；（4）大力推广新能源汽车在公共交通、政府采购、私人购买领域的应用，使新能源汽车的普及率有所提高，具体数额可在测算后确定；（5）合理安排、有序推进和大力发展新能源汽车的基础设施建设；（6）充分发挥新能源汽车研究机构和检测机构的作用，使其更好地服务于新能源汽车产业的发展，力争在新能源汽车标准确定和技术创新上有所突破；（7）大力培养新能源汽车各层次人才，注重引进新能源汽车技术、服务、管理、营销等方面的高端人才。

襄阳是湖北省汽车工业长廊的重要环节，其良好的汽车产业基础和优越的地理位置，为其发展新能源汽车产业创造了无可比拟的优越条件。襄阳市提出打造"新能源汽车之都"的目标有其科学性，但也存在较大难度，要向实现这一目标，必须走在全国的前列，既要有优势产品，又要有完整的新能源汽车产业链，以发展新能源汽车产业带动襄阳整个汽车产业的转型升级和结构调整，进而实现未来一段时期整个襄阳的经济和社会发展目标。

## 第二节　襄阳市新能源汽车产业政策绩效评价及完善研究

襄阳是湖北省除武汉以外列入新能源汽车示范推广试点的城市，其新能源汽车产业发展的态势较好，得益于一系列新能源汽车产业政策的颁布与实施，以下就对襄阳市新能源汽车产业政策进行梳理和绩效评价，进而提出完善襄阳市新能源汽车产业政策的建议。

### 一、襄阳市新能源汽车产业政策的梳理

襄阳市制定新能源汽车政策起步早，且较为完善，早在2009年9月12日，就制定了《关于发展新能源汽车产业的意见》，成立了新能源汽车产业发展领导小组，随后又制定了《襄阳市新能源汽车产业发展规划》。

2010年，襄阳市发布了《汽车产业调整和振兴规划》，规划期为2009—2011年。规划提出：（1）新能源汽车整体技术达到国际先进水平，新能源汽车专用零部件技术达到国际先进水平。（2）重点支持新能源汽车动力模块产业化、内燃机技术升级、先进变速器产业化、关键零部件产业化以及独立公共检测机构和"产、学、研"相结合的汽车关键零部件技术中心建设。（3）实施新能源汽车战略。推动纯电动汽车、充电式混合动力汽车及其关键零部件的产业化。掌握新能源汽车的专用发动机和动力模块（电机、电池及管理系统等）的优化设计技术、规模生产工艺和成本控制技术。建立动力模块生产体系，形成10亿Ah车用高性能单体动力电池生产能力。发展普通型混合动力汽车和新燃料汽车专用部件。（4）今后三年，在新增中央投资中，安排100亿元作

为技术进步、技术改造专项资金，重点支持汽车生产企业进行产品升级，提高节能、环保、安全等关键技术水平；发展新能源汽车及专用零部件。（5）推广使用节能和新能源汽车。启动国家节能和新能源汽车示范工程，由中央财政安排资金给予补贴，支持大中城市示范推广混合动力汽车、纯电动汽车、燃料电池汽车等节能和新能源汽车。县级以上城市人民政府要制订规划，优先在城市公交、出租、公务、环卫、邮政、机场等领域推广使用新能源汽车；建立电动汽车快速充电网络，加快停车场等公共场所公用充电设施建设。

2011年4月颁布的《襄阳市国民经济和社会发展第十二个五年规划纲要》中指出：加强自主品牌轿车、电动汽车、混合动力汽车、清洁燃料汽车和发动机等研发，在重点领域形成一批具有自主知识产权的产品。重点支持新能源汽车和关键部件、汽车电子、新型环保汽车材料、油化产品、橡塑产品的发展。新能源汽车产业要抓住国家新能源汽车试点城市政策机遇，加大"两纵三横"（"两纵"：纯电动车、汽电混合动力车；"三横"：电池、电机、电控）核心技术研发力度，着力开发生产新能源客车、轿车、物流车、微型车、环卫执法车，以及与之配套的汽车专用底盘、电机及其控制器、动力电源系统等，形成相对完整、实力较强的新能源汽车产业链条，创立全球知名的纯电动汽车品牌，建立具有国家资质的实验检测基地和认证机构。把襄阳打造成国家级新能源汽车集研发、生产、销售、营运、服务于一体的千亿级产业基地。

2014年9月26日，襄阳市出台了《襄阳市新能源汽车推广应用实施办法》，该办法规定：（1）新能源汽车纳入政府采购范围，党政机关公务用车、环卫绿化等领域50%的新增或更新车辆必须采购新能源汽车，市区新增或更新的公交车、出租车原则上首选新能源汽车。（2）推广应用的新能源汽车中外地品牌数量不低于30%。（3）2015年12月31日前消费者在襄阳购买办理登记手续的新能源汽车，在中央财政补贴基础上,襄阳市地方财政给予配套补贴。消费者购纯电动车最高可能补 11.4 万元。新能源汽车补贴范围是指纳入中央财政补贴范围的新能源汽车车型。补贴的国家标准是,2014 年可享受新能源补贴的纯电动车补贴最高为 5.7 万元/辆、插电式混合动力汽车最高 3.325 万/辆、燃料电池车最高 19 万元/辆。以普通小轿车为例,纯电续驶里程 250 公里的车型,2014 年国家确定的最高补贴为 5.7 万元,加上市里再补贴 5.7 万元,消费者购车最多可享受 11.4 万元的补贴。此外,在襄阳市办理了居住证的外省市居民和外籍人士、在当地注册登记管理部门登记注册的法人组织等在购买新能源汽车时与本地居民、法人组织享受同等政策。(4)落实国家新能源汽车免征车辆购置税和车船税有关政策。(5)在襄阳注册专门从事新能源汽车运营和租赁服务的企业,对其缴纳的增值税和企业所得税的地方留成部分给予全额补贴。(6)城市新建小区、公共停车场、建筑物配建停车场应按照不低于配建停车位 20% 的比例,规划和建设新能源汽车充换电设施。(7)新能源汽车充换电设施建设用地纳入土地利用总体规划和年度用地计划,在用地指标、土地预留、土地征用、土地供应等方面给予保障和优惠。(8)社会力量采取公开招标采购,并验收合格的充换电设备,按照其实际设备投资额的 20% 给予一次性补贴,个别重大的核心充换电设备可采取"一事一议",最高补贴金额不超过 500 万元。(9)充换电设施运营企业可向用户收取充换电服务费,充换电服务费实行政府指导价管理,具体收费标准由市物价部门核定。(10)充换电设施运营企业根据国家电网公司《关于做好电动汽车充换电设施用电报装服务的意见》的相关规定,向供电部门申请用电报装。小区物业公司、业主委员会应积极配合住户、供电部门、充换电设施建设运营企业做好充换电设施用电报装和建设工作。

2014 年 9 月 30 日,襄阳市公布了《关于加快襄阳新能源汽车产业发展的实施意见》,该意见指出:(1)襄阳新能源汽车发展的总体思路是以纯电动、插电式（含增程式）混合动力商用车、专用车为主攻方向，大力培育具有市场竞争力的整车和关键部件龙头企业，发展多元化、规模化的动力电池、驱动系统和控制系统，形成区域产业竞争优势；加快建设新能源汽车研发、检验、检测等共性技术平台，形成区域性的研发、检验、检测中心；推进多元化的充电设施网络建设，创新商业运营模式，形成区域性的运营服务中心，努力建设全国重要的新能源汽车研发制造基地，推动襄阳市汽车产业转型升级。新能源汽车发展的目标是：到2020年形成10万辆整车生产能力，建成产业化水平高、技术先进、配套设施齐全、服务完善的新能源汽车产业发展体系。（2）加快建设新能源汽车共性技术平台，成立襄阳新能源汽车工程研究院，加强襄阳新能源汽车专家委员会建设，加快"湖北省新能源汽车标准创新联盟"建设，加快"襄阳新能源汽车监控中心"建设。（3）加快做大新能源汽车产业规模，规划建设新能源汽车产业园，全力支持东风襄阳基地新能源板块做大做强，支持地方整车和关键零部件企业形成规模和竞争力。（4）加大新能源汽车招商引资力度，整合新能源汽车产业招商资源和平台，制定完善产业链招商路线图，创新招商引资方式，引进新能源整车和核心零部件企业。（5）加快新能源汽车推广应用，坚持产业发展和推广应用并重，加大推广应用力度，在公交、出租等城市客运以及环卫、物流、机场通勤、公安巡逻等领域加大新能源汽车推广应用力度，积极推进政机关和公共机构、企事业单位使用新能源汽车，鼓励引导私人购买使用新能源汽车。襄阳市今后新增的公交车和出租车原则上首选新能源车。鼓励支持社会资本投资新能源汽车运营服务，引进和培育具有成熟市场运作经验的新能源汽车运营企业，重点引进汽车租赁公司。在公共服务领域探索公交车、出租车、公务用车的新能源汽车融资租赁运营模式，在个人使用领域探索分时租赁、车辆共享、整车租赁以及按揭购买新能源汽车等模式，加快新能源汽车推广应用。不断提高物联网、车联网、大数据等现代信息技术在新能源汽车商业运营模式创新中的应用水平，鼓励支持互联网企业参与新能源汽车技术研发和运营服务。（6）加快建设新能源汽车充换电设施，制定充换电设施建设规划，加快推进充换电设施建设，推进充换电设施关键技术攻关。支持企业探索发展适应行业特点、多元化的充换电模式。支持无线充电等新型充电设施及装备技术的研发和推广，加快襄阳无线充电商用示范线建设运营，支持企业加快制定无线充电相关技术标准，推动襄阳充电设备产业发展。（7）加强动力电池循环利用和回收管理。（8）完善落实配套支持政策和服务，设立新能源汽车产业发展基金，加大对新能源汽车推广应用的政策支持，完善新能源汽车金融服务，加强新能源汽车人才保障。（9）成立市新能源汽车产业发展和推广应用工作领导小组。

2014年12月，襄阳市汽车办、财政局、科技局联合出台《襄阳市新能源汽车推广应用财政补贴实施细则》，该细则规定：（1）公共服务领域消费者购买和使用产自襄阳本地的新能源汽车，补贴资金由财政部门直接拨付给生产厂家；公共服务领域消费者购买和使用产自襄阳以外的新能源汽车，补贴资金由财政部门拨付给相关公共服务领域消费者。私人购买和使用新能源汽车，补贴资金由财政部门拨付给汽车销售机构。汽车销售机构以扣除财政补贴资金后的价格将新能源汽车销售给私人消费者。（2）根据《襄阳市新能源汽车推广应用实施办法》，地方配套补贴具体为：纯电动乘用车、插电式混合动力（含增程式）乘用车推广应用地方补贴标准按其纯电续驶里程（R）确定。纯电动乘用车：80km≤R<150km 的，每辆补3.5万元；150km≤R<250km 的，每辆补5万元；R≥250km 的，每辆补6万元。插电式混合动力（含增程式）乘用车：R≥50km 的，每辆补3.5万元。纯电动客车、插电式混合动力（含增程式）客车推广应用补贴标准按其车长（L）确定。纯电动客车：6m≤L<8m 的，每辆补12万

元；8m≤L<10m 的，每辆补 15 万元；L≥10m 的，每辆补 50 万元。插电式混合动力客车（含增程式）：L≥10m 的，每辆补 25 万元。纯电动专用车（主要是：邮政、物流、环卫等车辆）推广应用补贴标准：按电池容量每千瓦时补贴 2000 元，每辆车补贴总额不超过 15 万元。燃料电池乘用车每辆补贴 20 万元；燃料电池商用车每辆补贴 50 万元。以上标准为 2013 年补贴标准，2014 年补贴标准在 2013 年标准基础上下降 5%，2015 年补贴标准在 2013 年标准基础上下降 10%。

2015 年 10 月，襄阳市人民政府办公室发布了《关于进一步加快新能源汽车推广应用的通知》，该通知主要内容如下：（1）明确了工作任务。提出襄阳市本轮应落实推广应用新能源汽车的任务为 2635 辆。由公交公司完成 150 辆，其中插电式混合动力公交车 100 辆，东风纯电动微循环车 50 辆；由东风旅行车公司完成新能源汽车 600 辆，其中，县（市）区完成 350 辆，城区完成 250 辆；各新能源汽车销售商落实新能源乘用车 1735 辆，其中，县（市）区完成 800 辆，城区完成 935 辆；东风股份公司特种车事业部在市区和各县（市）区完成各类新能源电动特种车推广任务 150 辆。（2）明确了补贴标准。对前期未纳入市级补贴范围的各县（市）区推广应用的纯电动、插电式混合动力乘用车和纯电动专用车，按照市级补贴标准，在现行财政体制下，由市、县（市）区两级各补贴一半执行；对各县（市）区购买的由我市东风汽车股份有限公司生产 6~8m 纯电动客车，除中央财政补贴 30 万元外，地方财政补贴 5 万元。其中，市财政分担 3 万元/辆，县（市）区财政分担 2 万元/辆；市、县（市）区财政分担的新能源汽车应用推广地方财政补贴经费，分别纳入 2015 年、2016 年财政预算，进行专项安排；参照中央财政"提前预拨、下年清算"的政策，在严格对照国家财政部 2014 年度已兑现各类品牌销售车辆补贴的前提下（新能源汽车车辆生产企业及产品公告和推荐车型目录产品一致），按照市汽车办、市财政局、科技局制定的《襄阳市新能源汽车推广应用财政补贴实施细则》（襄汽办发〔2014〕50号）明确的地方补贴标准，从本年度10月1日起对照本市已销售车辆，对地方补贴实行提前预拨，下年结算的办法。继续采用销售单位申报、职能部门审核、市政府审批的办法，每月审核一次，并及时预拨。具体预拨办法由市财政局、市汽车办与相关部门会商制定。

2015年12月，襄阳市汽车产业办公室、襄阳市城乡规划局、襄阳市城市规划设计研究院公布了《襄阳市中心城区充电设施专项规划》。规划期限为2015—2020年。规划预测至2020年襄阳中心城区各类电动汽车总量为25000辆。其中电动公交车1000辆，电动出租车500辆，电动环卫车500辆，电动物流车1000辆，电动私家车22000辆。按照公交车辆充电桩车桩配建比取1∶0.8；专用车辆充电桩车桩配建比取值1∶1.0；公共充电桩车桩配建比按《电动汽车充电基础设施发展指南（2015—2020）》要求：在新能源汽车推广应用城市，公共充电桩与电动汽车比例不低于1∶8的要求。预测充电设施建设规模如下：电动公交车充电桩配建800个，电动环卫车充电桩配建500个，电动物流车充电桩配建800个，城市公共充电桩配建3325个，充电桩总体规模为5425个。此外，还新建31座公交充换电站。

## 二、襄阳市新能源汽车产业政策的特点

经过以上梳理，可以归纳出襄阳新能源汽车产业政策的特点如下：（1）襄阳制订了大致的新能源汽车产业发展的目标和整体规划，整个新能源汽车产业政策具有一定的系统性，其较早的确定了新能源汽车"两纵三横"（"两纵"：纯电动车、汽电混合动力车；"三横"：电池、电机、电控）的技术路线。（2）襄阳涉及新能源汽车产业发展政策的数量不在少数，内容较为全面，但也中规中矩，主要依据国家的政策制定本市的政策。（3）襄阳关于新能源汽车补贴政策规定的较为细致，

提出了由市、县（市）区财政分担的新能源汽车应用推广地方财政补贴机制。（4）襄阳的新能源汽车产业政策较为重视对研究机构（如标准的制定机构及一些高等院校等）和检测机构的支持，这为襄阳新能源汽车产业的发展提供了后劲。（5）襄阳在新能源汽车产业政策制定中较为重视人才的培养与引进政策，如《襄阳市中长期人才发展规划纲要（2010—2020）》的通知中指出支柱产业和新兴产业人才要适应襄阳产业结构优化升级和转变发展方式的需要，以提升竞争力为核心，引导和鼓励各类人才向支柱产业和新兴产业领域流动。要加强汽车及零部件、食品、纺织服装、电子电器、能源电力、化工医药、装备制造、建材冶金八大支柱产业群和新一代信息技术、高端装备制造、新材料、生物医药、节能环保、新能源、新能源汽车、航空航天等新兴产业领域人才发展的统筹规划。制定优惠政策，实施支柱产业和新兴产业人才集聚工程，引导和鼓励高校、科研院所和海内外高层次人才向支柱产业和新兴产业集聚。

虽然襄阳的新能源汽车产业政策具有明显的优势，但也存在一些不足，主要体现在以下几个方面：（1）在新能源汽车产业政策中关于目标和指标的确定较为笼统，量化不够，使得在对其绩效评价时缺乏相应的数据指标；（2）襄阳新能源汽车产业政策的重点仍然是补贴上，采用与中央补贴同步和同比例的方法，这使得新能源汽车产业化的其他方面的政策显得力度不够，与将襄阳打造成"新能源汽车之都"的目标相去较远；（3）襄阳新能源汽车产业的有些目标缺乏具体措施的支撑，如虽然提出了把襄阳打造成国家级新能源汽车集研发、生产、销售、营运、服务于一体的千亿级产业基地，但如何打造，千亿级是如何形成的，却没有相应政策的支撑；（4）襄阳新能源汽车产业政策虽然具有一定的系统性，但各相关部门的作用与功能没有充分发挥很协调好，出现了襄阳市市委和市政府高度重视新能源汽车产业发展，但各部门却没有形成预想的合力，企业等市场主体发展的不够快。

### 三、襄阳市新能源汽车产业政策的核心指标

经过襄阳市新能源汽车产业政策的分析，襄阳市新能源汽车产业政策的核心指标及内容详见表 6.2。

表 6.2　　　　　　襄阳新能源汽车产业政策核心指标

| 核心指标 | 主　要　内　容 |
| --- | --- |
| 发展目标 | 长期目标：打造新能源汽车之都。<br>2020 年目标：到 2020 年形成 10 万辆整车生产能力，建成产业化水平高、技术先进、配套设施齐全、服务完善的新能源汽车产业发展体系 |
| 推广数量 | 推广应用的新能源汽车中外地品牌数量不低于 30%。<br>提出襄阳市本轮应落实推广应用新能源汽车的任务为 2635 辆 |
| 技术路线 | "两纵三横"（"两纵"：纯电动车、汽电混合动力车；"三横"：电池、电机、电控）。以纯电动、插电式（含增程式）混合动力商用车、专用车为主攻方向，发展多元化、规模化的动力电池、驱动系统和控制系统，形成区域产业竞争优势 |
| 基础设施 | 新能源汽车充换电设施建设用地纳入土地利用总体规划和年度用地计划，在用地指标、土地预留、土地征用、土地供应等方面给予保障和优惠。对验收合格的充换电设备，按照其实际设备投资额的 20% 给予一次性补贴，最高补贴 500 万元。加快建设新能源汽车充换电设施，制定充换电设施建设规划，加快推进充换电设施建设，推进充换电设施关键技术攻关。支持企业加快对无线充电相关技术的研发和相关标准的制定，推动襄阳充电设备产业发展。城市新建小区、公共停车场、建筑物配建停车场应按照不低于配建停车位 20% 的比例，规划和建设新能源汽车充换电设施 |

续表

| 核心指标 | 主 要 内 容 |
|---|---|
| 税收优惠 | 落实国家新能源汽车免征车辆购置税和车船税有关政策；在襄阳注册专门从事新能源汽车运营和租赁服务的企业，对其缴纳的增值税和企业所得税的地方留成部分给予全额补贴 |
| 财政补贴 | 2009—2011年三年在新增中央投资中安排100亿元作为技术进步、技术改造专项资金，重点支持汽车生产企业进行产品升级，提高节能、环保、安全等关键技术水平，今后则没有此规定。对购置新能源汽车地方补贴与中央补贴基本采用1∶1。2015年以后，对前期未纳入市级补贴范围的各县（市）区推广应用的纯电动、插电式混合动力乘用车和纯电动专用车，按照市级补贴标准，在现行财政体制下，由市、县（市）区两级各补贴一半执行；对各县（市）区购买的由我市东风汽车股份有限公司生产6~8m纯电动客车，除中央财政补贴30万元外，地方财政补贴5万元。其中，市财政分担3万元/辆，县（市）区财政分担2万元/辆 |
| 平台建设 | 加快建设新能源汽车共性技术平台，成立襄阳新能源汽车工程研究院，加强襄阳新能源汽车专家委员会建设，加快"湖北省新能源汽车标准创新联盟"建设，加快"襄阳新能源汽车监控中心"建设 |
| 政府采购 | 新能源汽车纳入政府采购范围，党政机关公务用车、环卫绿化等领域50%的新增或更新车辆必须采购新能源汽车，市区新增或更新的公交车、出租车原则上首选新能源汽车 |
| 配套措施 | 强动力电池循环利用和回收管理。完善落实配套支持政策和服务，设立新能源汽车产业发展基金，加大对新能源汽车推广应用的政策支持，完善新能源汽车金融服务。成立市新能源汽车产业发展和推广应用工作领导小组 |
| 人才培养 | 加强新能源汽车人才保障。以提升竞争力为核心，引导和鼓励各类人才向支柱产业和新兴产业领域流动。要制定新能源汽车领域人才发展的统筹规划。制定优惠政策，实施支柱产业和新兴产业人才集聚工程，引导和鼓励高校、科研院所和海内外高层次人才向支柱产业和新兴产业集聚 |

续表

| 核心指标 | 主 要 内 容 |
|---|---|
| 推广应用 | 鼓励支持社会资本投资新能源汽车运营服务，重点引进汽车租赁公司。在公共服务领域探索公交车、出租车、公务用车的新能源汽车融资租赁运营模式，在个人使用领域探索分时租赁、车辆共享、整车租赁以及按揭购买新能源汽车等模式。不断提高物联网、车联网、大数据等现代信息技术在新能源汽车商业运营模式创新中的应用水平，鼓励支持互联网企业参与新能源汽车技术研发和运营服务 |

通过对襄阳新能源汽车核心指标的梳理可以看出，其核心指标具有以下几个特点：（1）核心指标涉及的范围较为全面，基本涵盖了新能源汽车产业发展的诸多方面；（2）核心指标中量化的指标不是很多，这对其进行绩效评价带来了较多的不确定性；（3）核心指标也存在一些不完善之处，如缺乏对新能源汽车商业模式的政策，缺乏对新能源汽车外部环境的政策①；（4）有些政策虽然核心政策中有所涉及，但缺乏一定的执行性，如虽然提出了要完善新能源汽车金融服务，但如何完善尚不够具体，虽然提出了成立市新能源汽车产业发展和推广应用工作领导小组，但该领导小组的职责，各成员单位的职责尚且不够明确，作用只发挥较为有限。

### 四、襄阳市新能源汽车产业政策实施的效果分析

由于襄阳新能源汽车产业政策中缺乏较为具体的指标，因此对其政策实施的效果分析有较大的不确定性和难度。而且，虽然襄阳较早制定

---

① 此处的外部环境政策不是取消新能源汽车限行、限号的政策，因襄阳市不存在这一问题，但可以考虑对新能源汽车给予优惠通行和停车的政策，考虑倡导提高消费者节能环保意识，自发购买新能源汽车的政策。

了新能源汽车政策,但政策中规定的年限又不尽相同,如 2010 年襄阳市发布了《汽车产业调整和振兴规划》,规划期为 2009—2011 年,这其中有关于新能源汽车产业的内容,但考核确定的基准年是 2011 年。2011 年 4 月襄阳颁布的《襄阳市国民经济和社会发展第十二个五年规划纲要》中有新能源汽车产业的内容,但这一规划纲要确定的考核年限是 2015 年。2014 年 9 月 30 日襄阳市公布了《关于加快襄阳新能源汽车产业发展的实施意见》,该实施意见去顶的考核年限是 2020 年。为便于对政策实施效果的评价,选取 2015 年作为评价的基准年,襄阳市新能源汽车产业政策实施的效果评价详见表 6.3。

表 6.3　　襄阳市新能源汽车产业政策实施的效果分析

| 核心指标 | 具体内容 | 完成情况<br>(截至 2015 年) | 绩效评价 | 实际得分 |
| --- | --- | --- | --- | --- |
| 发展目标<br>(5 分) | 提出了到 2015 年把襄阳打造成国家级新能源汽车集研发、生产、销售、营运、服务于一体的千亿级产业基地。提出了 2020 年的发展目标和长期目标 | 2015 年襄阳新能源汽车整车企业已发展到 12 家,配套核心企业发展到近 60 家,相关配套企业共计 200 余家。2015 年襄阳市新能源汽车产业总产值达 71.8 亿元,2015 年新能源汽车关键部件产业集群实现产值 280 亿元。离千亿级产业基地的目标相去甚远,这一目标很有可能调整到了 2020 年 | 能提出 2020 年的发展目标和长期的打造"新能源汽车之都"的目标是令人鼓舞的,虽然打造千亿级产业基地的目标没有实现,但是襄阳已初步具备了新能源汽车研发、生产、销售、营运、服务于一体的产业化基础 | 3 分 |

续表

| 核心指标 | 具体内容 | 完成情况（截至2015年） | 绩效评价 | 实际得分 |
|---|---|---|---|---|
| 推广数量（5分） | 没有具体的目标要求 | 2015年襄阳市新能源汽车整车产量达13017辆。襄阳市的新能源公交车458台，占全市公交车总数的35% | 虽然没有具体的目标值，仍可以进行大致的评价，评价分为各个角度：一是2015年襄阳新能源汽车整车产量约占全国的3.8%是较为理想的；另一个角度是与襄阳所提出的打造"新能源汽车之都"的发展目标相比较又是不足的 | 3分 |
| 技术路线（15分） | "两纵三横"（"两纵"：纯电动车、汽电混合动力车；"三横"：电池、电机、电控）。以纯电动、插电式（含增程式）混合动力商用车、专用车为主攻方向，发展多元化、规模化的动力电池、驱动系统和控制系统，形成区域产业竞争优势 | 截至2015年从事新能源汽车研发生产的企业及院所达30多家，拥有200多项专利和实用技术，初步形成了新能源汽车"两纵三横"（纯电动汽车、混合动力汽车、动力电池、驱动系统、控制系统）的产业形态。襄阳新能源汽车整车产品从新能源商用车、专用车拓展到了新能源乘用车 | 这一目标实现的较好，这主要得益于这一目标确定的较早，且较为科学，具有良好的基础 | 13分 |

续表

| 核心指标 | 具体内容 | 完成情况（截至 2015 年） | 绩效评价 | 实际得分 |
| --- | --- | --- | --- | --- |
| 基础设施（10 分） | 对 2015 年没有提出具体的目标值，提出了未来 5 年的规划：5 年内建设各类充换电站 77 座、充电桩 4625 个， | 截至 2015 年拥有 3 座大型充换电站（累计为新能源客车充电 44591 次，充电电量达 367.3 万 kWh），18 个直流充电桩，30 个交流交电桩 | 单从 2015 年襄阳新能源汽车充换电站和充电桩的数量看，与其他城市相比较没有竞争优势，这一指标实施的效果不理想。但襄阳的新能源汽车充换电设施建设用地已纳入土地利用总体规划和年度用地计划，也享受了一定的优惠与地方财政补贴。也进行了未来 5 年的规划，但在加快推进充换电设施关键技术攻关上效果不明显 | 6 分 |
| 税收优惠（10 分） | 落实国家新能源汽车免征车辆购置税和车船税有关政策；在襄阳注册专门从事新能源汽车运营和租赁服务的企业，对其缴纳的增值税和企业所得税的地方留成部分给予全额补贴 | 这些税收优惠正在实施中，作为地方政府已经用尽了其职责范围的税收优惠 | 就其自身能力范围而言，实施情况较好 | 8 分 |

续表

| 核心指标 | 具体内容 | 完成情况（截至 2015 年） | 绩效评价 | 实际得分 |
| --- | --- | --- | --- | --- |
| 财政补贴 15（分） | 具体内容详见《襄阳市新能源汽车推广应用财政补贴实施细则》、《关于进一步加快新能源汽车推广应用的通知》 | 5 年共投入财政补贴资金 1.5 亿元，累计落实新能源汽车购置地方配套补贴 3 亿元，补贴标准居全国同类城市前列。2015 年，划拨襄阳公交绿捷新能源汽车有限公司补贴 261 万元；拨付新能源公交车补助款 1625 万元；向新能源电池企业支付租赁费 420 万元 | 襄阳在 2015 年以前仅对纳入市级的本地新能源汽车给予补贴，2015 年以后补贴范围拓展到各县及对购买外地生产的新能源汽车同样予以补贴，补贴标准同本地。主要是依据节能环保的情况和新能源汽车的种类不同有所区别 | 13 分 |
| 平台建设（5 分） | 加快建设新能源汽车共性技术平台，成立襄阳新能源汽车工程研究院，加强襄阳新能源汽车专家委员会建设，加快"湖北省新能源汽车标准创新联盟"建设，加快"襄阳新能源汽车监控中心"建设 | 襄阳已经建立了国家动力电池产品质量监督检验中心，对新能源核心零部件开展相关产品检验方法研究、检验及产品标准制（修）定和产品研发等科研攻关等。襄阳还成立了湖北省新能源汽车标准创新联盟。设立财政扶持专项资金支持新能源汽车企业与中国科学院、清华大学等联手攻关，取得 200 件专利成果 | 襄阳市在目标中提出的平台，基本建成。虽然，这些平台作用的发挥需一个较长的过程，但这是襄阳新能源汽车产业发展的一大特色与优势，有了这些平台。襄阳新能源汽车产业的发展就有了协调性和后劲 | 4 分 |

续表

| 核心指标 | 具体内容 | 完成情况（截至 2015 年） | 绩效评价 | 实际得分 |
| --- | --- | --- | --- | --- |
| 政府采购（5 分） | 新能源汽车纳入政府采购范围，党政机关公务用车、环卫绿化等领域 50% 的新增或更新车辆必须采购新能源汽车，市区新增或更新的公交车、出租车原则上首选新能源汽车 | 在全国率先实现城市公交新能源化，5 年共投入财政补贴资金1.5 亿元，15 条公交线路投入 366 辆新能源公交车 | 统计数据仅对城市公交采用新能源汽车的情况进行了说明，没有提供党政机关公务用车新增新能源汽车的情况，但可以断定，效果并不理想，因充电实施跟进不到位，政府采购新能源汽车意义不大 | 3 分 |
| 配套措施（10 分） | 加强动力电池循环利用和回收管理。完善落实配套支持政策和服务，设立新能源汽车产业发展基金，加大对新能源汽车推广应用的政策支持，完善新能源汽车金融服务。成立市新能源汽车产业发展和推广应用工作领导小组 | 成立了市新能源汽车产业发展和推广应用工作领导小组。截至 2015 年，襄阳市 38 家新能源汽车产业相关企业获新能源汽车产业发展基金贷款，引进资金约 3.5 亿元 | 关于动力电池循环利用和回收管理的规定没有出台，新能源汽车产业发展和推广应用工作领导小组作用的发挥有待进一步提高 | 6 分 |
| 人才培养（10 分） | 加强新能源汽车人才保障。以提升竞争力为核心，引导和鼓励各类人才向支柱产业和新兴产业领域流动。要制定新能源汽车领域人才发展的统筹规划。制定优惠政策，实施支柱产业和新兴产业人才集聚工程，引导和鼓励高校、科研院所和海内外高层次人才向支柱产业和新兴产业集聚 | 有专门的人才培养与引进的文件、制度、规划和分析报告，襄阳市政府确实高度重视新能源汽车产业的人才 | 尽管襄阳在人才培养与引进上做了大量工作，但目前各类和各层次的人才仍然较为短缺，引进人才和培养人才的难度较大，效果不是很理想，但襄阳具有人才培养与引进的巨大潜力和发展空间 | 6 分 |

续表

| 核心指标 | 具体内容 | 完成情况（截至2015年） | 绩效评价 | 实际得分 |
| --- | --- | --- | --- | --- |
| 推广应用（10分） | 鼓励支持社会资本投资新能源汽车运营服务，重点引进汽车租赁公司。在公共服务领域探索公交车、出租车、公务用车的新能源汽车融资租赁运营模式，在个人使用领域探索分时租赁、车辆共享、整车租赁以及按揭购买新能源汽车等模式。不断提高物联网、车联网、大数据等现代信息技术在新能源汽车商业运营模式创新中的应用水平，鼓励支持互联网企业参与新能源汽车技术研发和运营服务 | 在公共服务领域公交车、出租车、公务用车的新能源汽车多采用融资租赁运营模式。但在个人购买和使用中分时租赁、车辆共享、整车租赁以及按揭购买新能源汽车等模式不够。物联网、车联网、大数据等现代信息技术在新能源汽车商业运营模式创新中的应用水平不高，大多数新能源汽车不是智能网联汽车 | 在个人购买和使用模式上存在的问题以及大多数新能源汽车不是智能网联汽车是普遍的，非襄阳所独有。这是今后努力的重点 | 5分 |
| 实际得分 | | | | 70分 |

经过上表的分析，可知襄阳新能源汽车产业政策实施的效果评价结果要好于全国的平均水平（全国的新能源汽车产业政策实施效果评价的实际得分为61分）和湖北省的平均水平（湖北的新能源汽车产业政策实施效果评价的实际得分为65分）。当然，这一评价也存在一些不完善之处，如指标体系不是很完善，有些指标没有考虑其中，主要原因

是襄阳的新能源汽车产业政策中本身缺乏一些指标体系；指标间的权重未必科学；同一指标没有再进行细分等。这些因素使得襄阳新能源汽车产业政策实施效果的评价有一定的局限性，但还是能够反映其总体情况的。

**五、完善襄阳市新能源汽车产业政策的建议**

针对襄阳市新能源汽车产业政策实施的效果评价，特提出如下完善建议：（1）应进一步细化新能源汽车产业未来 5~10 年的规划，在确立目标时，尽可能科学确定定量目标，然后对定量目标进行分解，分步实施，既便于达成目标，又便于监督推进。（2）大力加快新能源汽车基础设施建设，对于基础设施的建设，应当采用鼓励与硬性规定相结合的政策，尤其是要考虑充换电站与充电桩的整体布局。（3）进一步发挥有关平台和科研院所的作用。主要是发挥襄阳新能源汽车工程研究院、湖北省新能源汽车标准创新联盟、国家动力电池产品质量监督检验中心等机构的作用，使新能源汽车企业与高校和研究院所联合，加快协同创新的步伐，共同攻关共性技术。（4）进一步加大政府采购新能源汽车的力度。这一点首先体现在公共交通、环卫绿化、出租车服务上，其次体现在景区用车、物流用车上，第三体现在政府机关采购用车上。对政府机关采购和使用新能源汽车比私人购置使用新能源汽车则更加具备条件，因可将充电桩建立在政府机构专用停车区内，充电较为便利，又节约了成本。当然，目前及将来的较长一段时间，政府的公务用车不可能一律采用新能源汽车，仍然需要一定比例的传统能源汽车。（5）需进一步充实配套措施政策。需出台动力电池循环利用和回收管理的具体细则，需拓宽对新能源汽车及零部件的融资渠道，更好地发挥新能源汽车产业发展基金的作用，对新能源汽车产业发展和推广应用工作领导小组的分工进一步细化等。（6）进一步加大人才培养与引进的力度，关于这一点在制定优惠政策，实施支柱产业和新兴产业人才集聚工程，引导和鼓励高校、科研院所和海内外高层次人才向支柱产业和新兴产业集聚方面做得还不够。在中低端人才培养上，襄阳市依托当地的教育和培训资源可以自行解决，但是高端人才非常缺乏，仅靠襄阳市政府的培养是不够的。（7）重点支持对新能源汽车的推广应用。这主要涉及应出台鼓励新能源汽车商业化的政策，对新能源汽车可采用多种购买和使用模式，甚至可以出台政策鼓励对新能源汽车的回购。（8）加大对新能源汽车智能化、网联化的研究与运用。要使新能源汽车同步成为智能网联汽车，同时使车联网、大数据等现代信息技术在新能源汽车商业运营模式上得以体现。

总体而言，襄阳的新能源汽车产业政策是较为全面的，在实施上是取得了一定成效的，特别是襄阳市市委、市政府提出要将襄阳打造成为"新能源汽车之都"，可见其具有的决心和魄力。通过对襄阳新能源汽车产业政策的梳理和绩效评价，可以很好地总结经验，发现问题，进而更好地完善政策，更科学地规划好发展好襄阳的新能源汽车产业。

# 第七章　十堰市新能源汽车产业政策绩效评价及完善研究

新能源汽车产业是推进十堰汽车产业供给侧结构性改革的重要举措。推进十堰新能源汽车全产业链发展，抢占未来汽车产业发展的制高点，全力打造国家重要新能源汽车产业基地，将为十堰进一步优化产业结构，推动产业转型升级，促进产业迈向中高端，提升经济发展质效提供重要支撑。十堰市高度重视新能源汽车产业的发展，出台了一些相应的政策，起到了积极的效果，但十堰市的新能源汽车产业发展的定位尚不够明确，发展潜能尚没有充分发挥，相应的政策尚不够完善。

## 第一节　十堰市新能源汽车产业发展现状

十堰作为东风汽车的产业基地，汽车产业是十堰的重要支柱产业，汽车配套产业十分完善。十堰市汽车产业经历40多年的发展，形成了重、中、轻、微、客、低速货车、各类专用车等全系列发展态势，汽车主导产业成为十堰发展的主要力量。截至2016年底，全市拥有汽车企业近千家，其中，汽车及零部件规模以上生产企业600余家，高新技术企业88家。全市汽车产能达100万辆，可生产100多种车型、1000多种总成、4000多种零部件，形成了重、中、轻、微、客、低速货车、各类专用车等全系列商用车发展态势。十堰经济技术开发区是国家级经济技术开发区,中国(十堰)汽配城是全国唯一注册冠名"中国"字样的汽配城,其市场价格成为全国汽配市场的"指挥棒"和"风向标"。

## 一、十堰发展新能源汽车产业的意义

《十堰市新能源商用车产业发展规划(2015—2020)》指出,发展新能源商用车是降低汽车燃料消耗量,缓解燃油供求矛盾,减少尾气排放,改善大气环境,促进汽车产业技术进步和优化升级的重要举措。十堰市作为全国重要的商用车生产基地和南水北调中线工程核心水源区,必须抓住机遇,抓紧部署,充分发挥传统汽车产业基础优势,适应当前汽车产业新能源化的主流发展趋势,加快培育和发展新能源商用车产业,促进汽车产业优化升级,拓展更大的发展空间。

关于十堰的新能源汽车产业则研究的文献较少,仅有张瑞(2015)在分析了十堰节能与新能源汽车产业发展比较优势和不足的基础上,从金融扶持的角度,特别是 PtoP 模式支持十堰节能与新能源汽车产业发展进行了思考。此外,没有别的研究文献①。因此,对十堰新能源汽车产业发展现状进行研究,找出存在的问题和不足,提出十堰市新能源汽车产业发展战略构想和相关建议,有着十分重要的理论价值和现实意义。

笔者认为,在通常情况下,发展新能源汽车产业具有绿色环保、节约能源、促进产业转型升级等功能。而十堰发展新能源汽车产业具有上述意义外,更是十堰市自身发展战略的考虑,是十堰打造绿色之城、生态之城、汽车之城、文明之城的必由之路。作为汽车之城,理应大力发展新能源汽车产业之机对传统能源汽车进行改造和升级换代,将新能源

---

① 张瑞. 金融支持十堰市节能与新能源汽车产业的调查与思考 [J]. 时代金融,2015(5):255-256.

汽车技术与智能网联技术相结合，打造新能源汽车完整产业链，创造和增加产业链价值；作为绿色生态文明之城，十堰理应大力倡导低碳出行，鼓励购买和使用新能源汽车，大力发展新能源汽车的基础设施，最大可能的降低汽车带来的环境、噪声和气候污染，十堰应当在新能源汽车购买和使用上走在全国的前列。

## 二、十堰市发展新能源汽车取得的成绩

近几年，十堰新能源汽车产业发展较快，十堰从城市发展战略的高度定位新能源汽车产业的发展，将新能源汽车产业作为汽车产业转型升级的重点，取得了令人瞩目的成绩。

1. 新能源汽车产量大幅度增加

目前十堰拥有新能源汽车整车生产资质的企业 7 家，2016 年湖北省新能源汽车累计产量为 2.4 万辆，其中，十堰的新能源汽车产量为 1.8 万辆，占全省的 75%。2017 年 1—7 月，十堰市新能源汽车产量超过 8000 辆，同比增幅超过了 40%，新能源汽车及产业链产值近百亿元。此外，全市生产锂离子电池 468 万只，电池制造业完成产值超过 20 亿元，同比增长 320%。随着 2017 年 10 月份沃特玛创新联盟 15 家企业集体入驻十堰新能源产业园，2017 年十堰新能源汽车产业产值有望突破 200 亿元。《十堰市工业和信息化发展"十三五"规划》中提出，到 2020 年新能源商用车年产销量达到 10 万辆，产值达到 200 亿元。《十堰 2049 远景发展战略规划》中提出，未来十堰的发展目标是"生态、人文、新经济"，新经济重点在于升级"汽车、旅游、农业、服务"四大主导产业，其中，汽车产业核心立足于发展新能源汽车。

2. 建立了新能源汽车产业园

2015 年，十堰沃特玛新能源汽车产业园项目开工仪式在十堰经济技术开发区港澳台工业园举行（十堰市首个以 PPP 模式建设的工业项目）。十堰新能源汽车产业园项目由沃特玛电池公司牵头，联合蓝海华

腾技术有限公司、越博汽车电子有限公司、长园深瑞继保自动化有限公司等八家深圳新能源汽车技术创新联盟企业共同投资建设。项目总占地面积 700 亩，分两期建设，首先入驻沃特玛电池公司，项目投资 7 亿元。2017 年 8 月 8 日，苏州绿控、广东劲达、安徽中通、广州通达、安徽德孚、浙江科力等首批 15 家企业正式签约入驻新能源汽车产业园。首批签约企业以沃特玛联盟企业为主。沃特玛联盟涵盖新能源汽车全产业链上游原材料、核心零部件、光伏发电微网储能、装备制造、整车制造以及与新能源汽车相关联的运营平台、金融服务、高等院校和科研机构于一体的产业联盟，首批引进沃特玛联盟企业，有助于在十堰快速建立新能源汽车核心产业链。首批签约企业入驻后，十堰新能源汽车产业园二期将通过"满园工程"，继续大力引进新能源汽车"补链"企业，形成从研发、生产、销售到运营管理的新能源汽车全产业链；同时，还将围绕新能源汽车产业大力发展新能源材料，新能源装备制造等相关产业，将十堰新能源汽车产业园打造成国家级新能源示范园区，为十堰再造一个千亿级战略新兴增长极。

3. 涌现了一批新能源汽车企业

十堰在新能源汽车布局中，既考虑了整车生产企业，又考虑了零部件生产企业。整车生产制造企业主要如下：（1）东风东风特汽（十堰）客车有限公司是东风汽车公司下属从事东风客车研制、生产、销售的重要企业之一，该企业生产的新能源汽车主要是东风超龙新能源客车。2016 年，该公司订单式产销新能源客车 400 多辆，产值过亿元；2017 年计划产销 500 至 800 辆。（2）东风特汽（十堰）专用车公司该公司是东风汽车公司新能源专用车底盘及新能源专用车的定点生产企业，是东风汽车公司中最早进入新能源汽车领域的企业之一。该公司与深圳沃特玛新能源汽车合作，相继开发了 3 吨位至 20 吨位系列纯电动物流车、纯电动冷藏车、纯电动多功能抑尘车、纯电动乘用车、大功率移动补能车等 40 多个品种的纯电动专用车。凭借可靠的产品质量和良好的售后服务，该公司的纯电动城市物流车产销量迅速跃居全国首位。2016 年销售新能源整车 11923 辆，产值达 30 亿元。2017 年一季度，该公司产销新能源汽车 3000 辆，实现产值近 10 亿元。预计 2017 年产销纯电动新能源汽车 2 万辆，实现产值 100 亿元。（3）湖北世纪中远车辆有限公司 2016 年底取得国家工信部颁发的新能源汽车整车生产资质，拥有新能源纯电动环卫车生产线、纯电动城市物流车生产线以及纯电动轻、中、重型运输车生产线，初步形成年产 4 万~5 万辆新能源纯电动整车生产能力。（4）东风小康公司是十堰的龙头企业，其创造的"小康速度"载入了十堰汽车产业的发展史册。2016 年该公司开始涉足新能源汽车，生产新能源整车 3000 辆，产值 5 亿元。东风小康公司目前已与东风雷诺公司开展合作，研发新能源汽车，投产后年产有望达到 5 万~10 万辆，年产值 50 亿元左右。（5）湖北大运汽车有限公司 2016 年 2 月该公司生产的风驰新能源汽车下线，风驰电动车采用直流无刷电机，最高设计车速 50km/h，续驶里程 120km，采用碟刹盘式液压制动。自此，湖北大运公司涉足新能源整车生产制造领域开始产生效益。（6）湖北巴苏达新能源汽车有限公司。该公司是一家从事新能源电动汽车设计、研发、汽车租赁、汽车零部件生产、销售及服务为一体的专业厂家。公司拥有新能源车辆整车集成、底盘设计加工和电控系统等核心技术，主要产品是电动乘用车系列、电动货车系列、电动观光车系列、电动老年休闲车四大系列；（7）2017 年 8 月 27 日，东风汽车集团股份有限公司与雷诺日产联盟宣布将建立一家新的合资企业——易捷特新能源汽车有限公司，东风持股 50%，雷诺、日产各持股 25%，联合发展搭载智能网联技术的电动汽车，并在全球销售。易捷特新能源汽车有限公司在东风的十堰工厂生产电动汽车，以适应汽车电动化、智能化、网联化、共享化和轻量化（"五化"）转型趋势，年产能 12 万辆，预计 2019 年投产。此外，十堰还有一些小型的新能源汽车公司，如湖北嘉竞公司与湖北汽车工业学院合作开发的电动汽车也即将投产。

新能源汽车零部件生产企业主要有：（1）十堰精密制造有限公司研发的电驱动后桥等 20 多项技术获得了国家专利，企业产品进入了全球汽车采购链。(2) 2016年6月,沃特玛集团在十堰经济技术开发区建厂投产,日产电池40万只,当年实现产值11亿元。2017年第一季度,该厂生产电池3000台套,实现产值5亿元。2017年产能将达到70万只,产值力争实现48亿元。(3) 十堰圣伟屹智能制造有限公司,该公司是一家专业从事智能工厂规划、投资、建设、运营服务的企业。该公司拥有乘用车的轴类、盘类精密零件,新能源汽车的电机转子、轮毂、轮架、壳体等零部件的批量制造能力。此外,以精密电动车桥、车驰电机、天运汽车电子为代表的20余家传统汽车零部件企业在新能源汽车零部件研制方面也有重大突破。

4. 充电桩等基础设施有所建立

在新能源汽车配套基础设施方面,目前十堰市城区已建成并投入使用9座充换电站,分别是市艺校站、兴丽城站、红卫建设大道站、炉子沟站、六堰公交四公司站、火车站公交场站、白浪9路车终点站、龙门沟站、武当山站。这些充换电站既为公交车提供充电服务,也为社会电动车辆提供充电服务。此外,十堰还建有3个充电桩,负责给电动汽车提供电源。据测算,每个充电桩的价格近20万,建设一座新能源汽车充换电站费用为数百万元。十堰使用的新能源汽车主要是公交车,充换电站主要为公交车使用,据了解,公交车如果用的是电动汽车,充电40分钟,可以营运160至200千米,与使用天然气作为动力的公交车相比节约燃料成本40%左右。

综上,十堰的新能源汽车发展具有一定的基础和优势,主要体现在以下几个方面:(1) 十堰是驰名中外的汽车城,是"中国第一、世界前三"的商用车生产基地,是国家火炬计划中唯一的汽车零部件产业基地,是全国卡车产业化程度最高、产业集群优势最为明显的地区,汽车制造业存量资产过千亿,拥有全国最大的商用车零部件集散中心和全国最完整的汽车产业链,在新能源商用车上发展潜力巨大;(2) 十堰具有新能源汽车发展的技术和人才支撑,十堰拥有研发团队3万余人,熟练技术工人20余万人,拥有4所高校,特别是湖北汽车工业学院位于十堰，该校在新能源汽车的研发和人才培养上独具特色，是除武汉之外的城市无法比拟的；(3) 十堰汽车文化浓厚，市委市政府高度重视，正值汽车产业转型升级之时，发展新能源汽车是必然的选择。

### 三、十堰新能源汽车发展存在的主要问题

虽然十堰新能源汽车的发展取得了好的成绩，但也存在一些问题，具体如下：

1. 十堰新能源汽车发展缺乏明晰的定位

虽然十堰拥有新能源汽车整车、零部件生产企业，也提出了一些目标，但是十堰对新能源汽车产业发展的定位尚不够明晰，发展的路径尚不够明确，缺乏总体的规划和保障措施。

2. 十堰新能源汽车尚未形成完整产业链和有影响力的产业集群

当前，十堰新能源汽车产业结构单一、规模较小，新能源汽车企业尚未形成核心竞争力和竞争优势，新能源汽车技术研发实力不强，研发成果不多，尚未形成完整产业链和有影响力的产业集群。

3. 十堰市私人购买新能源汽车数量较少

据不完全统计，2017 年 1—9 月，十堰市有 23 辆新能源车入户，其中私家车仅有 15 辆。私人购买新能源汽车较少的主要原因是新能源汽车价格较高，在十堰市购买没有补贴，十堰的充电桩等基础设施尚不够发达等。实际上，十堰为达到 2049 年生态十堰、人文十堰、新经济十堰的发展目标，私人购买和使用的新能源汽车没有达到足够高的比例是不可能实现的。就此意义而言，十堰应当在全国率先提出限制传统能源车上路，鼓励私人购买新能源汽车的目标。

4. 十堰新能源汽车产业政策相对缺乏，政策对新能源汽车产业的规范与指导作用发挥不够

目前，十堰地方的新能源汽车产业政策主要体现在 2015 年 7 月 20 日十堰市人民政府办公室印发的《十堰市新能源商用车产业发展规划

(2015—2020)》中，规划对十堰市新能源商用车发展现状及面临的形势进行了分析，提出了十堰市发展新能源商用的指导思想和基本原则、主要目标和技术路线，提出实施新能源商用车技术创新工程、实施新能源商用车产业推进工程、实施推广应用和试点示范推进工程。在保障措施中提出设立新能源商用车产业发展基金、支持新能源汽车产业化进程、推进新能源商用车产业创新发展、统筹推进新能源商用车应用的各项工作、营造有利于新能源商用车发展良好环境等。然而，规划中却没有提出实质性的激励政策和扶持措施，此后也没有相应的实施细则跟进。此外，该规划主要是从新能源汽车生产制造的角度提出要大力发展十堰的新能源商用车产业，相对忽略了鼓励私人购买、使用新能源汽车以及公务购置新能源汽车的政策。

### 四、加快十堰新能源汽车产业发展的建议

针对十堰市新能源汽车发展现状及存在的问题，提出如下加快十堰新能源汽车产业发展的建议。

1. 尽快出台《关于加快十堰新能源汽车产业发展的实施意见》

该实施意见应当是十堰市发展新能源汽车产业的总纲和顶层设计，在实施意见中应当体现十堰市发展新能源汽车产业的总体定位、指导思想和基本原则、近期和中长期的目标、技术路线、主要任务、扶持措施、保障机制等内容，为十堰市新能源汽车产业发展提供有力政策支撑和具体的鼓励措施。该实施意见在内容上应当综合考虑新能源汽车生产（含整车与零部件）、制造、研发、购买、使用、维修、保养、报废等整个产业链条。此外，应当考虑尽快出台十堰新能源汽车地方补贴政策，在土地、资金、政策上支持系能源汽车企业做大做强。

2. 注重新能源汽车产业链的建立和发展

在明确十堰新能源汽车产业发展总体定位后，应当注重从新能源汽

车的设计制造、技术研发、整车生产、零部件供应、基础设施、营销模式、售后服务、维修保养、报废回收等全产业链协调发展，共同推进。十堰发展新能源汽车的主要宗旨不仅是为整个汽车产业的转型升级，而且更是从整个城市的绿色环保发展理念出发制定的发展战略，十堰的三张名片"仙山（武当山）、秀水（南水北调）、汽车城（新能源汽车）"均应当体现这一理念。

3. 加强新能源汽车产业创新平台建设

加快推进新能源汽车产业产学研有效结合，加快建设湖北新能源商用车产业技术研究院，提升新能源汽车产品研发和技术创新能力。建立统一的研发团队，实现新能源汽车产业园内科研力量的整合和共享。进一步加强对引进新能源汽车技术（主要是电池、电机技术）的消化吸收和二次创新。

4. 加速提高私人购买新能源汽车的数量

建议十堰出台鼓励私人购买新能源汽车的具体政策，十堰作为南水北调中线工程核心水源区理应从打造生态文明城的高度倡导和鼓励私人购买新能源汽车，可同时考虑出台限制传统能源车上路的政策，谋划新能源汽车的保有量在若干年后应达到的比例。

5. 大力发展新能源汽车人才

新能源汽车产业链的发展，对新能源汽车的技术人才、服务人才、营销人才、管理人才、物流人才、金融人才的需求大幅度增加，为此，可通过引进人才、产学研联合培养人才等途径储备和获取新能源汽车人才，为十堰新能源汽车产业发展提供有力的智力和人才支撑。

## 第二节　十堰市新能源汽车产业政策绩效评价及完善研究

目前，十堰市新能源汽车产业的主要政策体现在《十堰市新能源商用车产业发展规划（2015—2020年）》（以下简称《规划》）中。该规划指出，新能源商用车是指采用新型动力系统，完全或主要依靠新型能源驱动的商用车，新能源商用车主要包括纯电动商用车、插电式混合动力商用车及燃料电池商用车。为应对日益突出的燃油供求矛盾和环境污染问题，我国已将发展新能源汽车上升为国家战略，并制定了一系列扶持政策，加快推进技术研发和产业化，大力推广应用新能源汽车。目前，新能源车电池、电机、电子控制和系统集成等关键技术取得了重大进步，产业化发展基础已基本具备，纯电动汽车和插电式混合动力汽车开始小规模投放市场，汽车产业向新能源方向转型升级的发展趋势已经形成。当前，十堰市新能源商用车产业处于起步阶段，动力电池、驱动电机和控制器三大核心总成处于研发和产业化初期，充电设施的规划、选址、建设处于起始阶段。

## 一、《规划》的主要内容

### （一）指导思想

深入贯彻发展新能源汽车的国家战略，把培育和发展新能源商用车产业作为落实市委、市政府"外修生态、内修人文"发展战略，加快汽车主导产业转型升级的一项重大举措，立足我市商用车产业现有基础，按照政府引导、市场主导、创新驱动、重点突破、协调发展的要求，积极发挥企业主体作用，加大政策扶持力度，营造良好发展环境，提高新能源商用车创新能力和产业化水平，推动汽车产业优化升级，形成区域产业竞争新优势，增强汽车工业的整体竞争能力。

### （二）基本原则

（1）坚持产业转型与技术进步相结合。加快培育和发展新能源商用车产业,推动汽车动力系统电动化转型。

(2)坚持自主创新与开放合作相结合。加强创新发展,把技术创新作为推动新能源商用车产业发展的主要驱动力,加快形成具有自主知识产权的先进技术。充分利用全球创新资源,深层次开展国际国内科技合作与交流,探索合作新模式。

(3)坚持政府引导与市场驱动相结合。积极发挥规划引导和政策激励作用,聚集科技和产业资源,鼓励新能源商用车的开发生产,推动新能源商用车规模化推广应用。

(4)坚持培育产业与加强配套相结合。以整车为龙头,培育、带动动力电池、电机、电控系统及其他汽车电子等产业链加快发展。

(三)主要目标

(1)产业化取得重大进展。到2017年,纯电动商用车累计产销量力争达到15000辆,实现产值35亿元,培育3~5家年产2000台以上的新能源商用车企业,培育1~2个中国驰名商标,培育3个以上湖北名牌产品。

(2)到2020年,纯电动商用车产销量达25000辆,产值达到60亿元,培育3~5家年产5000台以上的新能源商用车企业,培育3个以上中国驰名商标,培育5个以上湖北名牌产品。

(3)电池经济性显著改善。引进先进动力电池生产企业,通过规模化生产有效降低动力电池成本,提升我市纯电动商用车市场竞争力。

(4)技术水平大幅提高。新能源商用车整车及动力电池、电控系统等关键零部件技术达到国内先进水平。

(5)配套能力明显增强。关键零部件技术水平和生产规模基本满足产业化需求。充电设施建设与新能源汽车产销规模相适应,满足重点区域内或城际间新能源汽车运行需要。

## （四）技术路线

以纯电驱动为新能源商用车产业发展和汽车工业转型的主要战略取向，重点推进纯电动商用车产业化，推广普及专用功能的纯电动商用车，提升我市商用车产业整体技术水平。

## （五）主要任务

1. 实施新能源商用车技术创新工程

按照政府引导、企业主体、政策支持、市场运作的原则，加快构建新能源汽车共性技术平台，完善新能源汽车技术创新体系，突破关键核心技术，提升产业核心竞争力。

（1）依托湖北汽车工业学院，联合国内外高等院校、科研机构，成立中国商用车（专用车）研究院，组建新能源商用车专家委员会，指导企业研发、生产活动，服务和引导企业完善标准体系，推动整车、零部件企业、研发检验检测机构融合发展；引进领军人才和优良资源，打造十堰新能源商用车产业人才培训、技术研发、成果转移和产业孵化的服务平台，开展新能源汽车关键技术攻关，推进产学研用结合，促进科技成果转化应用。

（2）推进电动汽车控制系统、动力电池及电极新材料、新型超级电容器及其与电池组合系统的研发。加强新能源商用车关键零部件研发，重点支持电动空调、电动转向、电动制动器等电动化附件的研发。

（3）引导企业加大新能源商用车研发投入，在专用车产业联盟基础上建立新能源商用车技术发展联盟。支持围绕新能源商用车产业发展的生产性服务业发展，构建政策咨询、信息服务、资质申报、产品公告、技术标准、知识产权保护、品牌创建等全方位的中介服务平台。

（4）引导企业大力实施精品名牌战略，加强知识产权的创造、运用、保护和管理，构建全产业链的专利体系，提升产业竞争能力。

2. 实施新能源商用车产业推进工程

充分利用现有产业基础，加强规划引导，加大政策支持力度，引导资源向优势企业集聚，壮大新能源汽车产业规模，提升产业化水平。

（1）支持东风公司十堰基地发展新能源商用车产业。进一步深化与东风商用车有限公司的战略合作，充分发挥东风商用车有限公司在底盘方面的技术优势，促进其与地方专用车企业在新能源商用车领域的良性互动；推动东风特种商用车公司等龙头企业发展新能源特种商用车产业，引导企业加大技术开发和应用推广等方面的投入力度。

（2）建设新能源商用车特色产业园区。合理发展新能源商用车整车生产能力，防止低水平盲目投资和重复建设。将新能源商用车产业列为十堰经济技术开发区国家级生态工业园的核心产业，重点支持十堰经济技术开发区新能源商用车特色产业园区建设。大力支持东风特汽（十堰）专用车有限公司、东风特汽（十堰）客车有限公司、东风小康汽车有限公司、湖北世纪中远车辆有限公司等企业的纯电动汽车生产项目建设。

（3）建设动力电池产业园区。积极推进动力电池规模化生产，加快培育和发展一批具有持续创新能力的电极材料和动力电池生产的龙头企业。重点支持湖北万润新能源科技发展有限公司、深圳沃特玛电池有限公司等企业的项目建设。

（4）增强关键零部件研发生产能力。引导市场主体加大关键零部件研发投入力度，发展一批符合产业链聚集要求、具有较强技术创新能力的关键零部件企业，在电动汽车控制系统领域培育 1~2 家骨干企业。重点支持湖北天运汽车电器系统有限公司电动汽车控制系统研发生产。

（5）加强轻量化技术与产品研发。重点推进车用轻量化材料的研发与产业化，加快开发轻量化底盘结构和轻量化整车结构。

（6）加大新能源汽车招商引资力度。整合新能源汽车产业招商平台和资源，统筹制定产业链招商路线图，创新招商引资方式，引进一批新能源整车和核心零部件企业。抢抓新能源汽车产业加速发展的政策和市场机遇，合理利用东风公司的品牌优势和市场资源，加大对动力电池、电机、电控及其关键部件、材料和新能源汽车运营服务、充电设施建设运营等企业的招商引资力度，着力引进国内外技术先进、实力较强的领军企业，进一步提升新能源商用车产品技术和运营服务水平，壮大新能源商用车产业链。

### 3. 实施推广应用和试点示范推进工程

新能源商用车尚处于产业化初期，必须坚持产业发展和推广应用并重，加大推广应用力度，加快培育市场，推动新能源汽车产业发展和技术进步。

（1）扎实推进新能源商用车试点示范运营。在全市城市公交、城市管理和城市物流等公共服务领域建立新能源汽车运营公司，示范推广新能源商用车。探索具有商业可行性的市场推广模式，形成试点示范带动技术进步和产业发展的有效机制。

（2）积极推进充电设施建设。将新能源商用车充换电设施建设和配套电网建设纳入城市建设发展总体规划和电力设施建设专项规划，研究制定全市新能源汽车充换电设施建设发展规划。按照集约节约、适度超前的原则，科学确定建设规模和选址分布，积极吸引社会资金参与，鼓励成立独立运营的充换电企业，逐步推动实现充换电设施建设和管理的市场化、社会化。

### （六）保障措施

### 1. 设立新能源商用车产业发展基金

以政府创业投资引导基金为引导，利用资本市场多渠道筹资，设立十堰市新能源商用车产业发展基金，积极与东风产业发展基金对接，通过市场化资本运作的方式支持新能源商用车产业发展。

2. 支持新能源汽车产业化进程

一是加强项目跟踪服务，加快新能源汽车重点项目建设。积极推进新能源商用车整车以及电控、电池系统核心总成和关键零部件等项目建设。二是推动上下游产业链整合，推进应用环境和生产性服务行业发展，加快新能源商用车量产化步伐。三是科学规划新能源专用车产业的发展布局，积极推动新能源在专用汽车领域的应用，鼓励和支持专用车企业加大新能源专用车产品研发和生产投入，加快新能源专用车产业发展。四是对接省级发展战略，引导要素资源聚集，大力培育龙头企业，扶持中小配套企业发展，打造新能源商用车的全产业链，加快我市与武汉、襄阳新能源汽车国家级示范推广试点城市的融合，形成比较集中的新能源商用车和关键零部件产业基地建设。

3. 推进新能源商用车产业创新发展

一是大力推进全市新能源商用车产业协同创新。以企业为主体，以市场为导向，加强创新人才队伍建设，整合全市新能源商用车研发资源，加快新能源商用车共性技术平台建设，充分发挥生产性服务中介平台建设在产品研发、成果转化、生产资质、产品公告中的桥梁作用。二是大力推进信息化在新能源商用车产业的融合渗透。通过建设一批"两化融合"示范企业，推进互联网+、云计算、北斗导航等关键技术、设备、软件及业务应用，以及数字化车间建设和智能制造发展，进一步提升全市新能源汽车产业能级水平。三是积极引导商业模式创新，不断拓展新能源商用车产业的市场边界，努力促进新能源商用车产业由生产型向生产服务型转变。

4. 统筹推进新能源商用车应用的各项工作

按照《湖北省人民政府办公厅关于加快新能源汽车推广应用的实施意见》（鄂政办发〔2015〕24号）要求，由市发改委负责统筹协调新能源汽车推广应用工作，市直各有关部门各司其职，积极配合做好充电设施建设、示范运营、财政补贴、税收优惠、市场秩序等工作，大力推动公共服务领域率先推广应用新能源汽车。

5. 营造有利于新能源商用车发展良好环境

一是将新能源商用车发展列入全市"十三五"规划产业调整升级的重点和支持方向，对重点企业和优势项目加大资金扶持力度。二是积极服务企业进行产品申报，争取更多新能源商用车产品进入《节能与新能源汽车示范推广应用工程推荐车型目录》和《免征车辆购置税的新能源汽车车型目录》。三是强化金融服务支撑。充分发挥包括政府创业投资基金在内的多层次融资、担保服务平台的作用，创新融资、担保服务模式，引导社会资金以多种方式投资新能源商用车产业。

（七）规划实施

成立由市经信委牵头，市发改委、市科技局、市财政局、市公安局、市国土资源局、市住建委、市交通局、市商务局、市环保局、市安监局、市质监局、市物价局、市城管综合执法局、市规划局、市房管局、市政府金融办、市国税局、市地税局、人民银行十堰分行、市银监局、十堰供电公司等部门参加的新能源商用车产业发展协调机制，加强组织领导和统筹协调，综合采取多种措施，形成工作合力，加快推进新能源商用车产业发展。各有关部门根据职能分工制订本部门工作计划和配套政策措施，确保完成规划提出的各项目标任务。

## 二、绩效评价

针对《规划》的主要内容以及十堰市新能源汽车产业发展现状，绩效评价详见表 7.1。

表 7.1　　十堰市新能源汽车产业政策实施的效果分析

| 核心指标 | 具体内容 | 完成情况（截至 2017 年 7 月） | 绩效评价 | 实际得分 |
|---|---|---|---|---|
| 发展目标（5 分） | 2017 年纯电动商用车累计产销量力争达到 15000 辆，实现产值 35 亿元，培育 3~5 家年产 2000 台以上的新能源商用车企业，培育 1~2 个中国驰名商标，培育 3 个以上湖北名牌产品。到 2020 年，纯电动商用车产销量达 25000 辆，产值达到 60 亿元，培育 3~5 家年产 5000 台以上的新能源商用车企业，培育 3 个以上中国驰名商标，培育 5 个以上湖北名牌产品。 | 截至 2017 年 7 月，十堰新能源汽车产量累计达到 2.6 万辆，新能源汽车及产业链产值近百亿元。此外，全市生产锂离子电池 468 万只，电池制造业完成产值超过 20 亿元。已培育东风超龙中国驰名的新能源汽车商标，引进沃特玛电池生产企业，湖北世纪中远车辆有限公司初步形成年产 4 万~5 万辆新能源纯电动整车生产能力 | 预计 2017 年的产销量目标可以完成，培育 3~5 家年产 2000 台以上的新能源商用车企业，培育 1~2 个中国驰名商标均可以完成，但培育 3 个以上湖北名牌产品的目标较难完成，主要是湖北知名品牌产品培育周期较长，也缺乏权威机构的认定。预计 2020 年的目标可以实现。但缺乏更加长远的目标 | 4 分 |
| 推广数量（5 分） | 没有具体的数量要求 | 截至 2016 年 12 月，十堰市已累计投放新能源纯电动公交车 176 台，另有气电混合动力公交车 10 台，LNG 天然气公交车 371 台，新能源、清洁能源公交车占比已达 45% 以上；截至 2017 年 9 月，十堰市有 23 辆新能源车入户，其中私家车仅有 15 辆 | 十堰市没有具体的推广数量的要求，就实际情况而言，新能源汽车在公共交通上推广应用情况较好，在购买和公务用车采购上的情况不够理想 | 3 分 |

续表

| 核心指标 | 具体内容 | 完成情况（截至 2017 年 7 月） | 绩效评价 | 实际得分 |
|---|---|---|---|---|
| 技术路线（10分） | 以纯电驱动为新能源商用车产业发展和汽车工业转型的主要战略取向，重点推进纯电动商用车产业化，推广普及专用功能的纯电动商用车，提升十堰市商用车产业整体技术水平 | 正在按照这一技术路线推进 | 虽然十堰市发展新能源汽车的技术路线是清晰的，也是较为科学的，也取得了一些成绩，但十堰市商用车产业整体技术水平仍然不高 | 8分 |
| 技术研发（10） | 推进电动汽车控制系统、动力电池及电极新材料、新型超级电容器及其与电池组合系统的研发。加强新能源商用车关键零部件研发，重点支持电动空调、电动转向、电动制动器等电动化附件的研发；增强关键零部件研发生产能力，发展一批符合产业链聚集要求、具有较强技术创新能力的关键零部件企业；加强轻量化技术与产品研发，重点推进车用轻量化材料的研发与产业化，加快开发轻量化底盘结构和轻量化整车结构 | 十堰市精密制造有限公司研发的电驱动后桥等 20 多项技术获得了国家专利，沃特玛电池于 2016 年 5 月投产；以精密电动车桥、车驰电机、天运汽车电子为代表的 20 余家传统汽车零部件企业在新能源汽车零部件研制方面也有重大突破 | 虽然十堰市推出了新能源汽车的研发方向和重点，但是取得的成绩不大，研发实力较弱，企业缺乏自主的知识产权，产学研结合不理想，十堰的智力和人才的潜在优势没有得到发挥 | 4分 |

续表

| 核心指标 | 具体内容 | 完成情况（截至2017年7月） | 绩效评价 | 实际得分 |
|---|---|---|---|---|
| 基础设施（10分） | 将新能源商用车充换电设施建设和配套电网建设纳入城市建设发展总体规划和电力设施建设专项规划，研究制定全市新能源汽车充换电设施建设发展规划。按照集约节约、适度超前的原则，科学确定建设规模和选址分布，积极吸引社会资金参与，鼓励成立独立运营的充换电企业，逐步推动实现充换电设施建设和管理的市场化、社会化 | 截至目前，十堰市城区已建成并投入使用9座充换电站，建有3个充电桩。这些充换电站和充电桩既为公交车提供充电服务，也为社会电动车辆提供充电服务。2016年建成了十堰至内蒙古呼和浩特市的国内首条千公里以上干线充电线路。正是因为有了这条充电网络，上万台东风沃特玛新能源汽车陆续发往内蒙古、山西、河南、山东、广东、湖南等十余个省区市 | 十堰新能源汽车基础设施建设相对比较薄弱，且这些基础设施主要是为公共交通服务的，为私人服务的较少 | 4分 |
| 税收优惠（10分） | 享受国家关于新能源汽车的税收优惠 | 这些税收优惠正在实施中，作为地方政府已经用尽了其职责范围内的税收优惠 | 就其自身能力范围而言，实施情况较好 | 8分 |
| 财政补贴10（分） | 无 | 十堰目前暂无对新能源汽车生产、制造、销售、购买的地方财政补贴，但设立新能源商用车产业发展基金 |  | 2分 |

续表

| 核心指标 | 具体内容 | 完成情况（截至2017年7月） | 绩效评价 | 实际得分 |
| --- | --- | --- | --- | --- |
| 平台建设（5分） | 依托湖北汽车工业学院，联合国内外高等院校、科研机构，成立中国商用车（专用车）研究院，组建新能源商用车专家委员会，打造十堰新能源商用车产业人才培训、技术研发、成果转移和产业孵化的服务平台，开展新能源汽车关键技术攻关，推进产学研用结合，促进科技成果转化应用。在专用车产业联盟基础上建立新能源商用车技术发展联盟 | 商用车（专用车）研究院正在筹建中，十堰新能源商用车产业人才培训、技术研发、成果转移和产业孵化的服务平台尚未形成 | 有了平台可以汇聚力量，集聚人才，拥有成果，十堰新能源汽车平台建设没有及时跟进，新能源汽车的研发、成果转化尚处于各单位和机构独立开展状态 | 2分 |
| 政府采购（5分） | 新能源公交车除外，十堰市没有关于政府采购新能源汽车的具体明确要求 | 政府近几年进行公车改革，对相当一部分公车进行了拍卖等方式的处理，采购公车（含新能源汽车）数量极为有限 | 在十堰市通过政府采购公务新能源汽车的途径扩大新能源汽车销量的做法收效甚微 | 2分 |

续表

| 核心指标 | 具体内容 | 完成情况（截至2017年7月） | 绩效评价 | 实际得分 |
| --- | --- | --- | --- | --- |
| 配套措施（10分） | 由十堰市发改委负责统筹协调新能源汽车推广应用工作，市直各有关部门各司其职，积极配合做好充电设施建设、示范运营、财政补贴、税收优惠、市场秩序等工作，大力推动公共服务领域率先推广应用新能源汽车。各有关部门根据职能分工制订本部门工作计划和配套政策措施 | 成立由十堰市经信委牵头，多个部门参加的新能源商用车产业发展协调机制，加强组织领导和统筹协调，综合采取多种措施，形成工作合力，加快推进新能源商用车产业发展 | 机构虽然成立，但是相应的配套措施如：示范运营、财政补贴、鼓励措施等却没有跟进 | 5分 |
| 人才培养（10分） | 引进领军人才和优良资源，打造十堰市新能源商用车产业人才培训、技术研发、成果转移和产业孵化的服务平台 | 领军人才尚未引进，新能源汽车人才培养培训相对薄弱，各个层次、各个环节的新能源汽车产业人才缺乏 | 十堰市由于其区位的劣势，引进高层次人才较为困难，特别是缺乏相应的引进人才的政策，对新能源汽车人才的培养、培训缺乏，现有人才不足，储备人才不足，发展后劲缺乏 | 4分 |

续表

| 核心指标 | 具体内容 | 完成情况（截至2017年7月） | 绩效评价 | 实际得分 |
|---|---|---|---|---|
| 其他措施（10分） | 支持东风公司十堰基地发展新能源商用车产业；建设新能源商用车特色产业园区；建设动力电池产业园区；加大新能源汽车招商引资力度；营造有利于新能源商用车发展良好环境 | 2017年8月8日，苏州绿控、广东劲达、安徽中通、广州通达、安徽德孚、浙江科力等首批15家企业正式签约入驻新能源汽车产业园，首批签约企业以沃特玛联盟企业为主；2017年8月27日，东风汽车集团股份有限公司与雷诺日产联盟宣布将建立一家新的合资企业——易捷特新能源汽车有限公司；东风小康与东风雷诺公司开展合作，研发新能源汽车 | 十堰市为大力发展新能源汽车产业，建立了新能源汽车产业园，产业园区已有企业入住并进行了生产，产生了效益；十堰市引进沃特玛公司取得了一定的效果；东风汽车公司的一些新能源汽车项目也落户十堰，为十堰发展新能源汽车产业打下良好基础 | 8分 |
| 实际得分 | | | | 54分 |

对十堰市新能源汽车产业政策实施情况的绩效评价结果为54分，这一成绩虽然没有达到及格的水平，但由于十堰市不是新能源汽车的示范推广城市，能够有如此得分已是不易。就以上绩效评价而言，十堰市发展新能源汽车的主要优势有：发展目标清晰合理，技术路线科学准确，一些措施如建立新能源汽车产业园、招商引资等取得了明显成效，但是在推广数量、技术研发、基础设施、财政补贴、平台建设、配套措施、人才培养等方面较为欠缺，这是今后应当大力发展并着重改善的。

## 第三节　十堰市新能源汽车产业发展规划建议

当前，十堰市关于新能源汽车产业的发展规划主要体现在新能源商用车的生产、制造上，对新能源汽车产业的其他方面规划的较少，鉴于此，提出如下建议：

### 一、提出一个总目标

襄阳提出要打造全国的"新能源汽车之都"，十堰可否提出"新能源汽车普及之城"这样类似的目标（具体提法应进一步斟酌），有了这样一个总目标，可以统领未来中长期十堰市新能源汽车的发展，在总目标下，可以确定未来几年的主要目标或者具体目标，如可确定未来5~10年的主要目标是：将十堰打造成为全国的新能源商用车之都，重点发展中高档新能源区域物流车、城市物流车、冷藏车、多功能抑尘车、新能源系列公交车、纯电动混凝土搅拌车、纯电动环卫车等特种、专用新能源商用汽车等。到2020年，形成新能源电池、电机、电控等关键零部件的完备生产体系，新能源汽车全产业链总产值力争达到1000亿元以上，整车年生产能力达到20万辆，新能源汽车产值在全市工业产值中占比达到10%以上，争取成为全国最大、最具实力的新能源商用车产业基地和国内领先的新能源汽车零部件制造基地。一些具体目标如下：

技术水平大幅提升。策划建立产业项目库，引进若干家新能源汽车及关键零部件（电池、电机、电控）龙头企业。吸引10家新能源汽车产业链关键环节的大型企业在我市设立生产基地，其中至少半数建立本地化研发机构。加大新能源汽车关键技术的研发和产业化力度，力争在纯电动汽车电池、电控、电机全产业链等核心技术方面取得突破性进展，培育若干家在新能源汽车细分领域具有影响力的自主品牌企业。

产业化取得重大进展。推广应用新能源物流车、环保车等新能源专用车推广应用规模处于全国领先。整车实现批量化生产，电池、电机和电控等关键零部件及材料实现规模化生产，形成10家具有核心竞争力的新能源汽车整车及零部件企业。

政策体系基本建立。建立起有效覆盖新能源汽车研发、制造、购买、使用等环节的扶持政策体系。综合运用法规、财税、金融等各类扶持政策和措施，形成鼓励创新、促进产业化、激励消费、便利使用的良好的政策环境。

## 二、实施两条腿走路战略

两条腿走路战略是打造全国商用车生产制造之都战略和率先成为全国典型新能源汽车推广应用之城战略。打造全国商用车生产制造之都战略已经得到了广泛认同，率先成为全国典型新能源汽车推广应用之城战略还未提上议事日程，笔者认为这一战略更加有意义，这主要是从十堰市未来的发展定位考量提出的，十堰市未来要发展成为"绿色之城、生态之城、文明之城"必须降低使用汽车导致的系列污染。如这一战略可借鉴挪威对新能源汽车的发展，挪威已成为人均拥有新能源汽车比例最高的国家，也是世界第四大新能源汽车市场。在挪威购买新能源汽车时，可以享受国家的能源补贴，新车登记税、销售税、增值税等免除的优惠，消费者购买新能源汽车，往往比燃油车更便宜。消费者在购买新能源车后，可以免费使用公用充电桩充电，免公共场所停车费，免高速公路、轮渡渡口、桥梁和隧道等收费。该国还宣布在2025年之后，禁止销售燃油车，真正实现100%零排放的目标。挪威的这些做法是值得十堰市学习和借鉴的。

### 三、坚持三个结合战略

十堰市应把新能源汽车产业作为战略性新兴产业培育发展，树立战略思维，整合要素资源，优化产业发展环境，推动新能源汽车产业发展步入快车道，为此要做好以下三个结合：

一是坚持政府引导与市场机制相结合。既要出台鼓励发展新能源汽车的系列政策，发挥政府的引导、扶持与监管职责，又要充分发挥市场的调节机制，运用市场规律促进新能源汽车产业化。

二是坚持自主创新与引进吸收相结合。以现有新能源汽车重点企业研究机构为基础，持续推进纯电动汽车产业技术创新，重点开展新能源汽车及电池、电机、电控、充换电设备等关键零部件的技术攻关，同时鼓励企业与世界前沿技术接轨，走引进、吸收、消化再创新的道路。

三是坚持基础设施建设与新能源汽车推广应用相结合。以应用需求端为导向，大力建设充换电设施网络、停车场所、公众信息平台等基础设施建设，以适度超前的基础设施格局加快推进全市新能源汽车推广应用，为新能源汽车进入消费市场创造良好环境。

### 四、明确四项重点任务

1. 重点做好新能源汽车的研发工作

要实现新能源汽车整车规模化生产，必须掌握核心技术。我市新能源汽车整车生产企业规模较小，研发能力弱，部分企业为了获得国家财政补助资金以求生存求发展，不是加紧研发、获得自主知识产权，而是购买电池、关键零部件和控制系统进行拼装。这种做法虽然当前见效最快、短期成本最低，但是没有更多技术含量。建议十堰市依托东风国家级电动汽车专利产业化试点基地，借助东风公司在新能源汽车研发上的人才优势和信息优势，建立鼓励新能源汽车产品研发的政府基金，每年设立若干个新能源汽车产业化攻关重大项目，尤其注重在整车及关键零部件产业化等方面取得重大突破为目标，如纯电动公交客车涉水安全技术、新能源汽车整车轻量化设计等，推动产业技术水平快速提高。建议加快中国商用车研究院的建设，由政府联合产业联盟和重点高校，共同成立新能源汽车工程研究院，充分运用十堰市高校的智力与人才资源，加强产、学、研、用的有效衔接，通过联合投资研发，共享知识产权，有效解决新能源汽车领域技术研发难度大，政府分散投资导致资源浪费的问题，推进十堰市新能源汽车产业摆脱过多的技术依赖，实现创新能力质的提升。

2. 重点支持新能源汽车关键零部件企业的发展

传统汽车行业虽然有发动机、变速器等各个部件的独立厂商，但在企业标准上却泾渭分明，始终没有跨企业通用平台的出现。新能源汽车的出现正在逐渐改变这一局面，各主要汽车厂商在新能源汽车研发过程中为降低风险，越来越多地采用合作研发策略，以实现成本分摊、规避恶性竞争甚至实现掌握行业标准等目的。十堰市要对新能源汽车产业链进行优化提升，培植一批企业，专业化生产配套零部件。推动沃特玛、力神、安靠、万润等企业车用动力电池材料设计、制造、测试等工艺流程，开发出功率密度高、能量密度高、安全性好的不同材料系的车用动力电池组，提高电池组性能，形成标准化、通用化和规模化的供应能力，增强关键零部件的配套能力。

3. 重点实施产业实力提升工程

产业联盟是新能源汽车产业发展的重要路径。十堰市应重视新能源汽车产业联盟，联合重点骨干汽车企业，建立或参与到以资源整合为核心，资本经营为龙头，产品研发生产和服务为基础，拓展国内外市场为目标的新能源汽车产业联盟。通过构建多渠道、多层次、多角度网络式联盟，实现由小范围联盟向网络化的产业大联盟转变，提升整个产业发展合力。

4. 重点实施品牌培育提升工程

由政府整合各方资源对中小企业进行专业孵化，提供资本、管理、培训、技术研发条件平台等服务，建立起中小新能源企业从初创、发展到成熟期的全方位的支持体系；对中小企业具有自主知识产权，发展前景好的项目，通过科技计划立项给予优先支持。鼓励中小企业申请国家资金的支持，十堰市给予配套支持，促进一批具有发展潜力的电池制造企业、零部件配套企业迅速成长为骨干企业。切实增强知识产权意识，对自主创新形成的核心技术，鼓励和支持企业尽快申报国家技术标准及国际专利，列入国家电动汽车产品目录，精心培育和打造具有市场潜力的名优产品和在国内外有影响力的驰名商标。

### 五、实施五项保障措施

1. 实施政策保障措施

十堰市要在国家支持新能源汽车产业发展的政策框架下，进一步完善新能源汽车相关政策体系。一方面，要结合新能源汽车产业的实际情况，找准侧重点，加大对瓶颈环节的关注度，增加对研发、试制、生产、销售以及售后服务等方面的政策出台力度，健全政策内容，为该产业的发展提供全方面的政策保护；另一方面，各政策相关部门要加强协作，立足于自身职责的前提下统筹相关政策制定、协调相关政策落实、使政策效果达到最优。

2. 实施组织保障措施

建议十堰市委、市政府成立新能源汽车产业发展领导小组，整合各种资源，协调各方力量，研究解决全市发展新能源汽车产业的有关问题。加强顶层设计，出台《关于加快十堰新能源汽车产业发展的实施意见》，为新能源汽车产业发展提供政策支撑。在优化《十堰市新能源商用车产业发展规划》的基础上，增加新能源乘用车产业发展规划，对新能源汽车产业进行全方位的统筹谋划。

3. 实施资金保障措施

目前，十堰市汽车产品主要还是以传统的汽油车为主，相关的生产线也都还是旧的生产线，因此，若要更快、更好地推动新能源汽车的发展，则研发投入、生产工艺革新、市场推广等方面都需要大量资金支持。十堰市要运用市场机制和政府引导相结合，充实新能源汽车产业发展基金，解决有成长潜力、发展前景较好的新能源汽车企业融资难的问题。搭建融资平台，完善担保机制，推动企业与金融机构、风险投资机构开展合作，支持和引导对企业的融资担保。充分利用银行绿色信贷机制，鼓励企业申请各大商业银行节能减排项目贷款。

4. 实施人才保障措施

十堰市的新能源汽车产业还处于发展的初级阶段，产业发展需要大量科技人才和管理人才。现阶段，十堰市新能源汽车相关的人才存在着较大的缺口，这对十堰市新能源汽车产业的创新发展带来了较大的负面影响。要大力实施人才引进计划，鼓励企业、大学和科研机构从国外引进专业人才。构建全产业链的专利体系，加强知识产权的应用和保护，激励原创性技术的研究与开发。要加快专业人才培养力度，可以通过校企合作、科研院所与新能源汽车企业人才专项定点培养、出国培训、聘请国内外专家等形式，打造我国新能源汽车领域专业性的高端人才。

5. 实施氛围营造措施

目前，我国新能源汽车的消费环境不成熟，消费者节能环保意识观念不强，阻碍着其推广。要加强公共服务领域的节能与新能源汽车示范推广试点，率先在十堰市市政、邮政、物流、重点景区等公共服务领域逐步推广采用新能源汽车，并将新能源汽车纳入政府采购范围。探索裸车销售、电池租赁、整车租赁等多种商业推广模式，提高消费者节能环保意识以及对新能源汽车的认识。

新能源汽车是汽车产业的发展为十堰市的发展提供了难得的机遇，也面临着极大的挑战。就国家层面而言，新能源汽车产业已上升为国家战略，就一些地方而言，新能源汽车产业也是该地方的战略性产业，十堰市就是这样的地方。因此，精心谋划好十堰市的新能源汽车产业发展规划，切实大力发展十堰市新能源汽车产业，是十堰市实现自身发展目标，增强在全国影响力的重要途径。

# 第八章　湖北省"十三五"新能源汽车产业发展规划建议

湖北省新能源汽车产业发展"十三五"规划的制订至少应当考虑湖北省"十三五"经济与社会的发展目标，考虑"十三五"汽车产业的发展状况，考虑湖北省"十三五"能源的发展状况，考虑湖北省"十三五"交通的发展状况，考虑湖北省"十三五"科技发展情况等诸多因素。至于是制订湖北省新能源汽车产业"十三五"发展的专门规划，还是将其置于湖北省"十三五"汽车产业发展规划中，则未有定论，笔者较为赞同出台专门的湖北省新能源汽车产业"十三五"发展规划。

## 一、规划出台的背景

湖北省新能源汽车产业"十三五"发展规划的背景需考虑的因素较多，此处主要从湖北省"十三五"经济与社会的发展目标、湖北省"十三五"汽车产业的发展状况和湖北省"十三五"科技发展情况等三个方面的背景进行阐述。

1. 湖北省"十三五"经济与社会的发展目标对新能源汽车发展的要求

湖北省"十三五"经济与社会的发展主要目标涉及如下几个方面：经济保持平稳较快增效发展、人民生活水平明显提高、社会文明程度显著提高、生态环境质量进一步改善、依法治理水平全面提高。并提出经过五年努力,确保实现第一个百年奋斗目标,在中部地区率先全面建成小康社会,在此基础上,进一步巩固全面小康社会的建设成果,提升全面小康社会的水平和品质,持续推动湖北科学发展、跨越式发展,力争在创新驱动、转变经济发展方式、绿色发展、全面深化改革和法治建设上走在全国前列,为实现第二个百年奋斗目标奠定坚实的总量基础、结构基础、产业基础、动力基础、"底盘"基础、社会基础和生态基础。这一发展目标要求具备创新、协调、绿色、开放、共享发展理念。绿色这一理念不仅已经渗透到了人们的日常生活中,而且还渗透到了工业制造和产业发展中,推动形成绿色发展方式和生活方式。湖北的跨越式发展、创新驱动和转变经济发展方式就要求大力发展新能源汽车产业。实际上,新能源汽车产业的发展会带动技术的革新、市场的变革、能源的节约和绿色生活方式的推行。

2. 湖北省"十三五"汽车产业的发展状况对新能源汽车发展的要求

目前,湖北省尚没有发布专门的"十三五"汽车产业的发展规划,但在已经出台的一些"十三五"相关规划中有着对汽车产业和新能源汽车产业发展的要求。《湖北省经济和社会发展"十三五"规划纲要》中指出:要围绕细分领域,推进新一代显示技术、大规模集成电路、智能装备、新能源汽车和专用汽车、生物医药和高端医疗器械、新材料、海洋工程装备及高技术船舶、航空航天装备、北斗卫星导航系统、轨道交通装备、节能环保和资源循环利用等重点领域产业发展成为新的支柱产业。在新能源汽车方面要推动插电式混合动力汽车和纯电动汽车产业化,重点支持驱动电机及控制系统、储能系统、整车控制和信息系统、快速充电等关键技术研发。到 2020 年,新能源汽车和专用汽车产值达到 1000 亿元。《湖北省工业"十三五"发展规划》提出要继续做大整车产业,做强整车配套,培育发展智能网联汽车。以龙头企业带动中小汽车零部件企业发展,加大招商引资和技术改造力度,提升产品附加值。完善汽车产业链，力争在汽车金融、产品售后服务以及废旧汽车回收利用等方面完成产业链延伸。到2020年，汽车及新能源汽车产业规模达到8000亿元。主攻方向为传统轿车（着重提高产品品质，提升品牌竞争力）、专用车/商用车（推动专用车/商用车差异化、高端化发展，拓宽专用车品种）、传统汽车零部件（壮大零部件企业规模，发展零部件产业集群，提升核心零部件生产能力）、新能源汽车及其零部件（进一步扩大中小型纯电动汽车、插电式混合动力汽车生产规模，围绕整车驱动系统、控制系统进行技术研发和品质提升。增强电池、电机、电控系统的技术改进，电池方面建立镍氢电池、锂离子电池、氢燃料电池研究实验室，深入研究电池单体及模块设计、生产工艺；电机方面继续推动东风集团与上海大郡等电机系统生产企业的密切合作，不断促进产品技术精细化、产品类型多样化、产业能力扩大化。鼓励有实力的企业同科研机构开展氢燃料电池堆、发动机及关键材料的技术研发。建立完善的新能源汽车自主研发创新体系，重点培育较大规模、创新能力强和有品牌影响力的企业，树立品牌效应。建立动力电池回收、处理、再利用体系）、智能网联汽车（引导汽车企业与互联网企业合作，引进或研究突破无线充电、车辆智能升级、无人驾驶等技术，鼓励提早布局发展智能网联汽车）等。《湖北省交通运输"十三五"发展规划》中指出：实施节能与新能源车船示范推广工程，引导营运车船向清洁化发展。发挥武汉市、十堰市等低碳交通试点和节能减排财政政策综合示范作用，推进绿色循环低碳交通发展。这些规划中都有着对新能源汽车产业发展的要求。实际上，新能源汽车产业与汽车产业的发展史密切相关的。新能源汽车产业不仅是汽车产业的组成部分，而且还突破了汽车产业的发展领域，新能源汽车产业的发展必将促进汽车产业的转型升级，同时新能源汽车产业的发展也离不开汽车产业发展的支撑，汽车产业发展不上去，新能源汽车产业也不会有较好的发展，新能源汽车的智能化、网联化均需依托汽车产业的发展。唯有将汽车产业和新能源汽车产业协调发展，才能实现湖北省"十三五"汽车产业的发展目标。

3. 湖北省"十三五"科技发展情况对新能源汽车发展的要求

2016年6月23日发布的《湖北省科技创新"十三五"规划》中指出：在新能源汽车关键技术研发上要：依托湖北强大的汽车产业基础，以推动传统汽车产业转型升级为目标，加快研发纯电动轿车、插电式混合动力轿车和纯电动客车的设计、研发和制造技术，支持新能源汽车电池、电机、电控等关键零部件研发，推动新能源汽车成为湖北经济发展的战略先导产业，实现传统汽车产业向战略新兴产业的转型。具体在新能源汽车整车上：推进纯电动汽车、插电式混合动力汽车的研发及产业化，发展新能源专用车，延伸发展新能源汽车整车检测、诊断、试验等服务，加强车载多媒体系统、智能交通系统等车载智能信息系统的研发。在新能源汽车电池系统上：研发性能动力电池正极、负极、隔膜、电解质材料制备技术与车用动力电池单体、模块、系统设计技术。推进车用动力电池研制、工艺、制造技术研究及产业化。开发车用燃料电池膜电堆及膜电极相关关键材料。在新能源汽车电机系统上：研究电动轮/轮毂驱动技术，研制先进轮毂电机驱动纯电动轿车整车控制系统，研究电机耦合装置集成技术、双（单）电机控制器集成技术等。开发新型微型涡轮发电机系统。研制基于EMT的电驱动系统相关执行机构、传感器等关键零部件。在新能源汽车电控系统方面：推进电动汽车动力系统能量流云信息流协同控制技术研究。开发能量回馈式电动汽车制动抱死系统、纯电动汽车远程监控和故障诊断系统和新能源车用动力电池组管理系统等。湖北省科技创新"十三五"规划对新能源汽车的技术路线给予了明确。

## 二、"十三五"湖北省汽车产业发展（含新能源汽车）路径及空间布局

依据《湖北省工业"十三五"发展规划》，"十三五"期间湖北省汽车产业（含新能源汽车）的发展路径是：一是完善汽车产业配套。依托武汉市、随州市、襄阳市、十堰市汽车生产基地，做强做大整车企

业,扩大零部件企业招商引资项目,实现区域内配套零部件的自给自足。二是强化产业整体创新能力。重点攻克发动机、动力传动、电机、电池、电控等关键核心零部件,积极研发低碳、环保的汽车材料及先进制作工艺,强化校企合作,促进产学研用。三是优化市场结构。重组兼并小微零部件企业,防止同质低质产品扰乱市场。四是鼓励新能源汽车推广应用。健全新能源汽车推广组织体系,在党政机关、企事业单位、公交、市政等领域倡导使用新能源汽车,加快充电设施建设。"十三五"期间湖北省汽车产业(含新能源汽车)的空间布局是:依托武汉经济技术开发区、襄阳高新技术开发区、孝感高新技术开发区以及襄阳市汽车零部件产业集群、十堰市商用汽车产业集群、随州市专用汽车及零部件产业集群、枣阳市汽车摩擦密封材料产业集群、麻城市汽车配件产业集群、宜昌(猇亭)动力系统集成及新能源汽车产业园、谷城县汽车零部件产业集群、荆州市(公安)汽车零部件产业集群、丹江口市汽车零部件产业集群等载体,重点加快乘用车、专用车、商用车及新能源车整车制造,机械及电子类关键零部件、车联网以及新能源汽车配套设施等领域发展。"十三五"湖北省汽车产业发展(含新能源汽车)路径及空间布局为湖北省汽车产业(含新能源汽车产业)的发展指明了方向,提供了依据。

### 三、湖北省新能源汽车产业"十三五"发展规划建议

#### (一)指导思想

"十三五"时期湖北省新能源汽车产业发展的指导思想是:高举中国特色社会主义伟大旗帜,全面贯彻党的"十八大"和十八届三中、四中、五中全会精神,以马克思列宁主义、毛泽东思想、邓小平理论、"三个代表"重要思想、科学发展观为指导,深入贯彻习近平总书记系列重要讲话精神,围绕"四个全面"战略布局湖北实施,全面落实创

新、协调、绿色、开放、共享发展理念,牢固确立"三维纲要",坚持生态优先,深入实施一元多层次战略体系,全面推进"五个湖北"建设,加快推动"建成支点、走在前列"进程,依托汽车产业、能源产业,按照政策引导、市场主导、创新驱动、重点突破、绿色发展的要求,发挥政府、市场主体及相关组织的作用,营造良好发展环境,增强新能源汽车产业的辐射效应,实现新能源汽车初步产业化,助推汽车产业转型升级,加快我省国由汽车大省提升为汽车强省的步伐,使我省汽车产业的发展始终处于全国的前列。

(二) 基本原则

(1) 坚持政策引导与鼓励相结合的原则。"十三五"期间湖政策对湖北省新能源汽车产业的发展仍将起到主要作用,政策的鼓励与扶持方式主要由财政补贴转变为发展引导、税收扶持、金融支持、环境营造等多种方式。

(2) 坚持逐步增强市场机制作用的原则。新能源汽车产业化的主要标志之一是市场化,即市场机制作用的发挥。市场机制的主要内容为竞争机制,要在新能源汽车企业间逐步引入竞争机制与退出机制,实现优胜劣汰,而不是一味的政策扶持。

(3) 坚持以创新驱动增强新能源汽车技术水平的原则。应当继续鼓励采取形成联盟,打造平台,协同创新进行新能源汽车的研发,特别是核心零部件技术的研发,提升新能源汽车技术水平和产品质量,形成自主的知识产权,同时注重研究成果的应用与转化。

(4) 坚持优先发展与重点发展相结合的原则。新能源汽车产业应当优先发展充电等基础设施,唯基础设施得到了发展,新能源汽车才能得以推广运用。新能源汽车产业应重点发展核心零部件企业,即补短板,只有核心零部件技术提升了,成本降低了,新能源整车产业化才具备了条件。

(5) 坚持产业协调发展原则。新能源汽车产业涉及设计、制造、销售、服务、金融、保险、二手车、回收等多个环节，产业的发展离不开上下游产业的支持，涉及能源、交通等多个产业，这需要协调发展，相互支撑，统筹考虑。

（6）坚持跨界融合，大力发展新能源智能汽车。绿色与智能化是当前汽车产业发展的主流，新能源汽车只有主动融入跨界融合中，再加上互联网，在生产过程与产品上均实现智能化，才能具备活力，在市场中有竞争力。

（三）技术路线

湖北新能源汽车的技术路线主要是沿袭国家的"三横三纵"的技术路线，在继续保持纯电动汽车和插电式混合动力汽车快速发展的同时，加大对燃料电池汽车和其他种类新能源汽车的研发和应用。具体而言是：在依托湖北强大的汽车产业基础，以推动传统汽车产业转型升级为目标，加快研发纯电动轿车、插电式混合动力轿车和纯电动客车的设计、研发和制造技术，加大对燃料电池汽车和其他种类新能源汽车的研发和应用。支持新能源汽车电池、电机、电控等关键零部件研发，推动新能源汽车成为湖北经济发展的战略先导产业，实现传统汽车产业向战略新兴产业的转型。

（四）核心目标

（1）初步实现产业化，在全国处于领先地位：湖北新能源汽车产业发展布局更趋趋向合理，力争新增1~2个试点城市。到2020年，新能源汽车的生产能力达20万辆、累计产销量超过15万辆[1]，燃料电池

---

[1] 根据财政部、科技部等五部门联合发布的《关于"十三五"新能源汽车充电设施奖励政策及加强新能源汽车推广应用的通知（征求意见稿）》中2016—2020年各省（区、市）新能源汽车充电设施奖励标准的数量预测截至2020年湖北新能源汽车的产销量约为15万辆左右，具体：2016年18000辆，2017年22000辆，2018年28000辆，2019年38000辆，2020年50000辆。

汽车开始进入生产和应用阶段，其他种类的新能源汽车有着不同程度的发展。市场机制作用在新能源汽车产业中的作用逐步增强，新能源汽车商业化模式得到创新，一些商业模式在一定范围内推广使用。

（2）基础设施基本满足需求：到2020年，建成集中充换电站100座，分散充电桩13万个，满足全省15万辆电动汽车充电需求。形成1~2家掌握核心技术，具有自主知识产权和国际竞争力的电池龙头生产企业，期市场占有率达到10%以上。

（3）技术水平大幅提升：到2020年，动力电池模块比能量达到350Wh/kg以上，成本降至1.0元/Wh以下。动力电池实现智能化制造，续航能力普遍达到400km，纯电池汽车的经济性和使用便利性与传统燃油车基本相当。湖北省基本掌握新能源汽车的核心技术与关键零部件技术，新能源汽车智能化、安全性、舒适性大幅提升。

（4）政策体系完善，标准法规健全：新能源汽车产业政策更具完善和系统性，政策注重引导功能和市场机制作用的发挥。制定插电式混合动力汽车、纯电动汽车、燃料电池汽车等新能源汽车以及动力电池等零部件相关省级标准。开展智能网联新能源汽车标准化工作，完善新能源汽车产品检测标准和材料标准，构建新能源汽车的标准体系。继续出台新能源汽车生产和使用以及电池回收利用的相关法规，加强新能源汽车领域国际标准法规的合作与交流，开展新能源汽车重要标准的实施效果评价。

（5）创建良好发展环境，人才培养形成体系：加大对新能源汽车发展的金融扶持力度，创新金融模式，通过金融手段加大对新能源汽车研发、生产、投资、消费、使用和扶持的力度。建立健全新能源汽车金融信贷、保险、租赁、物流、二手车交易以及动力电池回收利用等市场服务体系，逐步加大公务购置新能源汽车的比例和力度，2020年政府部门及公共机构购买新能源汽车占当年配备更新车辆总量的比例达到80%以上，城市公共交通中新能源汽车的比例不低于50%。新能源汽车国际合作加强，已培育出几家国际知名的品牌。已构建多层次的新能源汽车人才培养体系，培养出一批国际知名的领军人才和技术应用与管理人才。

（五）主要路径

1. 完善政策，改变政策扶持之重点，充分发挥政策的引导功能

湖北省未来 5 年新能源汽车的发展仍离不开政策的扶持与引导。但应改变政策扶持的重点，将政策扶持的重点由对整车销售的补贴，改变到对整车与核心零部件技术的研发与运用、基础设施建设上来。政策工具上由供给型工具为主逐步转向到以需求型和环境型为主。由刺激新能源汽车销售的政策转变到增强新能源汽车企业创建自己的知识产权，提升核心竞争力上。具体言之，就是要从两个方面发挥政策的扶持与引导功能：一是在对企业的扶持与引导方面，重点发挥税收政策、金融政策、环境政策扶持新能源汽车企业的发展，财政补贴的重点是技术研发和基础设施建设，对整车销售则实施退坡机制。当前，虽然有些企业存在骗补的现象，但对新能源汽车企业的补贴是不能取消的，不能因噎废食，且经过整顿与制度的完善，这一现象终将会消除的；二是在对购车者和使用者（消费者）方面，政策应注重对消费者购置和使用新能源汽车予以相应的补贴和扶持，此处的补贴不同于对新能源汽车企业的补贴。对购车者和消费者予以适当补贴是必要的，如德国在 2016 年 5 月推出了电动汽车的激励计划：为纯电动汽车消费者提供 4000 欧元补贴；为插电式混合动力汽车新购买者提供 3000 欧元补贴。当新能源汽车的价格较高时，补贴主要在销售环节，补贴应主要是让购车者收益。随着新能源汽车技术的提升和成本的下降，补贴的主要环节应当在使用上，这就体现了政策的引导功能①。政策引导功能的发挥除体现在对新能源汽车的鼓励上，还应当

---

① 当然，在使用上的扶持还可以体现在税收及其他政策上。

体现在对传统能源汽车的限制上。

2. 加大研发，拥有核心自主知识产权，全面提升新能源汽车的安全性、舒适性与智能化

湖北省具有优势明显的新能源整车、零部件的研发平台，并取得了一批成果，但仍没有掌握新能源汽车的核心技术，特别是关键零部件技术和产品主要依靠进口。因此，加大研发，拥有核心自主知识产权已成为我国发展新能源汽车产业的难点与主要路径。北京智研科信的一份资料显示，在新能源汽车成本构成中，电池约占 42%，电控系统占 11%，电机占 10%，电驱动零部件占 7%，整车其他部件占 30%。而电驱动零部件的成本如此之高的原因主要是没有掌握核心技术以及在技术上无法实现其要求。应当继续充分发挥新能源汽车联盟和平台的作用，出台政策，实施政企合作，在政府的主导下，解决基础技术与关键技术问题，研究出新材料，解决其轻量化问题，才使得为新能源汽车产业化具备条件。

3. 优先发展湖北省新能源汽车基础设施建设

整体而言，湖北新能源汽车基础设施是不够的，特别是没有纳入试点城市的地区，新能源汽车的基础设施更为缺乏。因此，在"十三五"期间加强这方面的建设是必需的，但对一些事项仍需要明确：（1）新能源汽车的基础设施不仅包括充电桩和充换电站，而且还包括为燃料电池车服务的加氢站和为天然气汽车服务的加气站。发展新能源汽车虽然有重点，但也应兼顾多样发展，因此，在基础设施建设上也应做到相应的兼顾。（2）就电动汽车而言，湖北充电等基础设施的建设应当在未来 5 年内进一步细化，使其具有操作性，而不仅仅只是一种导向。（3）为解充电等基础设施的资金问题，可大力推广 PPP 模式。虽然在 2015 年 9 月国务院办公厅下发的《关于加快电动汽车充电基础设施建设的指导意见》中明确提出通过 PPP 等方式，为社会资本参与充电基础设施建设运营创造条件。但目前我国的 PPP 项目较多运用在污水处理、

管廊建设、道路桥梁等基础设施上，鲜有运用在新能源汽车的充电基础设施上。充电基础设施 PPP 项目的适用条件、风险分担、融资渠道、盈利模式、绩效评价等内容都是需要探索的。（4）基础设施建设是较为复杂，其涉及电力公司、小区物业、小区业主、交管部门、土地部门、公共交通部门、政府规划部门等多个单位，建立有效的协调机制更加重要。

4. 完善标准与法规是新能源汽车科学发展的前提

标准与法规区别于政策，政策主要是规范与指引的功能，而标准与法规则具有强制性。关于新能源汽车的标准与法规是一个庞大的系统。就内容而言，涉及准入标准、质量标准、安全标准、环保标准等。仅电动汽车的标准就包括整车标准、零部件标准、接口及设施标准等，详见图8.1。

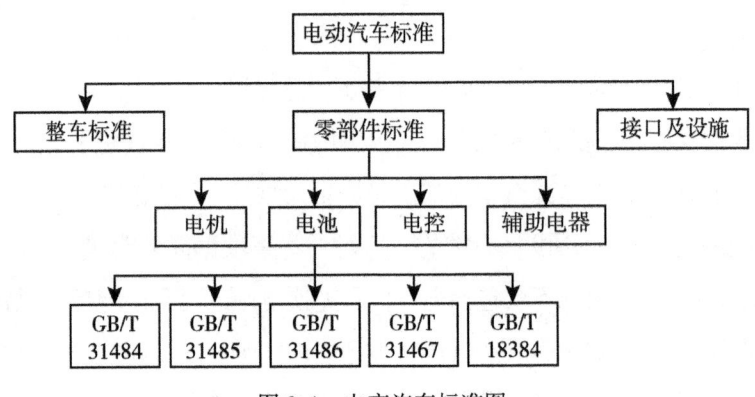

图 8.1　电充汽车标准图

在一般情况下，新能源汽车的电池可以分为蓄电池和燃料电池两大类，蓄电池用于纯电动汽车、插电式混合动力汽车、混合动力电动车，燃料电池用于燃料电池汽车。而电池的国家标准就多达几十种，重要的如：（1）GB/T 31484—2015 电动汽车用动力蓄电池循环寿命要求及试验方法；（2）GB/T 31485—2015 电动汽车用动力蓄电池安全要求及试验方法；(3) GB/T 31486—2015 电动汽车用动力蓄电池电性能要求及试验方法 (4) GB/T 31467.1—2015 电动汽车用锂离子动力蓄电池包和系统第 1 部分：高功率应用测试规程；(5) GB/T 31467.2—2015 电动汽车用锂离子动力蓄电池包和系统第 2 部分：高能量应用测试规程；(6) GB/T 31467.3—2015 电动汽车用锂离子动力蓄电池包和系统第 3 部分：安全性要求与测试方法；(7) GB/T 18384.1—2015 电动汽车安全要求第 1 部分；(8) GB/T 18384.2—2015 电动汽车安全要求第 2 部分：操作安全和故障防护；(9) GB/T 18384.3—2015 电动汽车安全要求第 3 部分：人员触电防护等。此外，标准是在动态变化的，如 2015 年又发布了电池新的国家标准，详见表 8.1。今后，会有更多的标准出台。这些标准与法规是新能源汽车科学发展的前提。襄阳市建立有新能源汽车标准研究的机构，应当充分发挥这一机构的作用，在新能源汽车产业的发展中，湖北省在新能源汽车标准方面走在全国的前列。

表 8.1　　　　　　　　2015 年电池新国标情况表

| 检验项目 | 标准名称 | 标准号 | 备注 |
| --- | --- | --- | --- |
| 储能装置（单体、模块） | 电动道路车辆用锌空气蓄电池 | GB/T 18333.2—2015 | |
| | 车用超级电容器 | QC/T 741—2014 | |
| | 电动汽车用动力蓄电池循环寿命要求及试验方法 | GB/T 31484—2015 | 6.5 工况循环寿命暂不执行 |
| | 电动汽车用动力蓄电池安全要求及试验方法 | GB/T 31485—2015 | |
| | 电动汽车用动力蓄电池性能要求及试验方法 | GB/T 31486—2015 | |

续表

| 检验项目 | 标准名称 | 标准号 | 备注 |
|---|---|---|---|
| 储能装置（电池包） | 电动汽车用锂离子动力蓄电池包和系统 第3部分：安全性要求与测试方法 | GB/T 31467.3—2015 | 对于由车体包裹并构成电池包箱体的，要带箱体/车体测试，电池包箱系统尺寸较大，无法进行台架安装测试时，可进行子系统测试 |

5. 提升新能源汽车的服务，是新能源汽车产业化的保障

当我们重点关注新能源汽车产销量的时候，往往容易忽略新能源汽车服务体系的构建。新能源汽车服务体系的核心是便于对新能源汽车的使用。这涉及新能源汽车的维修、保养、充电、金融、保险、二手车、报废与回收等诸多方面。当前，新能源汽车售后服务体系存在的问题较多，如对新能源汽车电池没有纳入"三包"的规定，没有一家保险企业推出了新能源汽车的专门保险、二手新能源汽车保值率低，流转困难、新能源汽车报废回收难以实施等。因此，提升新能源汽车的服务是新能源汽车产业化的保障。

6. 鼓励跨界融合，加强对新能源汽车产品的监管

近几年，已有不少非汽车企业涉足了新能源汽车行业。这些企业的进入，实现了跨界融合，不仅提供了资本，还提升了技术，加剧了竞争，有利于新能源汽车产业发展。湖北应当出台政策鼓励新能源汽车企业与其他企业跨界融合，为新能源汽车产业发展注入新的资金和技术。当然，对新能源汽车产品的监管也很重要，即监管的重点由十堰市场准入转移到事后对新能源汽车产品的监管上，对不符合有关标准和规定的产品，不仅要求生产企业承担"三包"或"召回"的责任，而且更重要的要给予严厉的处罚，通过加大处罚的力度保障新能源汽车的安全

和质量。

7. 高度重视新能源汽车人才培养工作，走政产学研结合的路子培养人才

人才的重要性与紧迫性是不言而喻的，人才培养的主要途径是人才引进与自主培养，引进人才的前提是已经培养出了所需的人才。因此，归根结底，培养人才是关键。湖北虽然具有得天独厚的人才资源优势，但分布并不均衡，除武汉外，其他城市关于新能源汽车的各类和各层次人才均较为缺乏。人才工作是新能源汽车产业发展的重要工作。为此，湖北省政府应颁布相应的规定要求企业无偿接纳学生实习，与学校联合培养人才；企业应主动与学校联系，培养其员工尽快熟悉新能源汽车的技术、管理与服务；学校应当积极联系企业，了解企业需求，校企结合，有针对性的培养各层次的新能源汽车人才，使其培养的人才进入企业后能够迅速地从潜在的人才转变为现实的人才。

关于湖北省"十三五"新能源汽车产业发展规划涉及的内容较多，以上仅是初步的设想。有些数据和内容需要进一步的论证。但无论怎样，湖北省若能出台一部专门的"十三五"新能源汽车产业发展规划，则其意义是重大的，其不仅可以理清湖北省新能源汽车产业发展总的思路，有助于相关政府部门后续决策参考，而且还可以为企业、行业及相关组织了解湖北省新能源汽车产业发展趋势，各自采取措施增强自身的竞争力，为促进湖北省新能源汽车产业和汽车产业的科学发展贡献力量。

# 结 束 语

2016年，国家及相关部门加大了对新能源汽车政策研究与出台的力度。如此众多的政策出台和即将出台，说明我国新能源汽车产业发展已刻不容缓性，同时也彰显我国重点与优先发展新能源汽车产业的决心。政策的研究一定是为经济和社会发展服务的；已出台的政策或许并不完善，但其作用却不容低估，且政策的灵活性与调整变动的及时性使得政策这一工具具有其他政府调控手段所无法比拟的优势。新能源汽车产业的科学快速发展需要政策扶持与引导，而政策又可以促进新能源汽车产业的发展。二者相辅相成，不可偏废。湖北省作为全国汽车产业发展强省，为更好地发展新能源汽车产业，应当针对国家出台的政策及时细化地方政策或出台相应的补充规定。本书对湖北省新能源汽车产业政策绩效评价进行研究的主要目的也是为进一步完善湖北省新能源汽车产业政策提供决策参考和依据。政策与市场对湖北省新能源汽车产业的发展同等重要。当然，本书中亦有不少笔者感到研究不深入、不全面、不具体，甚至不妥当之处，将在今后的研究中进一步完善和深化。

# 参考文献

[1] 曾路,孙永明. 产业技术路线图原理与制定[M]. 广州:华南理工大学出版社,2007.11.

[2] 肖俊涛. 中国汽车产业自主品牌与自主创新研究[M]. 武汉:中国地质大学出版社,2009.

[3] 杨彦彰. 欧盟电动汽车市场准入体系研究[M]. 北京:中国标准出版社,2011.

[4] [美]约瑟夫·阿洛伊斯·熊彼特. 经济发展理论——对利润、资本、信贷、利息和经济周期的探究[M]. 叶华译. 北京:中国社会科学出版社,2009.

[5] [美]道格拉斯·C.诺斯. 经济史中的结构与变迁[M]. 陈郁,罗华平等译. 上海:上海人民出版社,1997.

[6] B.盖伊·皮得斯,弗兰斯·K.M.冯尼斯潘. 公共政策工具:对公共管理工具的评价[M]. 顾建光,译. 北京:中国人民大学出版社,2007.

[7] 陈振明等. 政策工具导论[M]. 北京:北京大学出版社,2009.

[8] 迈克尔·波特. 国家竞争优势[M]. 北京:华夏出版社,2002.

[9] 肖俊涛. 我国新能源汽车产业政策研究[M]. 成都:西南财经大学出版社,2016.10.

[10] 董本云. 我国新能源汽车产业发展现状、问题及对策[J]. 企业经济,2015(3):145-148.

[11] 陈瑞青,白辰. 中国新能源汽车产业发展现状、问题及对策 [J]. 汽车工业研究, 2015 (1): 10-13.

[12] 路琼晨. 上海市新能源汽车产业发展现状与"十三五"规划 [J]. 交通与港航, 2015 (2): 15-17.

[13] 朱蓉文,劳铖强. 深圳新能源汽车产业发展现状与对策 [J]. 特区实践与理论, 2015 (2): 97-100.

[14] 董建伟. 北京新能源汽车产业发展的制约因素与对策 [J]. 财经问题研究, 2014 (11): 20-23.

[15] 武玉英,龙海云,蒋国瑞. 京津冀新能源汽车产业协同发展对策研究 [J]. 科技管理研究, 2015 (6): 71-75.

[16] 王洪生,张玉明. 云创新: 新能源汽车产业发展新模式——以比亚迪新能源汽车为例 [J]. 科技管理研究, 2015 (12): 195-199.

[17] 陈蛇,曾鹦. 新能源汽车产业发展模式探索 [J]. 宏观经济管理, 2015 (8): 78-82.

[18] 张天舒. 日本新能源汽车发展及对我国的启示 [J]. 可再生能源, 2014 (2): 246-252.

[19] 抄佩佩,高金燕,杨洋,胡钦高,钟志华. 新能源汽车国家发展战略研究 [J]. 中国工程科学, 2016 (8): 69-75.

[20] 张钟允,李春利. 日本新能源汽车的相关政策与未来发展路径选择 [J]. 2015 (5): 71-86.

[21] 朱劲松. 基于国家竞争优势理论的我国新能源汽车发展战略研究 [J]. 湖北社会科学, 2012 (8): 77-80.

[22] 张政,赵飞. 中美新能源汽车发展战略的比较研究 [J]. 科学学研究. 2014 (4): 531-535.

[23] 王小峰,于志民. 中国新能源汽车的发展现状及趋势中国新能源汽车的发展现状及趋势 [J]. 科技导报 2016, (17): 13-18.

[24] 王东升,王进丁. 我国节能与新能源汽车战略及政策体系 [J]. 汽车工程师, 2015 (11): 13-37.

[25] 朱三彬. 力帆汽车新能源发展战略转型之路 [J]. 企业战略, 2016 (17): 5-6.

[26] 田胜. 宝马汽车的新能源发展战略 [J]. 中国汽车界, 2011 (1): 72-75.

[27] 于音. 吉林省新能源汽车产业发展战略研究 [J]. 经济研究导刊, 2013 (22): 38-39.

[28] 陈晓勇, 王谦. 常州市新能源汽车产业发展战略研究 [J]. 南京工业职业技术学院学报, 2011 (1): 12-14.

[29] 张瑞. 金融支持十堰市节能与新能源汽车产业的调查与思考 [J]. 时代金融, 2015 (5): 255-256.

[30] 贾莉洁, 吕仁志. 国内外新能源汽车相关政策对标研究 [J]. 上海汽车, 2014 (12): 36-40.

[31] 陈军. 张韵君. 政策工具视角的新能源汽车产业发展政策研究 [J]. 广东培正学院学报, 2013 (9): 1-6.

[32] 魏淑艳, 郭随磊. 中国新能源汽车产业发展政策工具选择 [J]. 科技进步与对策, 2014 (11): 99-103.

[33] 黄栋, 祁宁. 我国新能源汽车产业破坏性创新的政策支持研究 [J]. 当代经济管理, 2014 (8): 79-85.

[34] 安海彦. 在我国新能源汽车产业政策解读及对策建议 [J]. 科技管理研究, 2012 (10): 29-32.

[35] 陈柳钦. 中国新能源汽车政策盘点 [J]. 汽车工业研究, 2012 (3): 14-21.

[36] 丁芸, 张天华. 促进新能源汽车产业发展的财税政策效应研究 [J]. 税务研究, 2014 (9): 16-20.

[37] 王贺武, 石红. 陈萍. 欧阳明高. 基于数据库的中国节能与新能源汽车产业化进程分析 [J]. 汽车安全与节能学报, 2014 (5): 294-297.

[38] 张婧. 郭凯. 互联网时代下的新能源汽车商业模式创新 [J]. 汽

车工业研究，2014（9）：29-32．

[39] 郭庆方．新能源汽车产业发展商业模式研究［J］．特区经济，2014（7）：45-47．

[40] 佚名．现状、困境、前景——2013年中国新能源汽车产业分析与预测［J］．电源世界，2014（1）：1-3．

[41] 王宇宁，兰晓婕，冷静等．电动汽车商业化运行模式探析［J］．汽车工业研究，2005（8）：21-23．

[42] 吴智慧．工业4.0：传统制造业转型升级的新思维与新模式［J］．家具，2015（1）：1-7．

[43] 王瑞祥．汽车工业转型升级的路径与目标［J］．视点，2014（5）：18-21．

[44] 马卫，刘宇．我国汽车产业升级的多重模式研究［J］．江西社会科学，2014（5）：53-58．

[45] 温李强，李伟利．打造竞争优势，推动中国汽车产业转型升级［J］．汽车市场，2014（8）：98-101．

[46] 叶盛基．协同努力，共同推进实现汽车零部件行业转型发展［J］．视点，2014（1）：72-77．

[47] 徐秉金．汽车业转型升级正当时［J］．中国投资，2014（3）：68-71．

[48] 栗献忠．新兴国家创新驱动模式与比较研究［J］．科学管理研究，2014（10）：117-120．

[49] 董恒敏，李柏洲．产学研协同创新驱动模式——基于河南驼人集团的案例研究［J］．科技进步与对策，2015（3）：20-24．

[50] 徐璐．从新产品开发看工业创新驱动模式的形成［J］．浙江经济，2014（7）：42-43．

[51] 张向阳，张长生．广州科技型小微企业"创新驱动"实证调研［J］．科技进步与对策，2013（9）：42-46．

[52] 徐国虎，许芳．新能源汽车购买决策的影响因素研究［J］．中国

人口资源与环境，2010，20（11）：91-95.

[53] 汪雪锋，邱鹏君，付芸. 一种新型技术路线图构建研究——基于 SAO 结构信息[J]. 科学学研究，2015，08：1134-1140.

[54] 王秀丽. 湖北省电动汽车产业发展对策研究[J]. 中外企业家，2015，7：31.

[55] 李雪涛. 新能源汽车竞争力提升策略研究[J]. 湖北汽车工业学院学报，2014，12：71-76.

[56] 唐晓，胡安荣. 新能源汽车市场化阻碍因素分析[J]. 产业经济，2013（8）：45-46.

[57] 金永花. 日本新能源汽车市场推广策略对我国的借鉴[J]. 东北亚论坛，2012（3）：105-111.

[58] 赵通，孟娟. 我国新能源汽车产业发展战略研究[J]. 河南科技，2014（1）：244.

[59] 韩卫群，尹向阳，张国方，肖金生. 新能源汽车租赁运营模式及风险研究[J]. 武汉理工大学学报（交通科学与工程版），2014（2）：147-151.

[60] 贾丽洁，吕仁志. 新能源汽车呈跨越式增长[J]. 汽车与配件，2014（14）：32-36.

[61] 张贵群，张欣. 新能源汽车产业发展面临的路径依赖及其破解[J]. 工业技术经济，2014（2）：75-80.

[62] 杜学美，宋述秀. 中国汽车企业自主技术创新能评价研究[J]. 工业技术经济，2013，(5)：84-91.

[63] 于晓东. 汽车产业集群效应研究——基于汽车产业政策视角[J]. 汽车工业研究，2012（11）：4-7.

[64] 汪沁，张露嘉. 我国新能源汽车产业政策分析与评价[J]. 经营与管理，2013（11）：57-61.

[65] 陈衍泰，张露嘉，汪沁，欧忠. 基于二阶段的新能源汽车产业支持政策评价[J]. 科研管理，2013（12）：167-174.

［66］席芳沁，刘立霞．中国汽车产业贸易政策改革效果分析［J］．对外经贸，2013（6）：52-64．

［67］张政，赵飞．中美新能源汽车发展战略比较研究：基于目标导向差异的研究视角［J］．科学研究，2014（4）：531-535．

［68］汪张林，李国富．知识产权视角下中国新能源汽车产业政策的完善［J］．大连海事大学学报，2014（8）：18-20．

［69］李维，鲜晓花．发达国家新能源汽车产业政策对我国的启示［J］．兰州交通大学学报，2014（4）：62-65．

［70］刘卓然，陈健，林凯，赵英杰，许海平．国内外电动汽车发展现状与趋势［J］．电力建设，2015（7）：25-31．

［71］李胜会，刘金英．中国战略新兴产业政策分析与绩效评价——"非政策失败理论"及实证研究［J］．宏观经济研究，2015（10）：3-23．

［72］王显志，郭宏伟，王武宏．基于层次分析法的新能源汽车产业政策评价［J］．道路交通与安全，2015（2）：41-46．

［73］吴胜男，曾海鹏，童一帆，抄佩佩．我国节能与新能源汽车产业政策研究［J］．汽车工程学报，2015（5）：157-164．

［74］张大蒙，李美桂．政策工具视角：中国汽车产业政策的主要问题与对策研究［J］．工业技术经济，2015（1）：3-11．

［75］钟太勇，杜荣．基于博弈论的新能源汽车补贴策略研究［J］．中国管理科学，2015（11）：817-821．

［76］张海斌，盛昭瀚，孟庆峰．新能源汽车市场开拓的政府补贴机制研究［J］．管理科学，2015（6）：122-132．

［77］朱劲松，王家年．基于比亚迪混合动力汽车"秦"的新能源汽车财政政策研究［J］．湖北工程学院学报，2015（3）：103-108．

［78］郭燕青，李磊，姚远．中国新能源汽车产业创新生态系统中的补贴问题研究［J］．经济体制改革，2016（2）：29-34．

［79］冯韩美皓．新能源汽车补贴政策的反思——基于行政法视角

[J]．青岛行政学院学报．2016（3）：100-106．

[80] 顾瑞兰．促进我国新能源汽车产业发展的财税政策研究［D］．财政部财政科学研究所论文，2013．

[81] 于颖哲，李明磊．新能源汽车产业税收政策的选择［J］．国际税收，2015（11）：73-76．

[82] 乔亮国，李占元．促进新能源汽车产业发展的税收政策研究［J］．税收与税务，2015（7）：86-87．

[83] 李玲．新能源汽车产业发展的税收政策探析［J］．集宁示范学院学报，2016（3）：53-57．

[84] 谭慧．消费者购买新能源汽车偏好及影响因素研究［D］．江苏科技大学论文，2014．

[85] 张海波．我国新能源汽车产业技术路线图研究［D］．武汉理工大学论文，2012．

[86] 李建忠．湖北新能源新能源汽车产业竞争力提升的路径研究［C］．Management Science and Engineering（MSE 2011 V6），2011-10-01．

[87] 左继宏，陈良显．襄阳新能源汽车产业发展的SWOT分析［J］．科技管理研究，2011（21）：119-123．

[88] 王利军，胡树华，牟仁艳．基于期望效用理论的SWOT方法改进［J］．武汉理工大学学报（信息与管理工程版），2013（4）：591-594．

[89] 吴强，应保胜，南琼，金杭，许小伟．武汉新能源汽车产业关键技术及路线选择［J］．交通企业管理，2016（3）：42-45．

[90] 南琼，应保胜，吴强，金杭，许小伟．基于关键技术视角下的地方新能源汽车发展研究［J］．汽车科技，2016（4）：71-77．

[91] 任征宇．浅析襄阳市新能源汽车产业发展现状、存在的问题与对策［J］．经营管理者，2016（2）：150．

[92] 李庆文．"十三五"中国新能源汽车有七大发展趋势［N］．中国

汽车报，2015-11-06.

［93］罗少文. 我国新能源汽车产业发展战略研究［D］. 复旦大学论文，2008.

［94］谭慧. 消费者购买新能源汽车偏好及影响因素研究［D］. 江苏科技大学论文，2014.

［95］方景瑞. 新能源汽车能源及环境效益的分析研究与评价［D］. 吉林大学论文，2009.

［96］张海波. 我国新能源汽车产业技术路线图研究［D］. 武汉理工大学论文，2012.

［97］Rothwell, R., Zegveld, W. Reindustriallization and technology［M］. Logman Group Limited，1985.

［98］Fabian Kley, Christian Lerch, David Dillinger. New business models for electric cars-A holistic approach［J］. Energy Policy 39（2011）3392-3403.

［99］Egbetokun A, Siyanbola WO, Sanni. What Drives Innovation Inferences Form an Industry wide Survey in Nigeria［J］. International Journal of Technology Management，2012（45）.

［100］SKERLOS S J, WINEBRAKE J J. Targeting Plug-in Hybrid Electric Vehicle Policies to Increase Social Benefits［J］. Ener-gy Policy，2010, 38（2）: 705-708.

［101］LIEVEN T, MUHLMEIER S, HENKEL S, et al. Who WillBuy Electric Cars? An Empirical Study in Germany［J］. Transportation Research Part D, 2011, 16（3）: 236-243.

［102］MUSTI S, KOCKELMAN K M. Evolution of the HouseholdVehicle Fleet: Anticipating Fleet Composition, PHEV Adop-tion and GHG Emissions in Austin, Texas［J］. TransportationResearch Part A，2011, 45（8）: 707-720.

［103］XIE Y C, CHOWDHURY M, BHAVSAR P, et al. An Inte-grated

Modeling Approach for Facilitating Emission Esti-mations of Alternative Fueled Vehicles [J]. TransportationResearch Part D, 2012, 17 (1): 15-20.

[104] MATSUSHITA O N, NAMIKAWA M, OHNISHI H Y. Fuel Consuming Ratio of Driving Vehicle and $CO_2$ Emission Pa-rameter [J]. Material of Civil Engineering Technology, 2001, 43 (11): 50-55.

[105] S. Lee, S. Kang, Y. Park. Technology roadmapping for R&D planning: The case of the Korean parts and materials industry [J]. Technovation, 2007, 27 (8): 433-445.

[106] Yoichi Kaya, Hydrogen and FCV in the Future [J]. Research Institute of Innovative Technology for the Earth, 2006.

[107] Linde Gas, Hydrogen Production: Conventional & Renewable [J]. EU-Sustainable Energy week, Brussels 30 January 2008.

[108] Linde. Industrial Gases. Hydrogen Production: Conventional & Renewable, EU-Sustainable Energy Week, 2008, 17: 55-58.

[109] MichaelMurphy, BSc, MPhil (Hons I). Passenger car fuel efficiency: technologies and trends to 2015 [C]. London, 2008.

[110] SMITH C S, MCDONALD G T. Assessing the sustainability at the planning stage [J]. Journal of Environmental Management, 1982 (2): 56-58.

[111] WILSON J R, BURGH G. The Hydrogen Report: An Examination of the Role of Hydrogen In Achieving U. S. Energy Independence [R]. TheManagement Group, 2003.

[112] European Commission Community Research. European Fuel Cell and Hydrogen Projects, 1999—2002, 2003.

[113] MIKHAIL G, IBRAHIM D, MARC A R. Economic and environmental comparison of conventional, hy2brid, electric and

hydrogen fuel cell vehicles [J]. Journal of Power Sources, 2006, 159 (9): 1186 -1193.

[114] Philip J Kitchen, Don E Schultz. Integrated Corporate and Product Brand Communication (1) [J]. Advances in Competitiveness Research, 2003, (11): 66.

[115] Klaus Jennewein. Intellectual Property Management: The Role of Technology-Brands in the Appropriation of Technological Innovation [D]. Physica-Verlag, A Springer Company, 2004.

[116] Green E H, Skerlos S J, Winebrake J J. Increasing electric vehicle policy efficiency and effectiveness by reducing mainstream market bias [J]. Energy Policy, 2014, 65: 562-566.

[117] Zhang X, Wang K, Hao Y, et al. The impact of government policy on preference for NEVs: The evidence from China [J]. Energy Policy, 2013, 61: 382-393.

[118] Marc Dijk and Masaru Yarime. The emergence of hybrid-electric cars: Innovation path creation through co-evolution of supply and demand [J]. Technological Forecasting and Social Change, 2010, Vol. 77 (8): 1371-1390.

[119] Analyzing potential lead markets for hydrogen fuel cell vehicles in Europe: Expert views and spatial perspective [J]. Alyona Zubaryeva, Christian Thiel. International Journal of Hydrogen Energy, 2013 (36).

[120] Enhancing Synergistic Innovative Capability in Multinational Corporations: An Empirical Investigation [J]. Ajax Persaud. Journal of Product Innovation Management, 2005 (5).

[121] Reviewing the hydrogen fuel and free-dom CARinitiatives. Joseph Romm. The Hype about Hydro-gen, 2004.

[122] Swarm Creativity: Competitive Advantage Through Collaborative

Innovation Networks. Peter Gloor, 2005.

[123] Open Innovation: The new imperative for creating and profiting from technology. Chesbrough, H. W., 2012.

[124] Business Models for Electric Vehicles The New Car Market for Electric Vehicles and the Potential for Fuel Substitution [J]. Alexander Kihm, Stefan Trommer. Energy Policy, 2014.

[125] NEV technology in China [J] Yingqi Liu, Ari Kokko. Chinese Management Studies, 2012 (1).

[126] Regulatory framework and business models for charging plug-in electric vehicles: Infrastructure, agents, and commercial relationships [J]. Tomás Gómez San Román, Ilan Momber, Michel Rivier Abbad, álvaro Sánchez Miralles. Energy Policy, 2011 (10).

[127] New business models for electric cars—A holistic approach [J]. Fabian Kley, Christian Lerch, David Dallinger. Energy Policy, 2011 (6).

[128] Technotherapy or nur-tured niches? Technology studies and the evaluation of radical innova-tions. HOMMELS A, PETERS P, BIJKER W E. Research Policy, 2007.

[129] Strategic Niche Management in an unstable regime: Biomass gasification in India. Geert Verbong, Willem Christiaens, Rob Raven, Annelies Balkema. Environmental Science & Policy-ENVIRON SCI POLICY, 2010.

[130] "The Jatropha biofuels sector inTanzania 2005—2009". Romijn, Caniels. Research Policy, 2011.

[131] The Role of Alliance Network Redundancy in the Creation of Core and non-core Technologies. Vanhaverbeke, W, Gilsing, V, Beerkens, B, Duysters, G. Journal of Management, 2009.

[132] A New Model Ap-proach on Cost-Optimal Charging Infrastructure for

Electric-DriveVehicle Fleets. KostjaSiefen, LeenaSuhl, Achim Koberstein. Operations Research roceedings, 2011, Operations Research Proceedings, 2010.

[133] Electric and Hybrid Vehicles: PowerSources, Models, Sustainability, Infrastructure and the Market. GIANFRANCO PISTOIA, 2010.